スポーツ、アート、
エンターテインメントにおける

効果的な
スポンサーシップ

Sponsorship in Marketing:
Effective Partnerships in
Sports, Arts and Events
2nd Edition

著　ベティーナ・コーンウェル　*T. Bettina Cornwell*

訳　佐藤晋太郎・備前嘉文

大修館書店

Sponsorship in Marketing:
Effective Partnerships in Sports, Arts and Events 2nd edition

By T. Bettina Cornwell

謝　　辞

　本書を私の「ホームチーム」のメンバーであるロバート、ルーク、デビッド、スティーブ、そしてマスコットであるコンマに捧げる。

*

　多くの本がそうであるように、表紙に書かれているのはたった一人の名前かもしれませんが、多くの方々が本書に貢献したのは言うまでもありません。

　ピュブリシスグループのグローバルコントラクト＆データパートナーシップ担当上級副社長のヘレン・カッツ博士、クイーンズランド大学心理学科のマイケル・ハンフリーズ教授、オレゴン大学のステフィン・ジャン博士、ミシガン大学のクォン・ヨンボム博士、オレゴン大学のルシャニ・シュレスタ氏など多くの方々に本書の章を読んでいただきフィードバックをいただきました。それぞれの方とのディスカッションから大きな収穫を得ることができました。また、オレゴン大学とその優秀なマーケティング学科のメンバーにも感謝申し上げます。彼らはいつも私にインスピレーションを与えてくれます。最後に、プロフェッショナルかつ迅速に最終校正をしてくれたエイミー・ヌーツマン氏にも感謝しています。

　さらに、本書は私の共同研究者や学生たちの貢献なしには成り立ちませんでした。彼らの研究の多くが本書で引用されています。全ての方々の名前を挙げることは難しいのですが、特に一緒に研究する機会を得た学生たちに感謝したいと思います。モニカ・チェン博士、ステファニー・カンニンハム博士、アリ・ザフラン博士、サラ・ケリー博士、クリストファー・リー博士、クリスタ・マレー博士、アンジェラ・マグワイア博士、クォン・ヨンボム博士、アンナ・マカリスター博士、デビッド・ニッケル博士、エメラルド・クィン博士、ドナルド・ロイ博士、ラーズピーター・シュナイダー博士、エリック・セッテン博士、レイチェル・スミス博士、エドワード・ステイナード博士、シャネル・ストイル博士、ロバート・ヴァンネス博士、クリントン・ウィークス博士、そしてタリン・ウィシャート博士がスポンサーシップの研究で大きく貢献してくれた方々です。

まえがき

本書は、スポンサーシップを「どのように行うか」そして「なぜうまくいくのか」の両方に焦点をあてています。スポンサーシップと連動したマーケティングに関する最新の研究を要約し、基礎となる理論やエビデンスを紹介するとともに、スポンサーシップの方向性や事例も提供していきます。また本書では、今までの研究では特に扱われてこなかったものの、考察すべきアイデアについても取り上げています。本書における私の目標は、「スポンサーシップの仕組みを科学的に説明し、スポンサーシップとプロパティー（被スポンサー）の両者が、このマーケティング・コミュニケーションから最大の利益を得る」ためのお手伝いをすることです。

本書は、講座やセミナーでの利用を想定して構成されていますが、実務家の方々も対象としています。初めての方は基本編（第1部）から読み進めるとよいでしょう。スポンサーシップに詳しい研究者の方々や実務家の方々は、エッセンス（第2部）を概観し、上級編（第3部）に進んでいただいても差し支えありません。

本書では、他の多くの研究者やコメンテーター、そして私自身を表現する呼び方に、「私たち」を使うことがあります。この本を書くにあたって、「私たち」に含まれる多くの方々に感謝の気持ちを抱くとともに、謝罪の念も少なからず持っています。わかりやすい内容にしようとすると、研究を要約して伝える必要があります。その過程において、オリジナルの研究で紹介されている非常に興味深い要因間の相互作用や意味合いを表現することは簡単ではありませんでした。私は、研究成果を簡素化しすぎて、もしくは誤って伝えるようなことがないことを切に願っています。

〈その他のリソース〉

本書には、各章の構成と内容を反映した基本的なスライドが用意されています（英語のみ）。スポンサーシップの動きは非常に速いので、私はこの基本スライドをもとに、最新の事例やケースを織り交ぜながらプレゼンテーションを行っています。補足情報などを追加できるように余白を設けて作成されていますので、興味があれば下記のサイトから入手可能です。

www.routledge.com/9780367343446

また、補足資料は、私のLinkedlnページにも掲載されています。

www.linkedin.com/in/t-bettina-cornwell-26887715/

さらに、下記のリンクからアクセスできる動画では、本書で取り上げたトピックだけでなく、本書の内容をベースに、スポンサーシップがどのように進んでいるのかという状況についても解説しています。これらの動画は、対面学習とオンライン遠隔学習の両方をサポートすることを目的として作成しました。最新の動画は、私のYouTubeチャンネル（YouTubeチャンネル名：T Bettina Cornwell）で視聴できます。

https://youtu.be/yxfcw8Knx0Q   https://youtu.be/tH5Wfea4s94

https://youtu.be/-z8IsxnRhZA   https://youtu.be/caAn15y49Jg

訳者まえがき

　日本のスポーツ界は、近年様々な競技においてビジネス化が進んでいる。また、エンターテインメント産業においてもeスポーツの急速な拡大など発展が目覚ましい。スポーツ組織やイベントの収入源には、主に入場料収入、スポンサー収入、放映権料収入、物販収入があるが、多くの組織ではスポンサーからの収入に頼っているのが現状である。実際にJリーグが例年発表しているデータを概観しても、多くのクラブの収入の半分近くがスポンサー収入によるものである。このように、スポンサーの獲得は、スポーツ組織やイベントが健全な経営を行うにあたって必要不可欠である。しかし、チームや競技団体、イベントの関係者の中で、「自分たちは契約しているスポンサー企業を十分に満足させている」と自信を持って言える人はどれだけいるだろうか。新たなスポンサーを獲得することに熱心になるあまり、既存のスポンサーに対する配慮を怠ってはいないだろうか？

　本書の第1部では、「スポンサーシップの背景と基礎知識」として、スポーツやアート、エンターテインメントにおいてスポンサーシップが誕生した歴史的背景にはじまり、スポンサーシップの対象や目的、今日のトレンドなど、スポンサーシップを理解するにあたり重要となる知識が紹介されている。第2部の「スポンサーシップの本質的要素」では、スポンサーシップに関する多くの研究から見出された知見や事例をもとに、消費者がスポンサーシップに関する情報を処理する過程や、消費者の購買行動に及ぼす影響などについて検討したうえで、スポンサーシップ契約によって生まれた権利をどのように活性化し、新たな価値を生み出すかといったアクティベーションを中心に話が進められる。そして、第3部の「スポンサーシップの科学と新しい視点」では、第2部の内容をさらに掘り下げ、スポンサーシップにおける記憶の測定や、スポンサー企業の従業員に与える影響、スポンサーシップの社会的な役割など、今後スポンサーシップ契約をさらに発展させるために検討が必要な事項について説明が行われている。

　本書は、理論と実践の両面からスポーツやアート、エンターテインメントにおけるスポンサーシップについて説明が行われている。そのため、研究者だけでなく、実際の現場でスポンサーシップに従事する人にとっても有益な内容となっている。本書の内容をもとにパートナーとの絆を深めることでスポンサーシップが活性化し、今後スポーツやエンターテインメント産業がさらに拡大することが期待される。

目　　次

第1部　スポンサーシップの背景と基礎知識

第2部　スポンサーシップの本質的要素

[図表一覧]

◆図　Figures

◆表　Tables

第 ① 部

スポンサーシップの
背景と基礎知識

Background basics

第 1 章

スポンサーシップとは

　ジーンズを売る企業が、なぜナショナル・フットボール・リーグ（NFL）の代表的チームであるサンフランシスコ・フォーティナイナーズ（San Francisco 49ers、以下 49ers）のスポンサーとなり、スタジアムに社名を掲げたのか？　マーケティングにおけるスポンサーシップとは、企業や投資家がマーケティングのゴールを達成するために、イベント・人物・活動に対して、ブランドの認知や協働関係を求めて投資することからスタートする。スポンサーシップは、文化的、社会的、商業的に密接につながっているため、マーケティング・コミュニケーションにおけるダイナミックな進化の一部として理解することが重要である。これほどまでに盛り上がりを見せているスポンサーシップだが、それは間接的マーケティングの隆盛の一部であると考えられている。スポンサーシップを含める多くの間接的マーケティングの盛り上がりを説明する上で、「埋め込み」と「エンゲージメント」は重要 2 つのキーワードである。

　リーバイス（Levi Strauss）社は、1873 年創業の人気デニムジーンズメーカーである。リーバイス社とカリフォルニア州に新設された「サンフランシスコ 49ers スタジアム」との 20 年にわたる契約は、当たり前のようで意外な展開を見せている。49ers の本拠地は、リーバイス社との 2 億 2,000 万ドル（おおよそ 240 億円）の契約により、「リーバイス・スタジアム」と呼ばれることとなった。これは、リーバイス社と 49ers という同じ都市にルーツを持つ 2 つの象徴的なブランドが一つになる出来事だった。これらのブランドに本質的な「つながり」があることは容易に理解できるだろう。しかし、なぜカジュアルウェアのメーカーがフットボールスタジアムのスポンサーになるために、年間 1,100 万ドル（おおよそ 12 億円）ものお金を 20 年も支払い続けることが良いビジネスアイデアと考えられているのか？　わずか 20 年前までは、ブランドにこれほどの支出をすることは、おそらくあり得なかったし、想像すらされていなかっただろう。

　リーバイス社は、49ersスタジアムと提携することで何を得られるのだろうか？　スタジアム周辺の看板設置、ラグジュアリースイートの利用、スタジアムでのイベント開催、スター選手や監督との交流などが想像できるだろう。しかし、スポンサーシップから得られるこれらの便益は、年間1,100万ドルの価値があるとは思えない。リーバイス社が買ったのは、49ersとのつながりを通して、自社のイメージとしてサンフランシスコの伝統を現代的な形として再構築するという「ブランドイメージの向上」である。ジーンズ市場は細分化されており、リー（Lee）やラングラー（Wrangler）といったリーバイスの古くからの競合ブランド（企業）が依然として存在する一方で、トゥルーレリジョン（True Religion）やディーゼル（Diesel）といった新しいプレミアムデニムブランドが大きく躍進している。

　リーバイス社は49ersとの関係を構築することによって、その他の広告活動もスムーズに行うことができるようになった。例えば、さらなる広告予算を確保することは必要だが、49ersのアスリートをインフルエンサー（influencer：世の中に大きな影響を与えうる人物のこと）として起用することで、リーバイスというブランドの新しいストーリーを消費者に伝えることができるようになる。リーバイス社のスポーツマーケティング責任者であるマーク・フォックストンは、ストーリーを伝えることに長け、ブランドに対する純粋な熱意を持つインフルエンサーの重要性を指摘している。実際、フォックストンは「私たちは、リアルで個人的かつ多種多様な人の胸に届くオリジナルコンテンツを通じてファンとつながることを目指しています」とし、「私たちは、ただ単に消費者と戯れるために投資をしているのではなく、彼らにもっと積極的にブランドと関わってもらうことを目指しています」と語っている。リーバイス社の広告予算が年間8,000万ドル（おおよそ88億円）以上であることを考えると、象徴的な存在である49ersとのつながりを作るための年間1,100万ドルのコストは妥当なものである。特に、このつながりが競合他社との差別化に一役買うことができ、リーバイス社と密接な関わりがある金鉱の歴史よりも、アメリカンフットボールに注目している今日の若者市場にアプローチできると考えればなおさらである。

　リーバイス社と49ersは一例に過ぎないが、スポンサーシップにおいては、契約期間中に利害関係を一致させなければならない膨大な数の組織や個人が関

わっている。では、この様々な組織や個人が関わる大きな共同プロモーションのプラットフォームであるスポンサーシップは、どのように進化したのだろうか？

1. 間接マーケティングの台頭

　マーケティング・コミュニケーションとしてのスポンサーシップの台頭は、この 10 年間に起こった間接的マーケティングの一部として認識される（Cornwell, 2008）。映画やテレビ番組でのプロダクト・プレイスメント（映画などに登場する小道具や背景に実際の製品やブランドを使う広告手法）、ブランドによるゲーミフィケーション（ゲーム感覚で消費者がブランドとコミュニケーションを取れるようにする仕組み）やソーシャルメディアの活用などの間接的マーケティングは、すべて同じ方向に向かっている。従来のテレビの広告枠を使用するようなマス・コミュニケーション広告から脱却し、それぞれのブランドが番組の一部、SNS 上での友人や知人との会話の一部、生活体験の一部となるような、統合的なコミュニケーション戦略へと移行している。例えば、選手のユニフォームの上着や、スクリーン上の俳優の手中など、ある特定の活動の中心にブランドが入り込む時こそブランドは生き生きと輝く。写真や動画編集だけではブランドを生き生きと輝かせるのは難しいのである。例えば、Netflix のシリーズ「ストレンジャー・シングス」の中で、登場人物が飲んだ「新しいコーラ」が、物語の一部になるシーンがある。物語に埋め込まれたコーラのブランドが注目を集めた良い例である。あるいは、2019 年の国際サッカー連盟（以下 FIFA）女子ワールドカップのフランス戦で、アメリカ代表のミーガン・ラピノー選手のゴールパフォーマンスを思い出してほしい。彼女のジャージに描かれたナイキ（Nike）のブランドは、多くのスポーツファンの目にとまった。音楽・美術の分野でも、繊細で分かりにくいことが多いものの、「埋め込み」は散見される。例えば、金融機関のアメリカン・エキスプレス（American Express）社が、あるアート・フェスティバルのスポンサーになっていることを考えてみよう。イベント会場における広報活動では、「メイン・スポンサー」としての情報が掲載され、看板には同社のロゴ"American Express"が登場する。音楽を楽しむ人々は、アメリカン・エキスプレスが自分たちの情熱を支えてい

ること、そして自分たちのコミュニティーの一部であることを理解するのである。

　近年、多くのスポーツの試合は録画されており、後から広告を飛ばして視聴する消費者も存在する。広告枠を獲得してブランドの露出を狙っても、目的を達成できないケースが頻出しているのも事実である。しかし、他のエンターテインメント番組とは異なり、消費者はリアルタイムでスポーツを視聴する傾向があるため、スポーツにおけるブランドの「埋め込み」は特に価値がある。

2. 変革のトレンド

　スポンサーシップにおける戦略的思考の進化は、マスターカード（Mastercard Worldwide）社とビデオゲームのライアットゲームズ（Riot Games）社のeスポーツ(eSports)におけるパートナーシップが象徴的である。パートナーシップによるブランドへのインパクト、新規事業可能性、競争優位性などが重要な要因であることに疑う余地はないが、マスターカード社のチーフ・マーケティング・オフィサーであるラジャ・ラジャマンナルは「現在の露出に傾倒した形の広告は効果的とはいえない。顧客や消費者のために体験を創造するようなストーリーを提供することが重要である。顧客や消費者が経験したり体験を語ったりする中で、ブランドはその物語の中にさりげなく埋め込まれるべきである。従来の広告のように、ブランドがお客様にメッセージを投げかけるのとは対照的な考え方である」と述べている。

　広告が消滅したわけではないが、それらは「スポンサーシップに付随するもの」であると認識されている。多くの業界では、スポンサーシップへの投資は、広告費や広告媒体を考慮しながら決定される。2000年代初頭、テクノロジーの進化によって、消費者は広告をブロックしたり、視聴時間を遅らせたりできるようになった。消費者のライフスタイルの変化に対応して、メディアはより一層「埋め込み型コミュニケーション」へと進化したのである。テクノロジー技術のマーケティング・コミュニケーションへの影響は大きいが、以下のような新しい社会的トレンドも助長されている。

◉コンテンツ・オン・デマンド

　人々は、パッケージ化された有料サービスによって、コンテンツのストリーミング（特にライブコンテンツ）を、好きな時に好きな場所で楽しむことができるようになった。このコンテンツ・オン・デマンドへの移行は、従来型の広告配信などのフォーマットから、それぞれの視聴状況で自然に感じられる「埋め込み型」や特定の消費者に対象を絞った「ターゲット型」のコミュニケーションへと移行している。

◉デバイスとプラットフォームの流動性

　人々は様々な場所で様々なデバイス（スマートフォンやタブレット）やコンテンツプロバイダー（定額動画配信サイトなど）を利用している。デバイスとプラットフォームの流動性は、どこにいてもすぐに高品質のコンテンツが得られるという消費者の期待を増幅させた。一方で、この期待がかなわない場合、消費者は不満を感じるようになった。さらに、コンテンツのタイプとしては、視覚的コンテンツが特に重視され、動画がますます重要になる。

◉双方向のコミュニケーション

　企業やブランドの代表者やアスリートなどの著名人と、直接かつ公にコミュニケーションできる可能性がかつてないほど高まっている。「いいね！」やシェア、コメント、フォロー・アンフォローなどは、ブランドと消費者が双方向のコミュニケーションを取る手段である。情報の流れが民主化されたことで、ブランドは社会的な問題に立ち向かうようになり、直接的かつ公的に消費者とコミュニケーションを取り、より透明性が高まったといえる。

◉コミュニティーと影響力の変革

　個人やコミュニティーなどのグループが、他の個人やコミュニティーとつながる方法が変化している。この変化により、企業やブランドは、自分たちを象徴するようなコミュニティーやスポークスパーソンを育成したり、本質的につながりのある個人やグループとパートナーシップを結ぶ活動が活発化している。

　これらのトレンドはすべて、スポンサーシップを補完するものである。スポンサー・コンテンツは、しばしばライブストリーミングされるが、その中でも視覚的コンテンツが重視されている。ソーシャルメディアでは、スポンサーのイベントや活動に関して、消費者との双方向のコミュニケーションが一般的である。さらに、Twitchなどのプラットフォーム（特にeスポーツプレイヤーに人気のライブストリーミング・プラットフォーム）では、視聴者との交流が絶え間なく行われている。最も重要なことは、スポンサーシップによって、ブランドや企業が、スポーツ、アート、音楽、エンターテインメント、チャリティーなどの分野で確立されたコミュニティーとつながることである。

3.　スポンサーシップの隆盛

　スポンサーシップ支出は年々着実に増加しており、スポンサーシップ・レバレッジ支出（スポンサーシップに関連して追加で支出される金額）も増加している（図1-1）。スポンサーシップにかかる費用は、それぞれの契約において価格が交渉されるため、一見価格が減少しているように見えることもあるが、実際にはスポンサーシップ契約数が増加していることもある。Statista(2019a)によると、2019年の世界の広告費は5,630億ドル（おおよそ63兆円）。同年、世界のスポンサーシップ支出は650億ドル（おおよそ7.2兆円）を超え（IEG Sponsorship Report）、2020年には713億ドル（おおよそ7.8兆円）に達すると推定されている。

　スポンサーシップ支出は全体の広告費と見比べると少額に感じるが、スポンサー契約から派生して行われる広告活動のタイプを見ると、ブランドが広告費をどのように活用しているか分かる。図1-1では、スポンサーシップ支出ならびにレバレッジ支出の推定値は、業界のレバレッジ比率（契約対レバレッジ比率、Sponsorship.com, 2016）に基づいており、スポンサーシップ契約から追加で行われる広告およびプロモーションの重要性を示している。レバレッジ支出の推定値には、すべてのスポンサーシップ・アクティベーション（消費者のエンゲージメントや関与、そして参加を促進させるコミュニケーションを指し、たいていの場合スポンサーの追加投資が必要）が計上されるわけではないが、大部分の広告やプロモーションは考慮されている。つまり、スポンサーシ

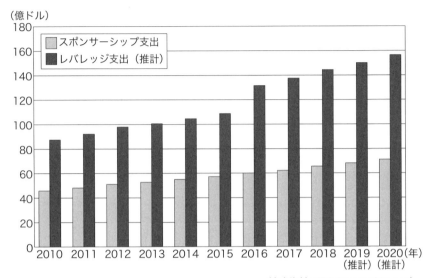

（億ドル）

（参考資料：IEG Sponsorship.com）

図1-1 ●世界のスポンサーシップ支出ならびにレバレッジ支出の推移

プ契約を基盤にして、そこから派生した広告やプロモーションが、ブランドの広告費の大部分を占めているのである。

　その他の間接的マーケティング活動も拡大している。特に、映画やテレビ番組、ゲーム、デジタルメディアにおけるブランド露出は、今後もますます拡大する傾向にある。2012年に米国で費やされた47億ドル（おおよそ5,170億円）のプロダクト・プレイスメントへの支出は、2019年には114億ドル（おおよそ1.3兆円）にまで拡大している(Statista, 2019b)。米国におけるプロダクト・プレイスメントへの支出が、世界で支出された額のおよそ半分を占めていたことを考えると、2019年には世界のプロダクト・プレイスメントが200億ドル（おおよそ2.2兆円）を容易に超えたと推測できる。世界のデジタル広告費は、2019年には3,330億ドル（おおよそ37兆円）だったが、2023年には5,170億ドル（おおよそ57兆円）を超え、その年のメディア広告費全体の60％以上を占めるようになると予想されている（Enberg, 2019）。興味深いことに、これらの直接的・間接的なマーケティング活動の多くは、スポンサーシップと連動しているのである。

4. プロパティーと価格の高騰

「世界のスポーツ市場価値は、2018年に約4,885億ドル（おおよそ54兆円）に達し、2014年以降、年平均成長率4.3％で成長し、2022年には5.9％の約6,141億ドル（おおよそ68兆円）まで成長すると予想されている」（Business Wire, 2019）。興味深いことに、多くの国において、スポーツ市場の成長は国内総生産の成長を上回っている。一般的に、スポーツは商品化権、放映権、入場料、そしてスポンサーシップの組み合わせで収益化されるようになっていることも重要である。また女性スポーツの人気が高まっていることもあり、スポンサーシップの成長分野として期待されている。

絶対数が増えたのはスポーツイベントだけではなく、あらゆる種類のライブイベントにも当てはまる。例えば、世界のライブコンサート産業は2022年に310億ドル（おおよそ3.4兆円）に達し、そのうち240億ドル（おおよそ2.6兆円）はチケット販売によるものだといわれている（Sanchez, 2018）。フードフェスティバルも拡大しており、アメリカの「サクラメント・ベーコン・フェスティバル」をはじめ、デンマークの「ニシン・フェスティバル」、オーストラリアの「スイカ・フェスティバル」、カナダの「オタワ・ポウティン・フェスティバル」など、その数は数え切れず、その独自性は折り紙付きとなっている（Nazish, 2018）。これらはすべて、スポンサーシップを通じたブランドによる事業機会の拡大によるものである。

ここで用語の定義を行いたい。「プロパティー」とは、一般的にスポンサードされるイベントや活動、組織や人物を表す言葉である。プロパティーの略語は法律用語の「財産保有者」に由来し、保護されたシンボルや商標、制作権や放送権などの権利を持つ法人を意味する。スポンサーシップ契約を締結する権限を持つのは、この法人、または第三者による代理人である。契約締結前のプロパティーは、「スポンサーシップ・シーカー（探す者）」と呼ばれることもあり、契約締結後のプロパティーは、「スポンシー」（支援される者）と呼ばれることもある。

プロパティーは、活動や会場、イベントへの新たなスポンサーを獲得することと、既存のスポンサーによるさらなる投資の増加という2つの方法で、1980年代から成長してきた。まず、イベントや活動の数が増え、それまでス

ポンサーがついていなかったイベントや活動にもスポンサーがつくようになった。1980年代から1990年代にかけてスポンサーシップが拡大した際、初めてスポンサーがついたイベントや活動が増加した。例えば、1985年から2000年の間に、米国の49のスポーツスタジアムが企業名を掲げたが（Clark et al., 2002）、俗にいうこれらの「スタジアム・ネーミングライツ」は、多くのスタジアムにとって初めてのことだった。

　この時期、米国の大学フットボールイベントのスポンサーも同様に増加した。例えば、全米大学スポーツ協会（NCAA）の報告によると、フロリダ州で行われる「ゲーター・ボウル」というタイトルのアメリカンフットボールイベントは1946年から1985年まで行われた（NCAA, 2018, p.6）。その後、このイベントは、「マツダ・ゲーター・ボウル」「アウトバックステーキハウス・ゲーター・ボウル」「トヨタ・ゲーター・ボウル」「コニカミノルタ・ゲーター・ボウル」「プログレッシブ・ゲーター・ボウル」などのスポンサーの変遷を経て、複数年契約で「タックススレイヤー・ボウル」となった。このように、あるイベントのスポンサーが別のスポンサーに取って代わるスポンサー契約のダイナミクスは、成長の2つ目の側面である「価格」に関係している。契約更新の際には、同じパートナーとの契約額が増加することもあれば、価格の上昇を受けてパートナーが変更されることもある。

　マーケティング・プラットフォームとしてのスポンサーシップの成長に伴い、価格も上昇しているが、新たなプロパティーも求められている。eスポーツは認知度が向上し、若年層を中心とした魅力的なプラットフォームとして認識されており、スポンサーシップの成長が期待される好例といえる。スポンサーシップ支出全体に占めるeスポーツの割合は現在のところ比較的小さいものの、2010年代後半に急上昇したeスポーツ人気は、今後興味深いケースになる。カジュアルな視聴者から熱狂的なファンへ、視聴率から認知度へ、TwitchやYouTubeでの視聴回数から視聴時間へと、多くの指標が存在するが、これらすべてにおいて、eスポーツはこの10年間で上昇傾向をたどっている。興味深いことに、この間eスポーツにおけるトーナメント数は増加していないどころか、2018年にはトーナメント総数が減少したほどである（Influencer Marketing Hub, 2019）。しかし、放映権、広告、スポンサーシップ、賞金のすべてが大きな成長を遂げている。これらの成長を受けて、eスポーツの総大

会数は今後増加すると思われるが、強調したいことは、eスポーツの人気がスポンサーシップの価格を顕著に引き上げていることである。

　スポンサーシップでは、より魅力的なプロパティーが市場に紹介され続けない限り、既存のプロパティーがパワーを持つことになる。したがって、既存のプロパティーは、より大きな利益を追求するため価格を引き上げ、スポンサーシップ契約の代謝（既存の企業との契約解除から別の企業との新契約など）が今後活発化するだろう。このことは、コミュニケーション・プラットフォームとしてのスポンサーシップにおいて大きな意味を持つ。スポンサーシップの価値は、適正にマネジメントされていれば時間の経過とともに増大するという科学的エビデンスがある。つまり、長期的に付き合うことがスポンサーシップの価値の最大化につながるのである。スポンサーとプロパティーの関係が簡単に代謝されてしまうと、様々な悪影響を及ぼす可能性がある。

5. 市場、ブランド、スポンサーシップ

　ブランドによるコミュニケーションのゴール自体もスポンサーシップの成長を後押ししている。多くのブランドは、世界規模のプラットフォームでのマーケティング・コミュニケーションを求めている。しかし、完全なグローバル・メディアは存在せず、インターネットでさえも限界がある。一般的に、ブランドはコミュニケーションを通して製品やサービスの流通を目指しており、そのために国内またはグローバルな優良プラットフォームを求めるのは当然である。例えば、2019年の視聴者数が9,820万人と報告される、アメリカで最も視聴されるスポーツイベントのスーパーボウルは、非常に価値のあるイベントであると考えられている。しかし、そのようなスポーツイベントでも、世界の市場に包括的に影響力を持つのは難しい。スーパーボウルが誇る数値ですら、2018年に世界の人口の約半分に当たる35億人の視聴者がいたFIFA男子ワールドカップと比べると見劣りしてしまう（Reed, 2018）。さらに、翌年に開催された2019年のFIFA女子ワールドカップ決勝の米国における視聴率は、2018年の男子決勝（1,140万人）よりも25％も高い（1,430万人）という結果すら出ている（Hess, 2019）。

　新しいメディア媒体を作ることを目的としたIMGワールドワイド（IMG

Worldwide）社は、2007年と2010年に戦略的買収を行うことで、米国の大学スポーツのスポンサーシップを全米レベルで統一した。以前は、ブランドが大学スポーツのスポンサーになりたい場合、関心のある各大学と個別に契約を交渉しなければならなかった。200校以上の大学と代理店契約を結ぶIMG社を中心とする企業の戦略により、ブランドは1つのスポンサーシップ契約で、米国の大学スポーツの全国的な権利を得ることが可能になったのである。このことによって、多くの全国的なブランドが投資を行い、米国の大学スポーツにおけるスポンサーシップの性質を変えた。

6. 産業の進化

　スポンサーやプロパティーに加えて、大手メディア・エージェンシーもスポンサーシップというエコシステムで注目を集めている。以下に示したエージェンシーは、業界の大枠を理解するのに役立つ。

◉クリエイティブ・アーティスト・エージェンシー社

　もともと俳優の代理店として知られていたが、有名人を起用したエンドースメント（スポーツ選手などの著名人と契約を結び、彼らをマーケティングや広告活動に活用する戦略）やスポンサーシップにおいて、多くの企業がアスリートの起用に関心が高いことから、スポーツビジネスにも活動範囲を広げた。

◉IEG社

　スポーツとエンターテインメントのマーケティングエージェンシーであるEngine Shop社の一部であり、「年次スポンサーシップレポート」を通じて世界のスポンサーシップ業界を把握していることで知られる。IEG社は、スポンサーシップ情報提供サービスを中心としながらも、スポンサーシップの分析・評価サービスにも従事している。スポンサーとプロパティーの両方に向けた製品を提供するという方向性で差別化を図っている企業である。

◉エンデバー社

　世界的なスポーツ、ファッション、メディアビジネス、タレントの代理店で

あるIMG社と、世界的なエンターテインメントエージェンシーであるWME（William Morris Endeavor Entertainment）社を傘下に持つホールディングカンパニーである。エンデバー社は既に30カ国以上で事業展開をしており、多くのスポンサーがワン・ストップ・ショッピングができるほどの多様なサービスを提供している。また、総合格闘技団体のUFCなどのプロパティーを所有している点も特徴的なエージェンシーである。

◉ニールセン・スポーツ社

市場情報と分析を提供する有力企業であるニールセン・エンターテインメントの傘下にある。ニールセン・スポーツ社は、2016年に「スポーツ測定サービス」を主業務とする会社を買収し、サービス拡大をすることで、スポーツ業界の全体的な市場データを提供している。

◉オクタゴン社

広告コングロマリット（複合企業）の一員であり、スポーツ、エンターテインメント、ライフスタイルに関するグローバルエージェンシーとして有名である。オクタゴン社は、プロスポーツチーム、大学スポーツ、放送、イベントマネジメントなどの分野で、スポンサーシップやエンターテインメントのマーケティングに特に注力している。データに基づいて企画運営されるスポンサーシップ・アクティベーションが特に有名である。

◉ワッサーマン・メディア・グループ

スポーツマーケティングとタレントマネジメント事業を主に行うエージェンシーである。米国のすべての主要スポーツにおけるマーケティングやエンドースメント契約の交渉やアスリートの代理人も担う。また、近年注目を集めている女性スポーツの代理店としても高い評価を得ている。

スポンサーシップという現象によって、10年前には想像もできなかったような様々なベンチャー企業が世に誕生している。例えば、ナショナル・スポーツマーケティング・ネットワーク（スポーツビジネス従事者のネットワーキングプラットフォーム）には、12,000人以上の個人および企業が会員として登

録している。スポンサーシップに従事する起業家たちのニーズが合致した例としては、体験型プログラムの開発やスポンサーシップ・アクティベーション（例：Velocity Sports & Entertainment社やRedpeg社）、人工知能によるスポンサーシップ効果測定の提供（例：GumGum社）、広告の管理やスポンサーシップとの連動（例：M&C Saatchi Sport & Entertainment社）、スポンサーシップの市場調査（例：Sponsorship Research International社）、スポンサーとスポンシー（プロパティー）のマッチングサービス（例：Sponsor-pitch社）などが挙げられる。

　現れては消えるのが小規模な企業の常ではあるものの、サービスや製品の必要性が明らかになると、大きな企業に買収されるケースも多い。スポンサーシップや体験型マーケティングを専門とする企業（例：Omnicom Experiential GroupのGMR Marketing社）、スポンサーシップやマーケティングを専門とする企業（例：McCann WorldgroupのMomentum-NA, Inc.）、スポーツやイベントの権利を専門とする企業（例：Wanda Sports GroupのInfront Sports and Media社）などがこれらに当てはまる。

　スポンサーシップの実践と理解の発展に貢献している最後のステークホルダーは、研究者である。図1-2では、スポンサーシップ研究の成長とそのテー

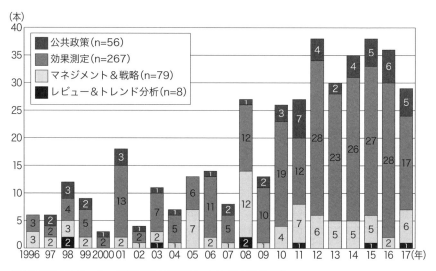

図1-2●スポンサーシップ研究におけるテーマと論文数の推移

マをまとめている。時折、レビュー論文やトレンド分析も発表されるが、ほとんどのスポンサーシップ研究は、経営と戦略、測定と効果、公共政策（例：アンブッシュや話題性のある製品）に焦点が当てられる。圧倒的に多く取り組まれている研究は、スポンサーシップ効果の測定と判断基準についてである。この科学研究のトレンドは、スポンサーシップの担当マネージャーがその投資の価値を知りたがっていることを考慮すれば当然のことといえる。

7.　スポンサーシップの現状

　私たちは、コミュニケーションの進化の真っ只中におり、そのめまぐるしい進化は今後も続く。私たちの嗜好は常に変わるし、新しい技術を生み出し、それによってスポンサーシップにおける事業の優先順位も変わるだろう。数多くのトレンドの中で、少なくとも以下の3つがスポンサーシップに直接影響を与えていると考えられている。それらは「商業主義への抵抗」「OTT（オーバー・ザ・トップ）視聴」「インフルエンサー・マーケティング」である。

8.　商業主義への抵抗

　マーケティング戦略としてのスポンサーシップは、広く受け入れられているにもかかわらず、その商業主義は大きな波紋を呼んでいる。スポンサーシップ研究において継続的に関心を集めているのは、企業がどのような動機でスポンサーシップを行っているかである（Kim et al., 2015）。広告やプロモーションを通じたスポンサーシップの活用によって、消費者は企業の動機を読み取る。さらに消費者は、スポンサーシップ契約の特徴だけで企業がいかに利己的な動機に突き動かされているかを判断する（Woisetschläger et al., 2017）。商業主義が認識されると、消費者のエンゲージメント（企業やブランドに対する深い関わりや関係性）が弱くなる可能性がある。

　商業主義へのネガティブな反応は様々な分野で見られる社会的傾向であり、消費者は商業を超えた、より本物の体験を求めるようになってきている（Beverland et al., 2010）。この傾向を理解することは、スポンサーシップにおいては特に重要である。スポンサーシップは一般的に、営利目的と非営利目

的の両プロパティーを結びつけるものである。両消費者にとって、これは歓迎すべきことなのか否かは不明だが、消費者はスポンサー関係は本質的に商業取引ではないと認識している。30年以上もスポンサーとプロパティー関係を持つものもあり、商業的な関係というよりも、パートナーシップ関係として取り扱う必要がある。当然のことながら、パートナーシップから派生した広告やプロモーションも、商業主義的なトーンを控えて行わなければ成功することは難しい。

9. オーバー・ザ・トップ（OTT）コンテンツ

　スポンサーシップは、OTT視聴の増加と密接に関わっている（Dellea, 2018）。OTTでは、ストリーミングにより、インターネット上でコンテンツを配信することができる。スポーツや、音楽コンサートやライブイベントなどのプロパティーは、多くの場合、番組のタイミング（試合開始時刻など）が決まっていることが多いため、現在のところ伝統的なテレビ放送やケーブルテレビなどのプラットフォームとも相性が良い。しかし、消費者の行動傾向を考慮すると、これらのイベントもOTTストリーミングに適していることを忘れてはならない。その理由は、物理的な制約がある従来のテレビなどとは異なり、OTTコンテンツはどこでも、どのようなデバイスでも視聴できるからである。さらに、OTTコンテンツは、従来のテレビなどのプラットフォームよりもインタラクティブであるため、消費者の高いエンゲージメントが期待できる。このように、自由度のある視聴形態とインタラクティブなコミュニケーション特性は、多くの可能性をもたらすと考えられる。

　世界のスポンサーシップ支出の70％を占めるとされるスポーツは、既にストリーミング業界におけるリーダー的存在である。興味深いことに、実際にスタジアムで観戦するスポーツファンやストリーミング視聴者は、彼らの独自のコミュニティーにおいて、その他のファンや音楽愛好家、ご当地の食通といった様々な人々と交流することが多い。さらにスポーツは、付随的なOTTコンテンツとして、選手やチームの裏話、統計、歴史的視点などを容易に提供することができ、消費者の無限の欲求を満たすことができる。このようなコンテンツの中には、スポンサーを意識させるものや、スポンサーによって形作られた

ものもある。様々なコンテンツを提供できるため、スポンサーシップにおいて、様々なブランドがスムーズに、流れるように統合される可能性が広がったのである。

　Econsultancy社が2018年に発表した「Digital Intelligence Briefing」というレポートでは、デジタルマーケティングにおける企業の主な焦点は「顧客体験」であり、さらにその体験を提供するために必要な要素として魅力的なコンテンツがあることとしている。このようなビジネスの方向性は、魅力的なコンテンツとされるスポーツなどのプロパティーにとって追い風といえる。Twitchなどのプラットフォームでは、コンテンツのストリーミング中に個人がダイレクトメッセージを投稿することができる（日本ではニコニコ動画がイメージしやすいかもしれない）。米国では、ほとんどの世帯が何らかのインターネット接続テレビを所有しており、市場は既にOTTの準備が整っているといえる。ストリーミングがこのまま進化すると、「いいね！」や「シェア」だけでなく、スポンサーやプロパティーへのエンゲージメントをどのように測定するかという問題が出てくるだろう。様々な指標がエンゲージメントの測定に用いられているが、一つはっきりしているのは、視聴者の関心が分散して細分化されるため、コンテンツが魅力的でなければエンゲージメントが促進されることはないということである。

10.　インフルエンサー・マーケティングの台頭

　スポンサーシップの拡大に拍車をかけているのが、インフルエンサーの台頭である。口コミマーケティング協会（The Word of Mouth Marketing Association）によると、インフルエンサーとは、「コミュニケーションの頻度、個人的な説得力、ソーシャルネットワークの規模やその中心に存在するなどの要因により、平均以上の影響力を持つ人物またはグループ」と定義され、ブランドアンバサダー、エンドーサー（エンドースメント契約を結んだスポーツ選手などの著名人）、スポークスマンとして多く採用される。インフルエンサーの活動にはスポンサーがついていることもあれば（例：Iditarod社のそりチームスポンサー）、スポンサーシップと連動していることもある（例：スポンサーチームの所属選手がインフルエンサーとして活動）。インフルエンサー・マーケティ

ングは特にスポーツの分野において、「広告としてのスポンサーシップ」というモデルの確立に挑戦している。

　今日のソーシャルメディアにおけるアスリートのインフルエンサーは、消費者、組織、イベント、メディア、その他のインフルエンサーと関わり合いながら、新しい方法で自分たちのブランドを築いている。この現象を理解する上で、オリンピック参加の直前と直後の商業的な関わりを制限しようとする国際オリンピック委員会（The International Olympic Committee、以下IOC）の「ルール40」（オリンピック憲章規則第40条）との関連は無視できない。ルール40では、参加者の名前や写真、オリンピックでのパフォーマンスについて前後期間を含めた大会期間中の広告に無断で使用することを禁じている（Grady & McKelvey, 2015）。アスリートたちは、オリンピック参加の何年も前からサポートしてくれている個人的なスポンサーについて発信する権利が制限されていると感じている。一方で、オリンピックスポンサーは、期間中のアスリートが自分たちの個人スポンサー（非オリンピックスポンサー）に関するプロモーションを行えば、オリンピックというイベントに高額の投資をする意義が損なわれてしまうことを懸念している。実際、消費者のスポーツイベントに対する関与は高いが、彼らのエンゲージメントはイベントだけでなく、アスリートによるところも大きい。このようなスポンサーシップとインフルエンサー・マーケティングの相互作用は、スポンサーシップ投資に変革をもたらす可能性がある。

　スポンサーシップは変革のステージにあるといえる。この変革はスポンサーシップ自体の成功に起因するのではなく、社会的なトレンドや新しいコンテンツ配信システムの影響が大きい。同時に、これらのトレンドは、スポンサーシップに大きな可能性をもたらすと考えられる。ほとんどのスポンサーは、ロゴを配置するという従来のスポンサーシップの中心を担ってきた戦略には満足しておらず、事前にパッケージ化されたスポンサーシップの提案を諸手を挙げて受け入れようとはしないだろう。同様に、物理的制約の多いテレビへの興味は徐々に薄れ、今後の主流はOTTに移行していく。OTTコンテンツには、通信事業者が提供するものよりもさらに多くの情報量があるため、視聴者の興味を引くようなターゲットを絞ったクリエイティブなコンテンツの提供が可能になる。

すなわち、消費者を魅了するための舞台は整っているのである。

ディスカッション

①スポンサーシップのエコシステムが次に必要とするサービスは何だと思うか？
②女性スポーツの人気の拡大は、スポンサーシップにどのような影響を与えると思うか？
③ブランドによるスポンサーシップは、あなた自身の購買行動にどのような影響を与えるか？

■参照文献

Beer, J. (2019a). These are the 10 most visible brands in Netflix's "Stranger Things" season three. Retrieved from www.fastcompany.com/90374721/these-are-the-10-most-visible-brands-in-netflix-stranger-things-season-three.

Beer, J. (2019b). Why Mastercard signed on as League of Legends' first-ever global sponsor. Retrieved from www.fastcompany.com/90238755/why-mastercard-signed-on-as-league-of-legends-first-ever-global-sponsor.

Beverland, M. B., Farrelly, F., & Quester, P. G. (2010). Authentic subcultural membership: Antecedents and consequences of authenticating acts and authoritative performances. Psychology & Marketing, 27(7), 698–716.

Clark, J. M., Cornwell, T. B., & Pruitt, S. W. (2002). Corporate stadium sponsorship, signaling theory, agency conflicts and shareholder wealth. Journal of Advertising Research, 42(6), 16–32.

Cornwell, T. B. (2008). State of the art and science in sponsorship-linked marketing. Journal of Advertising, 37(3), 41–55.

Dellea, D. (2018). Sports industry: Lost in transition? PwCs sport survey 2108. Retrieved from https://strivesponsorship.com/wp-content/uploads/2018/10/PwC-Sports-and-Esports-Survey-2018.pdf.

Enberg, J. (2019). Digital ad spending 2019. eMarketer. Retrieved from www.emarketer.com/content/global-digital-ad-spending-2019.

Grady, J., & McKelvey, S. (2015). The IOC's Rule 40 changes and the forecast for Rio 2016. Street and Smith's Sports Business Journal. Retrieved from https://www.sportsbusinessdaily.com/Journal/Issues/2015/05/18/Opinion/Grady-McKelvey.aspx.

Hess, A. (2019). US viewership of the 2019 Women's World Cup final was 22% higher than the 2018 men's final. CNBC. Retrieved from www.cnbc.com/2019/07/10/us-viewership-of-the-womens-world-cup-final-was-higher-than-the-mens.html.

IEG Sponsorship Report (2016, December 19). Activation-to-fee ratio passes two-to-one mark for first time. Retrieved from www.sponsorship.com/iegsr/2016/12/19/Average-Activation-To-Fee-Ratio-Passes-Two-To-One-.aspx.

Kim, Y., Lee, H. W., Magnusen, M. J., & Kim, M. (2015). Factors influencing sponsorship effectiveness: A meta-analytic review and research synthesis. Journal of Sport Management, 29(4), 408–425.

Nazish, N. (2018). The most popular food festivals around the world. Fortune. Retrieved from www.forbes.com/sites/nomanazish/2018/05/21/the-most-popular-food-festivals-around-the-world/#4d97afdf52d5.

NCAA (2018). Bowl/All Star Game Records. Retrieved from http://fs.ncaa.org/Docs/stats/football_records/2017/Bowls.pdf.

Reed, A. (2018). Half the world's population tuned in to this year's soccer World Cup. CNBC.com. Retrieved from www.cnbc.com/2018/12/21/world-cup-2018-half-the-worlds-population-tuned-in-to-this-years-soccer-tournament.html.

Sanchez, D. (2018). The live music industry will be worth $31 billion worldwide by 2022. Digital Music News. Retrieved from www.digitalmusicnews.com/2018/10/26/latest-live-music-revenue-31-billion-2022/.

Statista (2019a). Global advertising spending from 2014–2022 (in billions U.S. dollars). Retrieved from www.statista.com/statistics/273288/advertising-spending-worldwide/.

Statista (2019b). Product placement spending worldwide and in selected countries in 2012, 2014 and 2019 (in millions U.S. dollars). Retrieved from www.statista.com/statistics/261454/global-product-placement-spending/.

Williams, R. (2019). Levi's tailors sport marketing strategy as athletes become influencers. MarketingDive. Retrieved from www.marketingdive.com/news/levis-tailors-sports-marketing-strategy-as-athletes-become-influencers/560668/.

Woisetschläger, D. M., Backhaus, C., & Cornwell, T. B. (2017). Inferring corporate motives: How deal characteristics shape sponsorship perceptions. Journal of Marketing, 81(5), 121–141.

第2章

スポンサーシップのプロセス

　とある「部屋」がスポンサーを獲得するというようなことを想像できるだろうか？　ローカルなビジネスでは、採算の合うイベントをしなければならないことが多いので、ブランドが地元の音楽イベントやコミュニティーの集まりで使用される会場として、「部屋」がスポンサードされることは大いに考えられる（Grate, 2017）。小規模なスポンサーやプロパティーは、移動時間や予算といった要因に大きく影響を受けるエコシステムの中に存在し、メガイベントと呼ばれる国民的行事とは多くの点で異なる。

　スポンサーシップの主なカテゴリーをまとめると、(1)会場・設備・モノ、(2)活動・イベント・プログラム、(3)グループ・個人、(4)組織・リーグ・協会、が挙げられる。これらの様々なカテゴリーのスポンサーシップは、独立している場合もあれば、リーグ、チーム、個人にスポンサーがついているように、いくつかの層で構成される場合もある。スポンサーが様々な方法でスポンサーシップ活動を行うという複雑性は、時に上手く機能する可能性があるが、特に新規のスポンサーがエコシステムに加わった場合に対立を生む可能性も秘めている。「スポンサーシップ・プロセス・モデル」では、エコシステムの中で境界線を引きながら、かつダイナミックに相互作用するスポンサーとプロパティーを重要視する。

1.　なぜパートナーシップではなくスポンサーシップなのか？

　スポンサーシップという言葉には、ある団体が他の団体を何らかの形で支援したり、責任を負ったりするという基本的な意味がある。マーケティングの文脈では、この支援や責任は金銭的なものであることが多い（ただし、製品やサービスによる価値交換の場合もある）。スポンサーシップは、スポンサーとスポンシー（プロパティー）との間の交換と定義されており、スポンシーは金銭（ま

たは価値）を受け取り、スポンサーはスポンシーの活動に関連する権利を得ることができる（Cornwell & Maignan, 1998）。Quester と Thompson という研究者は、Meenaghan（1991）の研究を参考にして、スポンサーシップの定義を「投資家（スポンサー）がその活動、人、イベントに関連した、利用可能で商業的な権利を活用する見返りに、活動、人、イベントに現金または現物で投資すること」と述べている（2001, p.34）。

　初期のスポンサーシップの定義では、スポンサーシップをパートナーシップとして検討しない傾向があった。ほとんどのスポンサーシップ関係において、プロパティーがスポンサーに経済的に依存していることに起因する「力の非対称性」があることを考慮すると無理もない。しかし例外として、プロパティーとしてのアスリートやスポーツイベントがそのイメージや評判のためにスポンサーよりも強力になる、前者とは逆の力の非対称性が起きるケースもある。テニスのウィンブルドン大会、サッカーのマンチェスター・ユナイテッド、NFLのダラス・カウボーイズなどが好例である。ほとんどのケースでは、力の非対称性が関係者の行動や態度にまで影響を及ぼすことが分かっている。基本的に力はスポンサー側に偏っているため、スポンサーシップ関係の条件設定は、スポンサー側が主導権を持つことが多かったが、初期の頃のスポンサーシップは、広告やプロモーションスペースの購入や、懸賞や展示会への参加など非常に似通った形態だった。

　スポンサーシップは、「共同マーケティング・アライアンス」（Farrelly & Quester, 2005）、「クロスセクター・パートナーシップ」（Seitanidi & Crane, 2009）、「マーケティング・パートナーシップ」（Meenaghan, 2002）などの類似概念として認識される。重要な共通点は、あらゆる種類の組織やプロパティーが相手企業や団体を「パートナー」と認識することにある。スポンサーシップ関係は相互に作用しながら利益をもたらすものであり、一方のグループが他方のグループを利用する関係では決してない。

　では、なぜシンプルにパートナーシップという言葉を使わず、スポンサーシップという呼称にこだわる必要があるのか？　そこには少なくとも2つの理由がある。第一に、ビジネスや社会には非常に多くの種類のパートナーシップが存在するため、「スポンサーシップ」という言葉を使うことで、両者の関係を分かりやすくすることができる。2つ目の理由もこれと類似しているものの、法

的な範疇にまで入り込む。多くの国では、「パートナーシップ」とは、2つの事業体が一緒になり、それぞれが貢献し、そこから生じる利益と損失の両方を共有することが期待される法的に認められた関係である。一方、スポンサーシップの多くは、ある企業から別の企業への「支援」を目的とした契約や協定である。この意味では、「スポンサーシップ契約」という言葉は適切であるのかもしれない。

　国際的な人道支援非営利団体であるConcern Worldwideは、スポンサーシップとパートナーシップにおける認識の違いを理解するのに好例といえる。彼らは、自分たちの組織にとってのパートナーシップとは何か、その定義を明確にしたいと考えていた。そこで彼らは、各国で代表を務める25名を集めてパートナーシップの考え方について議論を重ねた。Concern Worldwideは、世界中で貧困撲滅活動を行っており、様々なタイプのグループや組織と関係を築いていた。それらのグループや組織は、2つの要因によって分類できることにたどり着いた。その2つの要因とは、「協力レベル」と「価値観の共有のレベル」である。

　Concern Worldwideは、パートナーシップ関係とは、書面上の合意のみに依存するのではなく、「関係」に基づくものであると結論づけたのである。興味深いことにConcern Worldwideのスタッフは、正直さ、相互尊重、相互依存、説明責任、開放性、信頼、透明性などの特徴を持つスポンサーのことを、「パートナー」と呼ぶ傾向があることも明らかにした（O'Sullivan, 2010, p.736）。スポンサーシップが合意や契約に基づくものであることは変わらないが、それが真のパートナーシップになるかどうかは、当事者同士の「関係」の質にかかっているのである。

2. 何がスポンサーされるのか？

　スポンサーシップを概観すると、スポーツにおけるスポンサーシップが長い間活発に行われている。2018年のIEG社が発表したスポンサーシップレポートによると、北米のスポンサーシップ支出の約70%がスポーツに使われており、これは他の地域においても同様である。スポーツの次に位置づいているのはエンターテインメント（10%）、次いで社会貢献活動（9%）、アート（4%）、フェ

表2-1 ●主要なスポンサーシップのカテゴリー

カテゴリー	例
会場・設備・モノ	・エクスプロリアリゾーツ社によるオーランド・シティーFCの施設命名権（Dixon, 2019） ・プーマ社によるポルシェ・モータースポーツの専門設備スポンサー（Speed Sport, 2019） ・配送サービスのUPS社による「ローズ・パレード」に使われる屋台のスポンサー（Wilkens, 2019）
活動・イベント・プログラム	・サムスン社によるオリンピックスポンサー（Farek & Bauer, 2018） ・アメリカン・エキスプレス社による「コーチェラ音楽祭」のスポンサー（Alcantara, 2018） ・マイクロソフト社によるSpotifyのプレイリストのスポンサー（Swant, 2019）
グループ・個人	・エミレーツ航空によるアーセナルFCのスポンサー（Carp, 2019） ・ウェットティッシュのデュードワイプ社によるゴルフ選手であるジェイソン・ダフナーのスポンサー（Cunningham, 2019）
組織・リーグ・協会	・シーザーズエンターテインメント＆カジノ社とNFLのスポンサーシップ（Purdum, 2019） ・保険会社アリアンツ社によるドローン・レーシング・リーグのスポンサーシップ（Heitner, 2018） ・ブルガリ社によるセーブ・ザ・チルドレンのスポンサーシップ（Save the Children, 2019）

(Cornwell, 2019, Journal of Advertisingをもとに作成)

スティバル・フェア・年次イベント（4％）、協会や会員制組織（3％）となっている。スポーツが圧倒的に多いのは、ほとんどの主要スポンサーは、スポーツと他の種類のスポンサーシップを組み合わせて消費者とのコミュニケーションを図っているからである。

　スポンサーシップを理解する上で、どのようなブランドがスポンサーになっているかということも重要な視点である（Olson, 2010）。前述したように、スポンサーシップの主なカテゴリーには、(1)会場・設備・モノ、(2)活動・イベント・プログラム、(3)グループ・個人、(4)組織・リーグ・協会があり、表2-1は、これらの主なカテゴリーごとのスポンサーシップの例を示している。

3. 会場・設備・モノ

　会場や設備、モノのスポンサーシップは、建物や橋、公園などが潤沢な資金を持つ個人や企業によってスポンサードされていた、いわゆる「慈善活動」に起源がある。この種のスポンサーシップで最も分かりやすい例が、メジャーリーグサッカー(Major League Soccer：MLS)のクラブであるオーランド・シティーのためにエクスプロリアリゾーツ（Exploria Resorts）社という企業が行ったスタジアムの命名権スポンサーである（Dixon, 2019)。このカテゴリーにおける別の好例としては、多くの国で「キット・スポンサーシップ」と呼ばれるアパレルや様々なモノを対象に行われるスポンサーシップである。例えば、2019年のeスポーツ世界大会では、スポーツアパレルブランドのLi-Ningがチーム Griffin のスポンサーとなり、スポーツアパレルブランドのナイキ社は League of Legendsのチームスポンサーとなりユニフォームを公表した(Chen, 2019)。浮き輪、ボート、橋など、どんなものであってもスポンサーシップの対象になる。つまり、スポンサーシップの成功はパートナーシップの想像力にかかっているのである。

4. 活動・イベント・プログラム

　草の根的な存在である地域の演劇場であれ、スポーツのメガイベントであれ、アクティビティーやイベントはスポンサーシップにおける中心的な存在である。このカテゴリーは、期日の明確な活動期間と、それに伴うメディア報道が特徴的である。典型的な例はオリンピックで、冬季大会と夏季大会があり、大会と大会の間には長い休止期間がある。これらの大会には、ブリヂストン社やパナソニック社、サムスン社などのオリンピックパートナーがワールド・ワイド・パートナーとして登録されている（Farek & Bauer, 2018)。

　イベントは既存のものでも、新規に作られたものでもよい。例えば、オリンピックのスポンサーであるインテル (Intel) 社は、オリンピック直前にeスポーツのナショナルチームが参加する、Rocket LeagueやStreet Fighterのトーナメントとして「Intel World Open」というイベントの開発にも尽力している (Thielmeyer, 2019)。

　スポンサーシップの一般的な活動は、プログラムや周辺広告における何らかのブランド露出である。これらのスポンサーシップは、バイラルキャンペーン（消費者の口コミやシェアを通じて、メッセージやアイデアを拡散させるための活動）やその他の付随的なマーケティング活動によって補強されることもあるが、メディア露出を主な目標とするため、統合的なマーケティング・コミュニケーション戦略に取り組まれることが多い。一般的なテレビ番組のスポンサーシップでは、番組の最初と最後に「バンパー」と呼ばれるスポンサーに関する短いアナウンスをすることが多い。これらのスポンサーは番組内の広告枠も同時に獲得していることが多く、認知度や好感度において付加価値を得られることが科学的にも検証されている（Bellman et al., 2019）。番組のスポンサーは、プロダクト・プレイスメントや視聴者参加型の活動と組み合わされることもある。例えば、テレビ番組「America's Got Talent」のスポンサーであるドーナツ会社のダンキンドーナツ（Dunkin' Donuts）社は、審査員席に置かれた色鮮やかなダンキンのカップを特徴としており、視聴者を巻き込んだカップデザイン大会などのコンテストを主催している（Martin, 2019）。また、コンテストがブランドカップの配置と相乗効果を発揮して、ブランドの認知度を高めていることも注目すべき点である。コンテストに何気なく興味を持った視聴者も、ブランドのカップを使ってみたくなるだろう。科学的にも、番組スポンサーの番組内でのブランド・プレイスメント戦略は、消費者のブランド想起度を高めることが立証されている（Dens et al., 2018）。

　テクノロジーの進化によって、番組の一部をスポンサードすることも可能になってきている。その一つの例が「ビデオ・アシスタント・レフリー（VAR）」である。実際、メジャーリーグサッカーでは、VAR技術で作られた、いわゆる「ビデオ判定時間」の枠を販売している（Carp, 2019b）。フィールド上の審判がリプレイ技術によってビデオ判定する間は消費者が注意深く画面を見るため、ブランドとの接触が期待できる。単なるブランド露出ではなく「意味のある方法」で、スポーツプログラムの一部になることができるのである。

5.　グループ・個人

　ここでいうグループの明白な例としては、プレミアリーグのサッカークラブ

であるアーセナルFCとエミレーツ航空（Emirates）のスポンサーシップ関係
が挙げられる（Carp, 2019a）。しかし、このような強烈な例だけではなく、
捜索救助チーム、医療チーム、ダンスチーム、問題解決のためのITチームなど、
様々なチームにスポンサーがつく可能性が大いにある。また、個人へのスポン
サーシップは、単独で行うこともできるし、イベントやアクティビティーと紐
付けて活用することもできる。個人へのスポンサーシップと活動やイベントへ
のスポンサーシップを効果的に統合することで、消費者に創造的でユニークな
印象を与えることも可能になる。消費者は、アスリートなどの特定の個人の専
門性や行動を軽蔑したり拒絶することもあるが、同時に個人の行動に共感し、
追従し、模倣する傾向も強い。

　個人のスポンサーシップは、ポジティブであれネガティブであれ、スポンサー
となるブランドに大きな影響を与えることができる。例えば、2009年にゴル
フ界で起きたタイガー・ウッズのスキャンダルは、個人の行動がスポンサーに
大きな負のインパクトを与えた例として分かりやすい。ウッズのスポンサーは、
スキャンダル後の10〜15日間の株式取引において、自社総額の2％ものコス
トを被ったと推定されている（Knittel & Stango, 2014）。一方で、2018年に
ウッズのゴルフの成績が輝きを取り戻したことで、ゴルフのテレビ視聴率が急
上昇し（Stewart, 2018）、スポンサーの露出も増えた。

　アスリートなどの個人へのスポンサーに比べて、チームやイベントのスポン
サーは少々異なる特徴を持っている。その特徴を簡潔に表現すると、プロパ
ティーとしてのチームやイベントは個人よりも多種多様な接点があることであ
る。チームやイベントに関してネガティブな要素があっても、多種多様な消費
者との接点の中に存在するポジティブな要素で相殺されたり、上手くバランス
が取れていたりするため、スポンサーの認知への影響度は個人よりも極端では
ないことが分かっている。

6. 組織・リーグ・協会

　スポンサーシップの最後のカテゴリーが、組織・リーグ・協会である。この
カテゴリーにおいて分かりやすい例が、NFLとシーザーズエンターテインメ
ント＆カジノ（Caesars Entertainment and Casinos）社のパートナーシップ

である（Purdum, 2019）。それぞれの国やリーグによって現状は異なるが、米国においてはプロリーグ組織が放映権の大部分を管轄しているケースが多い。この前提をもとに考えると、リーグや組織レベルでのスポンサーシップは、チームレベルのスポンサーに比べ、地理的に広範囲（時には全米レベル）でのコミュニケーションの機会を獲得できる。例えば、チームが存在しない市場であっても、すべてのテレビやデジタルコミュニケーションにブランドのロゴが追加される可能性があることを意味する。このようにリーグレベルのスポンサーシップは、市場を超えたコミュニケーションの機会を提供するものの、チームや個人のスポンサーシップのような「情熱」は伴わない。また、組織や協会のスポンサーシップは、あらゆる活動を対象とする。その中でも、高級ブランドのブルガリ（Bulgari）社がスポンサーとなっている非営利団体「セーブ・ザ・チルドレン」のような、慈善活動や社会貢献活動に関連したパートナーシップが頻繁に観察される（Save the Children, 2019）。このような大義名分に関連するスポンサーシップは、手助けを必要としている人々を助けるだけでなく、一般的にスポンサーの評判を高めることも分かっている。

7.　スポンサーシップの複雑性

　スポンサーシップの隆盛を考慮すると、どのようなスポンサーであっても「スポンサーシップ・レイヤー（層）」にその複雑性を感じることがあるだろう。例えばNFLのようなチームスポーツには、図2-1に示すように、会場のネーミングライツ、リーグレベルのスポンサー、チームのスポンサー、選手や個人レベルのスポンサーなど、様々なタイプのパートナーが存在する。その中には、リーグレベルとチームレベルの両方でスポンサー契約を結ぶケースもある。図の右枠に記載されているベネフィシャリー・スポンサーとは、スポーツから、あるいは場合によってはスポンサーから支援を受ける非営利団体であるケースが多く、その契約には飲料の販売権や、レストランやショップのライセンス契約などが含まれていることもある。このように様々なスポンサーシップの形態がスポンサーシップ・レイヤーを作り出し、スポンサーシップを複雑にしている。

　スポンサーシップ・レイヤーは、1つのスポンサーが複数のレベルで活動し

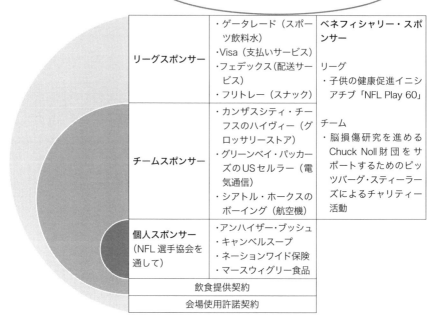

施設の命名権スポンサー
リーバイス・スタジアム（サンフランシスコ）
USバンク・スタジアム（ミネアポリス）

		ベネフィシャリー・スポンサー
リーグスポンサー	・ゲータレード（スポーツ飲料水） ・Visa（支払いサービス） ・フェデックス（配送サービス） ・フリトレー（スナック）	ベネフィシャリー・スポンサー リーグ ・子供の健康促進イニシアチブ「NFL Play 60」
チームスポンサー	・カンザスシティ・チーフスのハイヴィー（グロッサリーストア） ・グリーンベイ・パッカーズのUSセルラー（電気通信） ・シアトル・ホークスのボーイング（航空機）	チーム ・脳損傷研究を進めるChuck Noll財団をサポートするためのピッツバーグ・スティーラーズによるチャリティー活動
個人スポンサー （NFL選手協会を通して）	・アンハイザー・ブッシュ ・キャンベルスープ ・ネーションワイド保険 ・マースウィグリー食品	
飲食提供契約		
会場使用許諾契約		

図2-1 ●スポンサーシップ・レイヤーの例（NFLリーグ・チームのスポンサー）

ている場合、垂直統合を意味することもある。つまり、複数のレベルでスポンサーシップを結び、スポンサーの目的達成に効率的な働きかけができる可能性を秘めている。しかし、スポンサーによる複数のレベルでの活動は、対立を生むこともある。例えば、NBA（ナショナル・バスケットボール・アソシエーション）が新しい戦略としてユニフォームのスポンサーシップを売り出した際、既存の選手、アリーナやリーグレベルのスポンサーだけでなく、試合のテレビ放送の広告主などとも対立する可能性があった（Pulignano, 2017）。あるアスリートがコカ・コーラと個人的にエンドースメント契約を結んでいるにもかかわらず、所属チームのユニフォームにペプシのロゴがつく可能性があったことを想像していただくと分かりやすいかもしれない。

(Cornwell & Kwon, 2019 をもとに作成)

図2-2 ●スポンサーシップ・プロセス・モデル

8. スポンサーシップ・プロセス・モデル

　スポンサーシップ・プロセス・モデル（Cornwell & Kwon, 2019, 図2-2）は、スポンサーシップ関係からパートナーシップがどのようにして生まれるかを理解する上で重要なモデルである。

9. スポンサーシップ・エコシステム

　スポンサーとプロパティーの関係はエコシステムの中に存在する。ここでいうエコシステムとは、スポンサーシップを取り巻く環境を構成し、あらゆる種類の意思決定者に影響を与える相互関係の集まりを意味する（Henderson & Palmatier, 2011）。様々な特徴があるが、一般的には、あらゆるステークホルダーがエコシステムの中でダイナミックにかつ相互につながっている。エコシステムの最も重要な特徴は、地域、地方、国といった「地理的な境界線」があることである。例えば、スポンサーシップの意思決定が草の根レベルで行われ

る地元の子供向けアート・フェスティバルと、意思決定が国レベルで行われる
ような国内または国際的な大ブランドの提携は想像し難い（しかし、米アマゾ
ン社の傘下にある大手スーパーマーケットのホールフーズ・マーケット（Whole
Foods Market）社のように、草の根レベルのスポンサーシップ戦略が浸透し
ている大企業もあり、様々なローカルコミュニティーを支援しているケースも
ある）。

　地理的な境界線は、スポンサーシップに多くの影響を与える。ブランドは一
般的に、現在の、または潜在的な顧客や市場に合わせたスポンサーシップ戦略
を遂行するため、ローカルなブランドは、該当する地域のローカルなプロパ
ティーとのパートナーシップを求める傾向がある。前述のホールフーズ・マー
ケット社のように、国際的なブランドがローカルなパートナーシップを求める
場合はあるが、地元や地域の一企業やブランドが、オリンピックなどの国際的
なイベントとのパートナーシップを求めることはあまり一般的ではないだろう。

　主要なスポンサーとプロパティーのつながりが、エコシステムに影響を与え
るかは科学的検証も進んでいる。典型的な例は、YangとGoldfarb（2015）が
発表したアルコール産業やギャンブル事業などのスポンサーと、イングランド
のサッカーのスポンサー禁止に関連する研究である。もしアルコールやギャン
ブル産業のような物議を醸すようなスポンサーとの契約を禁止する規定の変更
をリーグが行った場合、エコシステムの中でより強力なチームが下位のチーム
からトップスポンサーを奪い取るだけでなく、下位のチームはスポンサー獲得
すら難しい状況になることを明らかにした。つまり、ある意思決定は、エコシ
ステムの中で相互作用を起こし、様々な状況を作り出すのである。

　スポンサーシップのエコシステムは、内的な変化（都市内における美術館や
スポーツ施設の拡大など）と、外的な力（財政的な説明責任を求めるスポンサー
の圧力など）によってダイナミックに進化する特徴がある。あるパートナーシッ
プが終了すると、スポンサーシップの関係に、新規スポンサーとプロパティー
という2名の登場人物が出現する。図2-2の戻り矢印で表されているように、
スポンサーシップは本質的に再帰的なものであり、特定のスポンサーとプロパ
ティーの関係が終了しても、スポンサーシップ・エコシステム自体が解体され
ない限り、スポンサーは別の投資先のプロパティーを探し、プロパティーは別
のスポンサーを探すことになる。

　最後に、スポンサーシップ・プロセス・モデルの特徴は、スポンサーとプロパティーの両方が全体のエコシステムの一部として取り上げられている点にある。多くのスポンサーシップ研究では、スポンサー側に偏った議論が進められてきた。しかし、より成功するパートナーシップは、スポンサーとプロパティー双方の価値観やエンゲージメントに強く影響を受ける。さらに、スポンサーは複数のプロパティーと関係を持ち、スポンサーシップ・ポートフォリオを築く。一方、プロパティーはスポンサーシップに積極的なブランドのリストを保持している場合がある。ポートフォリオとのバランスを見ながら新規スポンサーをリストから見つける作業は、プロパティーにとって複雑なものであり、スポンサーとプロパティーのどちらか一方の状況の変化が、エコシステムに大きな影響を生む可能性がある。例えば、ある食料品チェーンが、その都市で唯一のプロスポーツチームとスポンサー関係を結んでいたとしよう。同じ都市にある第2の食料品チェーンがプロチームのスポンサーになりたいと思っても、2つの食料品店がスポンサーになると混乱を招く可能性がある。さらに、第1の食料品チェーンがチームと独占的な関係を築きたいと考えていた場合、チームのスポンサーシップ活動にも大きな影響を与える。

10.　スポンサー過程

　図2-2の上部には、スポンサー過程における6つの要素である「意思決定」「ターゲット」「目的」「エンゲージメント」「効果測定」「次のアクション」が記載されている。それぞれの要素を見てみよう。

◉意思決定

　驚くかもしれないが、草の根レベルのスポンサー契約は、握手による合意や手紙といったシンプルな場合もある。一方、高額なスポンサーシップの多くは、広範な交渉の結果であり、その交渉には様々な要因が影響する。興味深いことに、CEOや社長などの意思決定者は、自分たちに何かしらの副次的なベネフィット（チケットや有名人に会う機会など）をもたらすことができるスポーツやアート、慈善事業にスポンサーシップすることが多いことが分かっている。これは「エージェンシー効果」と呼ばれ、組織を代表して行動するエージェン

ト（ここでいう CEO や社長）が、自分の目標を組織の目標よりも優先させることを意味する（Eisenhardt, 1989）。すべてではないが、エージェンシー効果が起こりうる可能性は否定できないため、意思決定者のニーズを理解することは非常に重要である。

　これに加えて、「エクスクルーシビティー(排他性)＝スポンサーシップ独占性」に触れておきたい。スポンサーシップ独占性とは、あるブランドが特定のプロパティーのスポンサーになる場合、そのブランドが属する業界で唯一のスポンサーとなることを意味する。つまりプロパティーは、そのブランドと同じ業界にいる競合他社とスポンサー契約を結ばないという意思を示すのである。歴史的には、スポンサーシップの独占権がスポンサー関係の中心であった。しかし、近年では独占権の共有（例えば高級車とエコノミーカーのように市場が重ならない場合など）が認められるようになってきた。独占権の有無は、プロパティーがスポンサーシップを求める際の提示価格に影響を与える。一般的には、プロパティーが持つ手札は、会場のネーミングライツやタイトルスポンサーなど、スポンサーが購入する可能性のあるものが中心になる。これに加えて、スポンサーシップにおける価格設定の本質は、取引や契約の特性をベースに考えられる。契約の基本は、(1)スポンサーが受け取る資産（メディアへの露出度、看板、ホスピタリティーブース、著名人との交流、イベントのチケット）、(2)契約期間、(3)長期的に支払われる金額、などである。

◉ターゲット

　ターゲットとは、メッセージや体験を受け取る人や組織のことを指す。対象者は、組織（株主、政府）または個人レベルなど様々で、スポンサー（現在の顧客または将来の潜在的製品購入者）またはプロパティー（ファンやサポーター）の両方から考慮される場合がある。スポンサーとプロパティーの従業員は、スポンサーシップ関係の主要なターゲットとしていつも認識されているわけではないが、契約に影響を与える可能性もあるため無視はできない。例えば、フランスの多国籍通信企業であるオレンジ（Orange）社は、アフリカ大陸全体の視聴者にリーチするため、「アフリカネイションズカップ（Africa Cup of Nations：AFCON）」というサッカー大会のスポンサーを務めている（Africa Outlook, 2019）。このパートナーシップにおけるスポンサーとプロパティー

の内部構成員であるファンや従業員の間でも、積極的なリサイクル活動が取り組まれていた。したがって、このパートナーシップはオレンジ社の一方的なイメージアップ戦略ではなく、両者の内部ステークホルダーというターゲットのニーズが合致したものとして認識されている。

◉目的

　目的は、認知的（考えること）、感情的（感じること）、行動的（すること）、ファイナンス（金銭的）、またはその他の組織の戦略的目標に基づく。目的は、スポンサーとなる組織や対象となるプロパティーによって異なる。前述のオレンジ社とAFCONのパートナーシップの例に戻ると、1つの目的は、ポジティブで楽観的という共通のブランド価値をターゲットに伝えることにあった。もう1つの目的は、電話やインターネットサービスを利用する幅広い層の消費者を取り込むことである。これらの目的は、ブランド価値の理解を促すという認知的なものと、購入意向を刺激するという行動的なものがある。戦略的には、これらの目的は、イメージアップという認知的かつ感情的な側面から捉えることもできるし、売上または投資、そして市場シェアの拡大という金銭的な側面からも捉えることができる。

◉エンゲージメント

　エンゲージメントは、パートナーシップにおいて特に重要な要素である。図2-2では、エンゲージメントを、(1)パートナー間の契約書に記載されている契約（スポンサーの内容や露出の性質などの基本事項など）、(2)レバレッジ（スポンサーシップにより獲得した枠を活用して広告やプロモーションをする際の契約金額など）、(3)アクティベーション、の3つに分類している。ここで重要なのは、スポンサーシップの意思決定は、レバレッジやアクティベーションの詳細な決定の前に行われる点である。例を挙げれば、オレンジ社はAFCONのイベント開催時、スタジアムでバーチャルリアリティ体験を提供するアクティベーションを行ったが、このような魅力的なアクティベーションはスポンサーシップ契約の合意後の両者による継続的努力によってもたらされる。

⊙効果測定

　効果測定は、それぞれのスポンサーへの効果測定だけでなく、ブランドやプロパティーのスポンサーシップ・ポートフォリオ全体を考慮する。効果測定は、スポンサーシップは成功だったかという問いをスポンサーの視点から議論することが圧倒的に多い。しかし、プロパティーは、パートナーシップによる自社のブランドの成果という観点からも考えるべきである。効果測定の結果は、個人、組織、市場、そして最終的にはポートフォリオとそこに含まれる様々なメンバーに共有・議論される。

⊙次のアクション

　次のアクションは、図2-2において契約終了時のパートナーシップ関係の状況として表されている。契約更新は関係の継続、更新されない場合は契約関係を終了し、各当事者は新たなパートナーシップを模索することになる。また、違反行為や契約で定められた目的を達成できなかったために、早期に契約を終了する（買収や契約破棄）場合もある。前述のように、スポンサーシップ・エコシステムはダイナミックかつ再帰的である。パートナーシップ関係が公式に終了する場合もあるが、各パートナーの間で新しい関係が構築された場合でも、エコシステムの中で何年もゆるやかなつながりが続くこともある。

11.　スポンサー過程におけるモデレーター要因

　モデレーターとは、科学の世界で頻繁に使われる言葉であり、ある特定の関係に影響を与える要因を意味する。図2-2のスポンサーシップ・プロセス・モデルでは、個人の特性と状況が、スポンサーシップ過程に影響を与えると考える。例えば、スポンサーがあるチームのファンの特性を重視しているケースがあったとしよう。チームの忠実なファン層が求めるスポンサーシップ契約の希望価格が高額であると推察される場合、最終交渉価格にも影響が現れる可能性がある。同様に、イベントにおけるスポンサーロゴの露出は、消費者のブランドに対する印象を好意的にすることが分かっているが、過度な商業化や不誠実さを示唆するようなスポンサーに対しては、この関係をむしろネガティブに捉

える可能性がある。例えば、英国ロンドンのエネルギー関連事業を展開する
British Petroleum（BP）社は、「テート・アート・フェスティバル」のスポン
サーを務めていたが、2017年に契約を解除した（Khomami, 2016）。その大
きな理由は、アート・フェスティバルのファンや従業員までもが、BP社が不
誠実なスポンサーであることを懸念し、スポンサーシップ解除のために積極的
な抗議活動を行ったことにある。個人とスポンサーブランドの特性との関係が、
スポンサーシップに影響力を示す印象的な例である。

　エコシステムの外部で発生した出来事や予測不可能な事態ですらモデレー
ターとして機能し、スポンサーシップ・プロセスに影響を与える可能性がある。
世界的な景気後退のような予測不能な現象は特に分かりやすい（新型コロナウ
イルス感染症拡大による不況も当てはまる）。スポンサーシップが効果的に行
われれば、スポンサーシップはスポンサーとプロパティー両者にとって有意義
なものであるが、世界的な不況下ではスポンサーになること自体を好意的に捉
えない消費者や株主もいるだろう。さらに、スケールは小さくなるが、ライバ
ル関係や、勝敗、アンブッシュマーケティングやスキャンダルなども、スポン
サーシップに影響を与える。例えば、スキャンダルについて考えてみよう。あ
るチームの熱狂的ファンは、たとえ深刻なスキャンダルを起こしたとしても
チームを応援し続けるが、ライバルチームがまったく同じスキャンダルを起こ
した際は、許されざる行為と判断することが分かっている（Chien et al.,
2016）。多くの現象と多くの人や組織が、エコシステムの中で相互に関係して
いる。このような大局的な視点を持つことは、エコシステム全体がどのように
機能しているかを理解するのに役立つし、仮にエコシステムが理解を超えた現
象を引き起こしたとしても、それに対処する深い洞察を得ることができるので
ある。

ディスカッション

①スポンサーシップ・エコシステムで「地理」が大きな境界となることを学んだ。「文化」
　のような要因が、エコシステムの境界になる可能性はあるだろうか？
②チームスポーツには、会場、リーグ、チーム、選手といったスポンサーシップ・レイヤー
　（層）がある。音楽やアートなど、他のコンテクストではどのような層があるだろうか？

■参照文献

Africa Outlook (2019). Exclusive interview: Orange on its sponsorship of AFCON. Retrieved from www.africaoutlookmag.com/news/exclusive-interview-orange-on-its-sponsorship-of-afcon.

Alcántara, A. (2018, April 18). How 3 brands brought tech to life at Coachella. Retrieved from www.adweek.com/digital/how-3-brands-brought-tech-to-life-at-coachella/.

Bellman, S., Murphy, J., Arismendez, S. V., & Varan, D. (2019). How TV sponsorship can help television spot advertising. European Journal of Marketing, 53(1), 121-136.

Carp, S. (2019a, January 15). Arsenal's Emirates shirt deal most recognized among fans, says report. Retrieved from www.sportspromedia.com/news/premier-league-shirt-sponsors-arsenal-emirates-gambling-companies.

Carp, S. (2019b, September 17). MLS "actively selling" VAR sponsorship inventory. Retrieved from www.sportspromedia.com/news/mls-var-sponsorship-inventory-sale.

Chen, H. (2019). Team Griffin unveils Li-Ning team jersey for worlds, China announces esports racing championship. The Esports Observer, Sport Business Journal. Retrieved from https://esportsobserver.com/china-esports-recap-sept11-2019/.

Chien, P. M., Kelly, S. J., & Weeks, C. S. (2016). Sport scandal and sponsorship decisions: Team identification matters. Journal of Sport Management, 30(5), 490-505.

Cornwell, T. B., & Maignan, I. (1998). Research on sponsorship: International review and appraisal. Journal of Advertising, 27(2), 1-21.

Cornwell, T. B. (2019). Less "sponsorship as advertising" and more sponsorship-linked marketing as authentic engagement. Journal of Advertising, 48(1), 49-60.

Cornwell, T. B., & Kwon, Y. (2019). Sponsorship-linked marketing: Research surpluses and shortages. Journal of the Academy of Marketing Science, 1-23.

Cunningham, K. (2019, January 10). Jason Dufner signs bizarre new sponsorship deal with "Dude Wipes". Retrieved from www.golf.com/news/2019/01/10/jason-dufner-dude-wipes-sponsorship/.

Dens, N., De Pelsmacker, P., & Verhellen, Y. (2018). Better together? Harnessing the power of brand placement through program sponsorship messages. Journal of Business Research, 83, 151-159.

Dixon, E. (2019, June 4). Orlando city secure US$2m+ a year stadium naming rights deal. Retrieved from www.sportspromedia.com/news/orlando-city-stadium-naming-rights-deal-exploria-resorts.

Eisenhardt, K. M. (1989). Agency theory: An assessment and review. Academy of Management Review, 14(1), 57-74.

Farek, G., & Bauer, A. (2018, December 8). Samsung extends TOP status: Sponsor spotlight. Around the Rings. Retrieved from https://www.infobae.com/aroundtherings/ioc/2021/07/12/samsung-extends-top-status-sponsor-spotlight/

Farrelly, F., & Quester, P. (2005). Investigating large-scale sponsorship relationships as co-marketing alliances. Business Horizons, 48, 55-62.

Grate, R. (2017). 3 concert sponsorship packages venues can offer brands. Retrieved from www.eventbrite.com/blog/concert-sponsorship-packages-ds00/.

Heitner, D. (2018, April 26). Drone racing league extends title sponsorship with Allianz adding three years to deal. Forbes. Retrieved from www.forbes.com/sites/darrenheitner/2018/04/26/drone-racing-league-extends-title-sponsorship-with-allianz-adding-3-years-to-deal/#5b25f8077116.

Henderson, C. M., & Palmatier, R. W. (2011). Understanding the relational ecosystem in a connected world. In The Connected Customer: The Changing Nature of Consumer and Business Markets (pp.37-76). Oxon: Routledge.

Influencer Marketing Hub (2019). The incredible growth of eSports in 2019 [+ 2019 eSports Stats]. Retrieved from https://influencermarketinghub.com/growth-of-esports-in-2019-stats/.

Khomami, N. (2016). BP to end Tate sponsorship after 26 years. Retrieved from www.theguardian.com/artanddesign/2016/mar/11/bp-to-end-tate-sponsorship-climate-protests.

Knittel, C. R., & Stango, V. (2014). Celebrity endorsements, firm value, and reputation risk: Evidence from the Tiger Woods scandal. Management Science, 61(1), 21-37.

Martin, E. (2019). "AGT" still runs on Dunkin. MediaVillage. Retrieved from www.mediavillage.com/article/agt-still-runs-on-dunkin/.

Meenaghan, T. (1991). The role of sponsorship in the marketing communications mix. International Journal of Advertising, 10, 35-47.

Meenaghan, T. (2002). From sponsorship to marketing partnership: The Guinness sponsorship of the GAA all-Ireland hurling championship. Irish Marketing Review, 15(1), 3.

Olson, E. L. (2010). Does sponsorship work in the same way in different sponsorship contexts? European Journal of Marketing, 44(1/2), 180-199.

O'Sullivan, M. (2010). Is this a partnership or a relationship? Concern worldwide maps the difference. Development in Practice, 20(6), 734-739.

Pulignano, V. (2017). NBA jersey patch sponsorships and the issues they present. Retrieved from http://thewhitebronco.com/2017/10/nba-jersey-patch-sponsorships-and-the-issues-they-present/.

Purdum, D. (2019, January 3). NFL partners with Caesars Entertainment in first casino sponsorship. Retrieved from www.espn.com/nfl/story/_/id/25675553/nfl-partners-caesars-entertainment-first-casino-sponsorship.

Quester, P. G., & Thompson, B. (2001). Advertising and promotion leverage on arts sponsorship effectiveness (1998 Adelaide Festival of the arts). Journal of Advertising Research, 4, 33-47.

Save the Children (2019). Bulgari saving children's lives worldwide. Retrieved from www.savethechildren.org.uk/about-us/who-we-work-with/corporate-partners/bulgari.

Seitanidi, M. M., & Crane, A. (2009). Implementing CSR through partnerships: Understanding the selection, design and institutionalization of nonprofit-business partnerships. Journal of Business Ethics, 85, 413-429.

Speed Sport (2019, January 2). PUMA partners with Porsche Motorsport. Retrieved from https://speedsport.com/sports-cars/other-sports-cars/puma-partners-porsche-motorsport/.

Stewart, K. (2018). The Tiger effect. Samford. Retrieved from www.samford.edu/sports-analytics/fans/2018/The-Tiger-Effect.

Swant, M. (2019, January 7). Spotify is beginning to let brands sponsor discover weekly playlists. Retrieved from www.adweek.com/programmatic/spotify-is-beginning-to-let-brands-sponsor-discover-weekly-playlists/.

Thielmeyer, M. (2019). Intel to sponsor $500K "Rocket League" and "Street Fighter V" tournaments at the 2020 Olympics. Forbes. Retrieved from www.forbes.com/sites/maxthielmeyer/2019/09/11/intel-to-sponsor-500k-rocket-league-and-street-fighter-v-tournaments-at-the-2020-olympics/#4dbede912c4a.

Wilkens, J. (2019, January 2). Float sponsored by San Diego-based business wins sweepstakes award at Rose Parade. The San Diego Union-Tribune. Retrieved from www.sandiegouniontribune.com/entertainment/sd-me-parade-award-20190101-story.html.

Yang, Y., & Goldfarb, A. (2015). Banning controversial sponsors: Understanding equilibrium outcomes when sports sponsorships are viewed as two-sided matches. Journal of Marketing Research, 52(5), 593-615.

第3章
パートナーになる

1.　スポンサーシップにおけるパートナー

　オランダの女子サイクリングチームであるボエルス・ドルマンス・サイクリングチームは、現在の共同スポンサーであるボエルス・レンタル社（機器レンタル業）とドルマンス・ランドスケープグループ（造園業）の2つの会社名を用いたチーム名からの名称変更を望んでいた（SportBusiness, 2019）。チームのディレクターは「少ない予算しかないと前進することはできない。私たちは前に進みたいのです。今は次のステップに進む強い意志があります。共同スポンサーのボエルスとドルマンスには心から敬意を表しますが、このままでは常にオランダにあるチームに過ぎず、これからは国際的なチームになる方法を考える必要があると思います」と説明している。パートナーシップ関係を結ぶときには、スポンサー側とプロパティー側の2つの視点があり、ビジネスの世界では、主にスポンサーとなる組織からの視点が多い。しかし、それはあくまでも一面的なもので、スポンサーとプロパティー両方の視点からスポンサーシップを理解することが重要である。

2.　スポンサーシップ活動におけるプロパティーからの視点

　歴史的には、プロパティーはスポンサーシップを資金調達の仕組みとして捉え、ブランドや企業はスポンサーシップを広告手段の一つとして捉えてきた（Cornwell, 2019）。現在では、プロパティーの権利保有者はパートナーシップをブランディングの観点から捉え始めており、ブランドはパートナーシップのエンゲージメントの可能性を見出し始めている。しかし、実際の現場では膨大なパターンのスポンサーシップ活動が存在する。どんなスポンサーシップ活

動であっても、どのようなプロセスを経てパートナーが集まってくるのかを理解することは重要である。プロパティーからの視点で重要なのは、(1)スポンサーの勧誘、(2)プロポーザルの作成、(3)プロスペクティング、(4)価格設定、である。

3. スポンサーの勧誘

　スポンサーを獲得するプロセスでは、視聴者数やメディアへの露出度などの「プロパティーの規模」が大きく影響する。獲得には一つの決まった方法があるわけではないが、小規模なプロパティーと大規模なプロパティーを比較すると、パートナーの獲得方法が少なくとも4つの観点で異なる。

　第一に、小規模なプロパティーは、その地域のスポンサー候補に直接連絡を取るケースが多く、大規模なプロパティーは、代理店などのサービスプロバイダーを雇って、いつでもスポンサーを見つけることができるようにしているのが一般的である。つまり、小規模なスポンサーシップは個人対個人で決定されることが多いのに対し、大規模なスポンサーシップはグループ対グループで交渉されることが多い。

　第二に、小規模なプロパティーは、一般的に標準的なスポンサーシップ提案書を作成し、スポンサーがスポンサーシップのパッケージ（例えば、ブロンズ、シルバー、ゴールドなど）を選択できるようになっていることが多いが、大規模なプロパティーは、スポンサーのニーズに合わせてスポンサーシップの内容や条件を調整することが多い。

　第三に、スポンサーシップのお誘いに対して、小規模なプロパティーは「はい／いいえ」で答えてくれることを期待しがちであるが、大規模なプロパティーは、好意的な回答を得られなかったとしても、可能性があるのであれば、そのスポンサー候補と交渉を行い、折衷案を提示することが多い。

　第四に、プロパティーのマインドセットがスポンサーの勧誘に影響を与える可能性がある。小規模なプロパティーはコストをカバーすることを重視しがちだが、大規模なプロパティーは価値を最大化することに意義を持つ傾向がある。もちろん、どの規模のプロパティーでも、「このスポンサーが私たちにもたらす価値は何か？」を自問自答するだろう（例えば、パートナーシップを活用して広告やプロモーション、アクティベーションなどの追加費用を出してくれる

か？　自社のイメージに合っているか？　共通する価値観を表現してくれるか？　など）。しかし、このような自問自答は、小規模なプロパティーのように、スポンサーシップにおいて財務上の必要性や緊急性が最も高い場合は、決して簡単な作業ではない。おそらく、中規模以上のプロパティーでは、少なくともスポンサーシップのおおまかなテンプレートを持ち、求めるスポンサーに応じて内容を変更するなど、様々なスポンサー獲得戦略を採用しているだろう。傾向として、プロパティーは成長とともにより価値観を重視するようになる。

4. プロポーザルの作成の基本

　草の根や中規模のスポーツ、アート、慈善活動のイベントなどがスポンサーを求める場合、スポンサーシップ・プロポーザルを中心に展開されるのが一般的である。プロポーザルを作成することのメリットは、プロパティー側にとっては、自分たちはどのような価値を持っているのかなど思考の整理ができることで、デメリットとしては、スポンサーの業種やニーズに関係なく、多くのスポンサー候補から似通ったプロポーザルを提案されてしまうことにある。標準的なプロポーザルでは、プロパティーが持つ既存の資産を組み合わせたり、新しい資産を開発したりする際の創造性が制限されてしまい、価値を最大化するというマインドセットが制限されてしまう恐れがある。とはいっても、プロポーザルを作成するにも評価するにも、プロポーザルの基本を知っておくことはスポンサーシップの基本である。

　スポンサーシップ・プロポーザルのガイドラインは無数にあるが、効果的なプロポーザルの要素としては以下のようなものがある。

1. スポンサーになることで得られる便益を示唆するクリエイティブなオープニングや注目を集める情報（例：力強いビジュアルや統計）。
2. スポンサーの目的をもとに作られたスポンサーが契約を結ぶべき理由、スポンサーが得られる具体的価値（例：イメージ、認知度、売上、コミュニティーとの関係）とその方法（例：メディアへの露出、会場でのブース出展、挨拶の機会）に関する詳細な記載。
3. スポンサーの目的と合致するプロパティーの概要（例：イベントの時期、場所、人口統計、イメージ、コミュニティーの価値、プロパティーの同時ス

ポンサー、潜在的な相乗効果）。

4．過去のパートナーシップ関係や、そこから派生することが期待される仕事上の関係、経験、成功例などについての洞察。

5．スポンサーが具体的にどのようなサービスを受けることができるかの詳細（看板、放映権、ホスピタリティーの機会、連絡先リスト、プロパティーが管理するメディアへの掲載など）、契約期間、価格、支援の内容（金銭または現物）、独占権、リスクと保険、特別条件などの条件。

6．スポンサーがそのパートナーシップ関係にどのように貢献するかについてのプロパティー側から見た具体的な期待値。

7．イベントまたは活動に関する内部および第三者の評価、利用可能なベンチマーク情報および独自の評価計画。

8．ミーティングへの招待、および必要に応じて行動を喚起するための情報や連絡先。

5．プロスペクティング

　スポンサー獲得における最大の課題は、最適な見込みスポンサーを決めることである。一般的には、ターゲットとなる顧客と整合性がある企業や、プロパティーに関連する地域に本部を置く組織をスポンサー候補として、リストを作成することからスタートすることが多い（「リードの作成」とも呼ばれる）。しかし、このプロセスだけではリストを作成することはできても、最大の可能性を秘めた見込みスポンサーをどのようにして選ぶかという問いには答えられない。表3-1は、スポンサーシップの可能性を評価するための100点満点で行われる評価システムを示しているが、状況に応じてより具体的にすることも可能である。この評価システムの特徴は、基礎的な部分（スポンサー候補を知るために必要な準備、人間関係、価値観の重なり）と関連性（対象者、目的、相乗効果）に焦点を当てて考える点にある。ポイントが高いほど、関係構築の可能性が高いことを示し、ポイントが低いほど、成功の可能性が低く、たとえパートナーシップ関係が始まったとしても長期的には続かないことを示している。

　数値的目標を出すことはもちろん重要だが、スポンサー候補が実際にパートナーになるか否かの可能性を綿密に評価することは、スポンサーシップのプロ

表3-1 ●スポンサープロスペクトの評価

【全体的なフレームワークの説明】
総合得点が100点満点中50点以上の場合はスポンサーとのパートナーシップが成功する可能性があると判断し、50点未満の場合はパートナーシップが成立しないか、成立しても双方にとって長期的な利益につながらない可能性を示している。「基礎」と「関連性」という2つの大区分の下に、それぞれ3つの考慮すべきポイントが示されている。

■基礎：新たなパートナーシップの機会を得るための必要基礎知識

	考慮すべきポイント
準備 (10)	・スポンサーの理解は、現在および将来のスポンサーとの関係性にとって重要である。 ・その組織や意思決定者について、できるだけ多くのことを学んだか？ ・ウェブサイト、ソーシャルメディア、広告やプロモーション、製品ライン、製品／サービス／メッセージ、製品やサービスの流通について理解しているか？ ・スポンサーとの関係構築にどれくらいの時間が必要かを理解しているか？ ・その企業のスポンサーシップ審査のプロセスを理解しているか？ ・彼らの競合状況を理解しているか？
関係性 (10)	・該当企業との個人的なつながりは、関係性構築において最も重要といっても過言ではない。 ・該当企業の過去のパートナーシップにおける成功例や課題を知っているか？ ・その組織の従業員など、組織内の個人を個人的に知っており、彼らと率直で忌憚のないコミュニケーションは取れているか？ ・献身的で明確なコミュニケーションにより、信頼関係を築けると感じるか？
価値観の重複 (30)	・プロパティーが抱いている価値観は、あなたが求めるパートナーが抱いている価値観と似ているか？ ・例えば、子どもの健康があなたの組織にとって中心的な価値観であり、戦略的ビジョンである場合、それはパートナーになりたい組織にとっても中心的な関心事だろうか？ ・公表している価値観と実行している価値観が一致しているだろうか？ ・該当企業の価値観を、同一分野の他の人から学ぶことができるか？　価値観の伝達には透明性があるか？ ・プロパティーとの価値観に対立がある場合、このカテゴリーの得点は無得点とする。

セスを深く洞察することにつながる。つまり、スポンサー候補を評価するための体系的なプロセスは、意思決定に役立ち、長期的に活用しデータを積み重ねれば、成功したパートナーシップ関係や失敗に終わったものまで、後々客観的に振り返ることができるのである。

6. 価格設定

　プロパティーの意思決定において難しいポイントは、プロパティーがスポンサーに提供できる価値を、どのくらいの価格（支援額）で提示するかである。

■関連性：フィットするかマッチするかは従来のスポンサーシップでは重要な考え方だが、関連性や
　　　　信頼性というアイデアも考慮する必要がある。

	考慮すべきポイント
観客・視聴者 (20)	・あなたのターゲットとする観客、視聴者、消費者と、スポンサーのターゲットが重なる可能性はあるか？ ・例えば、全米規模の企業であれば、地域限定のスポンサーシップに興味を持つ可能性は必ずしも高くない。 ・該当企業が求めるメディア露出や関係性の構築は、プロパティーが影響を与えられるターゲットや地域と一致しているだろうか？ ・プロパティーの地域に本社があり、地元のコミュニティーを支援するためにスポンサーになるべきだという動きがあるだろうか？ ・プロパティーのオーディエンスと該当企業のオーディエンスの間には、人口統計学的、心理学的、またはライフスタイルの一致があるか？ ・観客はプロパティー自体にある程度忠誠心を抱いているだろうか？ ・プロパティーの観客は、スポンサー企業に対して好意的な感情を持つだろうか？
目的 (20)	・ここでは該当企業の目的達成の可能性が高いほど、高得点を付与する。 ・パートナーシップは該当企業の目的達成（メディア露出、認知度やイメージ向上、販売促進、ホスピタリティー、コミュニティー参加）を手助けできるだろうか？ ・現在不可能だとしても、彼らの目的を受け入れることは可能か？ ・プロパティーのイメージや公平性を損なうことなく、相手の目的を達成するために真摯に協力することができるか？ ・あなたは、自分の目的に忠実であると同時に、相手の目的達成をうまくサポートする能力があると証明できるか？
相乗効果 (10)	・該当企業のポートフォリオの中に、プロパティーのスポンサーリストと何らかの形で相性の良いものがあるか？ ・それらの組織とつながる機会はありそうか？ ・それらの組織が加わった場合、パートナーシップ関係がより良いものになる可能性があるか？ ・時間をかけて発展していく相乗効果はあるか？ ・これらの潜在的な相乗効果を特定し、明確に説明することができるか？

※（　）は配分得点　　　　　　　　　　　　　　　　　　　　（Cornwell, 2019を参考に作成）

スポーツ、慈善活動、アート・エンターテインメントなどのイベントを行う中小規模のプロパティー300社に対して、スポンサーシップの希望価格を調査したところ、(1)メディアでの報道と(2)観客動員数、がスポンサーシップの希望価格を押し上げることが分かっている（Wishart et al., 2012）。興味深いことに、プロパティー側からの希望価格に影響を与えたもう一つの変数は、付加価値（例えば、有名人との交流、顧客のデータベースなどへのアクセス）を持っているか否かであった（図3-1）。これらの付加価値は、ロゴの配置、顧客とのインタラクション、ホスピタリティーといったイベント時における要因だけでなく、イベント前のマーケティングにも活用できる。つまり、イベントに限

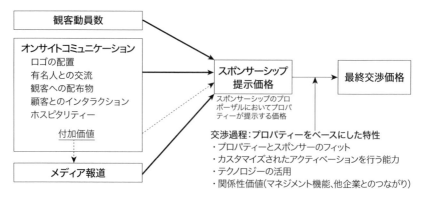

※太線は直接的な影響、点線は間接的な影響を示す。

（Wishart et al., 2012を参考に作図）

図3-1●スポンサーシップ提示価格の規定要因

定されたオンサイト要素が強い要因は、必ずしもプロパティーからの希望価格に影響を与えるものではなく、むしろスポンサーシップの基本的要素として考えられているのであろう。

　ここで紹介した研究は、プロパティーによって公開された提示価格のみを考慮している。前述の付加価値の要素を持つプロパティーはより高い価格を提示する可能性があるが、最終交渉価格はスポンサーが何を評価しているかを考慮しなければ明確にはならない。交渉の過程では、プロパティーとスポンサーの適合性や、特定のスポンサーに向けたカスタマイズ、テクノロジーの活用など、様々な要素が最終的な合意価格に影響することはいうまでもない。

　スポンサーシップ・プロポーザルの作成は、潜在的なスポンサーをリスト化し、理解し、提案を行うことが中心となっている。しかし、スポンサー候補と実際に接触し、ニーズを把握したりすることは、プロパティーにとって決して難易度が低いタスクではない。スポーツ・アート・イベントプロパティーのマネージャーは、同じ街にいる企業を探し、イベントやアクティビティーのイメージにマッチしたスポンサーを探す。

　この点に関して、DohertyとMurray（2007）は、アーティスティックスイミングの団体であるシンクロ・カナダという小さな非営利団体のスポンサー獲得とそのパートナーシップ関係の維持について研究報告を行っている。小規模

な団体にありがちなことだが、シンクロ・カナダは、スポンサー候補に対して熱烈なアピールをしなければならなかったため、スポンサー獲得のプロセスにおいて主導権を握ることの難しさを報告している。小規模なプロパティーのもう一つの典型的な課題は、「多すぎる小さなスポンサー」である。興味深いことに、これらの小さなスポンサーは、大規模な金銭的支援をしているスポンサーと同レベルに、多くのサービスや還元を要求する傾向がある（Doherty & Murray 2007, p.53）。

7.　大規模なプロパティー

　プロパティーの規模が大きくなるにつれて、より多くの個人や組織がパートナーになるため、パートナーシップ関係がより複雑になる。Douvisら（2015）はUEFAチャンピオンズリーグに出場した人気クラブを対象に、クラブとスポンサーの両方の視点からまとめたスポンサーシップ契約のプロセスを報告している。図3-2に示すように、人気クラブとスポンサーの契約プロセスは、(1)情報収集、(2)プロポーザルの作成と提示、プロポーザルの受け取りと評価、(3)交渉と契約の締結という3つの段階にまとめられる。このモデルはプロセスを示すだけでなく、時間枠を詳細に示しており、交渉には数カ月かかることがあることを示している。また、研究部門や外部機関、マーケティングや商業開発部門、法務部門や社外弁護士、経営陣など、関係する可能性のあるステークホルダーも記されている。

　例えば、NBAのゴールデンステート・ウォリアーズがCAA Sports Property Salesを代理人としてJPモルガン・チェイス（JPMorgan Chase）社とアリーナの命名権契約を結んだときや、バスケットボール選手のザイオン・ウィリアムソンがNBAドラフト前にCAA Sportsを代理人としてスポンサーを獲得したときのように、大規模なプロパティーでは、特定のニーズに応じて第三者のサービスを利用することがある。これらのエージェント会社は、プロパティーがスポンサーシップ関係を求める際に代理人を務め、財政的支援の獲得に重点を置き、可能な限り高額な支援を求めるのが通例である。なお、この方法では、高額な支援を得ることができるかもしれないが、その分、長期的な信頼性や関係性が失われる可能性があることには注意しなければならない。

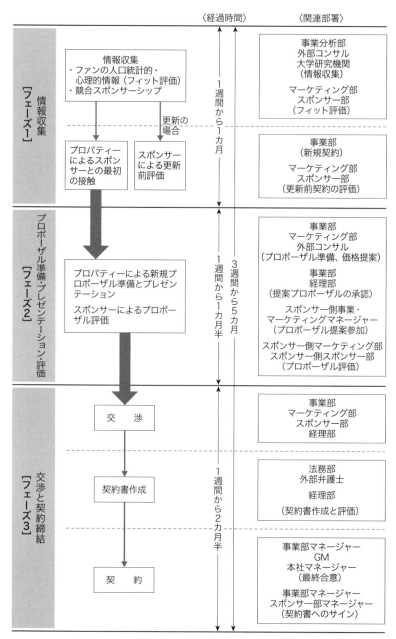

（Douvis et al., 2015を参考に作図）

図3-2●スポンサーシップ契約締結までのプロセス

8. スポンサーからの視点

　スポンサーの視点から見ると、スポンサーシップはコミュニケーション・プラットフォーム、あるいは完全に成熟した場合には、ブランド・エンゲージメント・プラットフォームとなる。IEG社が行うスポンサーシップの意思決定者を対象とした年次調査（IEG Sponsorship Decision-Makers Survey, 2013, 2018）では、企業が考えるスポンサーシップにおける重要な指標を追跡調査しているが、興味深いことにそれらは時代とともに変化している。

　表3-2を見ても分かるように、スポンサーは依然として、プロパティーとの関係を、ブランドの認知度や態度を向上させるためのコミュニケーション・プラットフォームとして捉えている。とはいえ、この関係には傾向としていくつかの変化が見られるのも事実である。具体的には、広告のような「露出」から、エンゲージメントやロイヤルティーなどの「成果」への移行が見て取れる。また、B to B事業体を含め、様々な事業における説明責任への志向が高まっていることから、スポンサーシップを通して行われるコンテンツ開発や、体験型ブランディングのプラットフォームとしての役割が新たに強調され始めている。さらに、ブランドイメージに関連して、地域・社会に対する責任を世の中にア

表3-2 ●プロパティー評価におけるスポンサー企業の目的の変化（2013年と2018年）

2013年	2018年
・企業・ブランドのスポンサーシップ活動の認知 ・製品・サービス・ブランドの認知 ・ブランドへの好意的態度 ・メディア露出 ・スポンサー関連プロモーション・広告への反応 ・製品・サービスの売上 ・顧客・潜在顧客へのエンターテインメント提供 ・従業員・社内メンバーのサービス ・リード構築 ・流通パートナーへのサービス	・認知度の創出 ・ブランド・ロイヤルティーの向上 ・イメージの変容・強化 ・クライアント・潜在顧客へのエンターテインメント提供 ・売上・製品試用・製品購入の向上 ・デジタルメディア、ソーシャルメディアなどのプラットフォーム用のコンテンツ開発 ・地域・社会貢献活動の啓蒙 ・データベース・リード構築 ・プロパティーへの製品・サービスの販売 ・経験的ブランディングのプラットフォームとしての活用

（IEGスポンサーシップ意思決定者アンケート，2013，2018をもとに作成）

ピールするという志向も明確に強くなっているといえる。

9. 独占性

　ある業界において唯一のブランドとして広報活動を行う独占権を得ることは、スポンサーシップの魅力の一つである。1990年代に行われた、企業の視点からスポーツスポンサーシップのプロセスを理解するための研究では、独占権がスポンサーシップにおける意思決定に最も影響を与える要因であることが分かっている（Copeland et al., 1996）。International Sports Groupが毎年実施している「スポンサーシップ意思決定者調査」においても、2018年には同様の調査結果が報告されている。現在では、デジタル、ソーシャル、モバイルメディアでの露出が僅差で追随しているが、独占権は依然としてスポンサーが重視する強力なメリットの一つである（全スポンサーの半数以上が回答）。しかし、独占権を得る機会やその性質は大きく変化している。

　独占権の取り決めがより複雑になった理由は、スポンサーのレイヤー（層）がますます多様化していることにある。例えば、NFLでは、スーパーボウルのような象徴的なイベントのスポンサーの他、チーム、放映権、会場のスポンサーなど、スポンサーのレイヤーが何層も存在する。これらのスポンサーシップの層は、収益を生み出すこともあれば、収益を阻害することもある。実際、英国のプレミアリーグは、金融業界のバークレイズ・バンキング・グループ（Barclays banking group）との15年間のタイトルスポンサーを終了し、タイトルスポンサーという1つのレイヤーを取り払った（Joseph, 2016）。「バークレイズ・プレミアリーグ」というタイトルスポンサーを外したことによって、リーグはよりクリーンなブランドイメージを手に入れたと認識されている（Joseph, 2016）。バークレイズをタイトルスポンサーから「オフィシャル金融パートナー」というカテゴリースポンサーに変更し、引き続き支援してもらうことによって、プレミアリーグというプロパティーから「雑味」が薄れ、その他のカテゴリースポンサーが増える方向に向かったのである（Chapman, 2016）。

　スポンサーシップが拡大するにつれ、プロパティーは「飲料」のような包括的な独占カテゴリーでは限界があることに気づいた。その理由は、飲料カテゴ

リーの中でも、アルコール飲料もあればスポーツドリンク、炭酸飲料、ボトルウォーターなど、競合する可能性の低い様々な個別のカテゴリーに属する潜在的スポンサーの取り込みができていなかったからである。一方で、これらのサブカテゴリーすべてに属する商品を販売しているコカ・コーラのようなブランドにとっては、価格の譲歩なしに個別のスポンサーシップカテゴリーを購入するということはしたくないだろう。そのため、ほとんどの世界的なプロパティーは、スポンサーがターゲットとする市場が重複しないように、地域や国などの地理的境界線を活用しながらスポンサーシップを提供している。

このように、スポンサーは独占性を重視する一方で、プロパティーの持つコミュニケーションの可能性も認識している。独占性とプロパティーの背後にある様々な副次的関係のどちらかを選ばなければならない場合には、スポンサーは地域カテゴリーを選択したり、直接競合しないブランドとの共有独占性を選択する場合もある。例えば、東京オリンピックでは、地域ブランドが登場する「ゴールドスポンサー」のレベルに三井住友やみずほなど複数の金融グループが入っている。このようなケースも稀にあるが、従来の独占権を諦めたこれらの企業は、スポンサーとして日本社会に貢献しなければならないという、それなりのプレッシャーがあったことも事実のようである（Lewis et al., 2019）。

10. 関係性

オーストラリアで行われた一連のスポンサーシップ研究では、スポンサーシップにおける関係を「共同マーケティング提携」として捉えることが多い（Farrelly & Quester, 2005a, 2005b）。実際、オーストラリアン・フットボール・リーグ（AFL）のスポンサーを対象にした研究では、多くのビジネス関係と同様に、コミットメント（パートナーシップ関係に献身的に尽くすこと）と信頼（パートナーが誠実であると信頼すること）といった共同性を強調する要素が重要であることが分かっている。スポンサーとの関係においては、特にコミットメントがプロパティーの経済的満足度とスポンサーへの信頼の重要な規定要因となることが明らかになっている。

スポンサーシップに対する満足度において、信頼とコミットメントが重要な役割を果たしていることは、スペインの企業を対象とした調査でも実証されて

いる（Ferro et al., 2016）。関係性の構築はスポンサーシップの初期契約から始まるが、関係をより強固なものに築きあげるための広告やアクティベーションといった追加支出は任意であり、この追加支出を行うスポンサーは、必然的にパートナーシップに献身的に尽くしていると捉えられる。スウェーデンのホッケースポンサーを対象に行われた研究でも、コミットメントがスポンサーシップにおける価値創造を導き出すために重要であることが実証されている。さらに、スポンサーとプロパティーの間の感情的な関係も、共に価値を創造しようとする献身的な姿勢が前提条件になっていることも判明している（Hessling et al., 2018）。スポンサーシップを、単なるマーケティング活動とは異なる大きな可能性をもたらす事業活動にするものこそが「関係性の構築」なのである。

　図3-3は、プロパティーとスポンサー両者の典型的なスポンサーシップにおける目標（ゴール）と、その目標を達成するために重要な「関係性の特徴」を示している。関係性の特徴に注目すると、前述のように、コミットメントと信

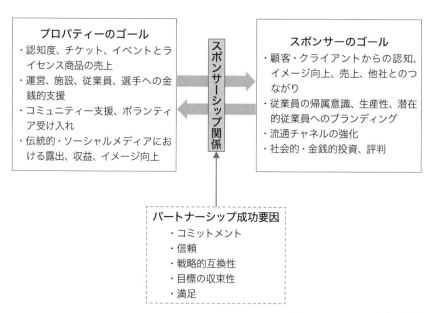

（Cornwell, 2017を参考に作成）

図3-3●プロパティーとスポンサーのゴールとパートナーシップ成功要因

頼が満足度を醸成するために重要であるが、「望ましい関係性」は他の側面からも捉えることができる。プロパティーとスポンサーは異なる目標を持っているが、それら異なるゴールを共通項でまとめることで、さらには相乗効果すら起こす方法がある。例えば、有機肥料化ができる食品・飲料容器のメーカーであるEco-Products社は、「ボナルー・ミュージック・アンド・アーツ・フェスティバル」のサステナビリティ・パートナーとして活動している。このフェスティバルは、グリーナー・フェスティバル賞を5回も受けており、毎年のイベントでは有機肥料化ができる製品を使用し、スポンサー側には直接的な売上が、さらに双方に好意的なイメージと社会的価値がもたらされている。eスポーツのLeague of Legendsチャンピオンシップとアパレル企業であるWe Are Nations社による公式グッズおよび小売パートナーシップも好例といえる（Murray, 2019）。We Are Nations社は小売店の存在感を高め、リーグレベルのマーチャンダイジングを行うことで、図3-3のプロパティーとスポンサー両者における多くの目標を達成している。

11.　スポンサーシップに対する企業の見解

　シンプルにいえば、スポンサーシップは、スポンサーとプロパティーの二者の関係性である。前述のように、一般的には、プロパティーは資金調達を求め、スポンサーはブランド構築を求めているが、両者の特性や意思決定はそう簡単に表現できるものではない。両者をより深く理解するアプローチの一つとして、スポンサーになる業界（銀行、ソフトドリンク、通信）と、スポンサードされるプロパティー（アート、スポーツ、慈善活動）を横断的に見ることが重要である。例えば、大規模な金融機関は、スタジアムやアリーナ（チェイス・センター、シティ・フィールド、USバンク・スタジアムなど）のスポンサーになってきた歴史がある。その理由の一つは、スタジアムの資金支援が直接的な事業になる可能性があることであり、もう一つの理由は、この類の建造物のスポンサーになることが、金融機関としての成功の証しとして捉えられているからである（Clark et al., 2002）。この傾向は、テネシー州エリザベストンのジョー・オブライアン・フィールドの命名権をノースイースト・コミュニティー・クレジットユニオンが獲得したり、ヌーメリカ・クレジットユニオンがサウスブリッ

ジ・スポーツ＆イベント・コンプレックスの命名権を獲得したりするなど、信用組合・信用金庫といった比較的ローカルな金融機関が、地域の施設をスポンサードするというレベルにも浸透し始めている（Credit Union Today, 2019）。特定の業界の活動傾向を観察したり、彼らがなぜスポンサーシップに積極的になるのかといった行動を形成する要因を調査することも有益である。

12.　規模によって異なる企業の見解

　一般的に、スポーツ、アート、慈善活動、環境などの分野における小規模または草の根レベルで行われるスポンサーシップは、地域コミュニティーに焦点を当てている。実際に、地域のスポーツイベントにおけるスポンサーを対象に調査したところ、最も一般的な目的の一つが「地域社会への貢献」であることが報告されている（Lamont & Dowell, 2008）。小規模なスポンサーシップにおけるパートナーシップ関係は、両者の運命と歴史を共有することから始まるのである。

　小規模なスポンサーシップのもう一つの特徴は「本物性」である。大企業が地域コミュニティーにおいてスポンサーシップ戦略を行う際は、小規模でローカルな本物の関係を求めることが多い。地域の慈善活動財団への支援という形を取ることが多いが、地域コミュニティーに存在する事業支部や店舗のマネージャーは、その地域に最も適したスポンサーシップ関連活動を、その都度判断して取り組んでいる。この分野に関連して発表された過去の研究では、企業が社会的責任を果たしているか否かのイメージは、その企業の「地域コミュニティーとの近接性」と「コミュニティーへの積極的な貢献」の2つに左右されることを報告している（Plewa et al., 2016）。

13.　焦点によって異なる企業の見解

　実験的な演劇を上演する「実験劇場」と「ラクロス」の共通点を聞かれたら、あなたは何と答えるだろうか？　共通点として挙げられるものは、そこにしかない「限られた魅力」と「限られたメディアの注目度」である。実験劇場やラクロスのように、特定の特性に焦点を絞ったプロパティーは、スポンサー候補

の範囲が狭くなる傾向がある。しかし、大規模なメディア放映権収入がないため、どうしてもスポンサーシップ関係に依存する度合いが高くなる (Greenhalgh & Greenwell, 2013)。しかし、これらのニッチなプロパティーは、特定のタイプの視聴者や参加者への訴求力が強く、ニーズがマッチするとスポンサーに大きな価値を提供することができる。例えば、主に女性をターゲットとした健康関連フェスティバルである「ワンダーラスト」は、女性の中でもユニークな特徴や好みを持った人々への訴求力が強く、スポンサーにとっては魅力的なプロパティーである (Raphael, 2017)。アパレルブランドのlululemon は「シアウィーズ・フェスティバル」と、健康関連雑誌として人気の『スピリチュアリティ＆ヘルス』誌は「サンバレー・ウェルネス・フェスティバル」と、非常に良くマッチしたパートナーシップを展開している。自動車メーカーのスバルは、自動車メーカー以上の企業というブランド・コンセプトをもとに「The Subaru Love Promise」というキャンペーンを展開しているが、その一環として国立公園財団やメイク・ア・ウィッシュ・チャリティー、アメリカ科学振興協会などのスポンサーも務めている (IEG, 2017)。これらの社会貢献活動の色合いが強いスポンサーシップ活動を行うことで、スバルが打ち出すクリエイティブなブランド・コンセプトをより強調することができるのである。

14. 地理的要因によって異なる企業の見解

スポンサーと地域とのつながりは、人々が持つスポンサーへのイメージにどのような影響を与えるのか？　これは近年研究者が取り組み始めた研究課題である (Meng-Lewis et al., 2013)。地域外から来た「よそものブランド」が、その地域の文化的象徴であるスポーツチームなどのスポンサーになることは、単なる商業的目的であるとネガティブな印象を与えかねない。しかし、企業やブランドがある地域と強く結びつくと、地域住民から見れば「自分たちのグループに属している仲間」と捉えられ、スポーツやアート、エンターテインメントのスポンサーとして受け入れられやすくなるのではないかという仮説がある。この仮説は、ドイツのブンデスリーガを対象に検証された。この研究では、契約期間、契約価格、スポンサーシップの種類（ユニフォーム、アリーナなど）、スポンサーとチームの地理的な距離などの要因をもとに、企業がクラブのスポ

ンサーとなる動機を人々に推測してもらうという調査であった。その結果、人々はクラブと長期的な関係がある「ローカルスポンサー」をより肯定的に捉えていることが分かった。一方、高額な投資を行った国際的で大きなスポンサー企業は、一見クラブに大きく貢献しているように思うものの、商業至上主義的であると否定的な態度を取られてしまうことが確認されている（Woisetschläger et al., 2017）。このエビデンスは、プロパティーが存在する地域以外の企業は、スポンサーになるべきではないと結論づけるものではない。地域外の企業がスポンサーになる場合は、人々に対してクラブとの関係性を明確にし、パートナーシップの信頼性を強調する必要があることを意味している。

15. パフォーマンスによって異なる企業の見解

　パフォーマンスや観客数、チームの人気は、スポンサーシップに大きな影響を与える。勝ち組チームはスポンサーシップ契約数も契約額も増加するが、その逆も然りである。これは、シンプルに契約更新時の統計を見れば明らかである。パフォーマンスが低いシーズンが続けばスポンサーが減り、パフォーマンスが高ければスポンサーが増えるのは世の常である。しかし、このようなパフォーマンスとスポンサーシップの関係は、契約期間の長さによっては不都合なのである。パフォーマンスが一夜にして変わるとは考え難いし、時には長い時間を費やしても大きな改良が見られないこともある。そこで登場したのが、パフォーマンスから考えるスポンサーシップの形である。

　「バドワイザー」の圧倒的な売り上げを誇る米国のビール会社であるアンハイザー・ブッシュ（Anheuser-Busch）社が発表した、インセンティブをベースにしたスポンサーシップモデルは大きな話題となった（Badenhausen, 2018）。同社が持つスポーツスポンサーシップのポートフォリオ全体で、フィールド内外を含めたパフォーマンスが良ければより大きな投資を得られるというのが、このモデルのアイデアである。つまり、チームがプレーオフに進出したり、ピッチの外での活動が社会的に認められた場合、より多くの投資を期待できるかもしれないのである。アンハイザー・ブッシュ社とプロパティーの両者が協力しながら評価を行い、ケースバイケースで最終的な意思決定を行うとしているが、アイデアとして革新的で興味深い。

　ここまでで紹介した規模、焦点、地理的要因、そしてパフォーマンスは、企業から見たスポンサーシップ関係の理解を深める特徴に過ぎない。人口統計的変数やライフスタイル、スポンサーシップから派生する社会的価値なども、パートナーシップの成功に影響を与えることは明白である。スポンサーとプロパティーは、パートナーシップ関係について、それぞれ独自の見解を持っているし、その都度事情も異なる。パートナーが相手をどの程度理解しているか、理解しようとしているかという姿勢によって可能性が広がるのである。これらを考慮すると、パートナーがお互いを理解するための時間を確保できるという点で、長期的なスポンサーシップ関係が優れていることはいうまでもない。

ディスカッション

①スポンサー候補の可能性を評価する際（表3-1、pp.46-47）、それぞれのカテゴリーの重要性はエコシステムの違いによって変わるだろうか？

②スポンサーシップ契約において、希望価格と最終的な交渉価格はどの程度異なるか？

③スポンサーの目的は、今後5年間でどのように変化するだろうか？

■参照文献

Badenhausen, K. (2018, April 2). Anheuser-Busch launches revolutionary incentive-based sponsorship model. Retrieved from www.forbes.com/sites/kurtbadenhausen/2018/04/02/anheuser-busch-launches-revolutionary-incentive-based-sponsorship-model/#189b8b63d5fe.

Chapman, M. (2016). Barclays to maintain Premier League ties despite ending title sponsorship. Retrieved from www.campaignlive.co.uk/article/barclays-maintain-premier-league-ties-despite-ending-title-sponsorship/1388023.

Clark, J. M., Cornwell, T. B., & Pruitt, S. W. (2002). Heroes in the boardroom? Corporate stadium sponsorship and shareholder wealth. Journal of Advertising Research, 41(6), 1-17.

Copeland, R., Frisby, W., & McCarville, R. (1996). Understanding the sport sponsorship process from a corporate perspective. Journal of Sport Management, 10, 32-48.

Cornwell, T. B. (2017). Soliciting sport sponsorship. Understanding Sport Management: International Perspectives, 172-183.

Cornwell, T. B. (2019). Less "sponsorship as advertising" and more sponsorship-linked marketing as authentic engagement. Journal of Advertising, 48(1), 49-60.

Credit Union Today (2019). Two more credit unions enter naming rights deals. Retrieved from https://www.cutoday.info/Fresh-Today/Two-More-Credit-Unions-Enter-Naming-Rights-Deals.

Doherty, A., & Murray, M. (2007). The strategic sponsorship process in a non-profit sport organization. Sport Marketing Quarterly, 16, 49-59.

Douvis, J., Sarli, E., Kriemadis, A., & Vrondou, O. (2015). An analysis of sponsorship deals in sport. International Journal of Sport Management, Recreation and Tourism, 17, 14-36.

Farrelly, F. J., & Quester, P. G. (2005a). Examining important relationship quality constructs of the focal sponsorship exchange. Industrial Marketing Management, 34(3), 211-219.

Farrelly, F., & Quester, P. (2005b). Investigating large-scale sponsorship relationships as co-marketing alliances. Business Horizons, 48(1), 55-62.

Ferro, C., Padin, C., Svensson, G., & Payan, J. (2016). Trust and commitment as mediators between economic and non-economic satisfaction in manufacturer-supplier relationships. Journal of Business & Industrial Marketing, 31(1), 13-23.

Greenhalgh, G., & Greenwell, T. C. (2013). What's in it for me? An investigation of North American professional niche sport sponsorship objectives. Sport Marketing Quarterly, 22(2), 101-112.

Hessling, V., Åsberg, M., & Roxenhall, T. (2018). Relationship commitment and value creation in sponsorship relationships. Journal of Business-to-Business Marketing, 25(2), 137-160.

IEG (2013). Sponsorship decision-makers survey 2013. Survey: Sponsors require more agency support, spend less on activation. Retrieved from www.sponsorship.com.

IEG (2017). How Subaru is using sponsorship to support love promise. IEG Sponsorship Report. Retrieved from www.sponsorship.com/iegsr/2017/02/21/How-Subaru-Is-Using-Sponsorship-To-Support-Love-Pr.aspx.

IEG (2018). What sponsors want & where dollars will go in 2018. Retrieved from www.sponsorship.com/IEG/files/f3/f3cfac41-2983-49be-8df6-3546345e27de.pdf.

Joseph, S. (2016). The Premier League's 'clean' brand strategy to strengthen its value beyond TV. The Drum. Retrieved from https://www.thedrum.com/news/2016/02/09/premier-league-s-clean-brand-strategy-strengthen-its-value-beyond-tv.

Lamont, M., & Dowell, R. (2008). A process model of small and medium enterprise sponsorship of regional sport tourism events. Journal of Vacation Marketing, 14(3), 253-264.

Lewis, L., Harding, R., & Knagaki, K. (2019, August 4). Olympic sponsorship: Japan Inc pressed into national service. Retrieved from www.ft.com/content/dfc917ce-bda9-11e9-b350-db-00d509634e.

Meng-Lewis, Y., Thwaites, D., & Pillai, K. G. (2013). Consumers' response to sponsorship by foreign companies. European Journal of Marketing, 47(11/12), 1910-130.

Murray, T. (2019). Merchandise and streetwear: Two sides of the esports apparel market. Sports Business Journal. Retrieved from https://esportsobserver.com/meta-threads-nations-esports/.

Plewa, C., Carrillat, F. A., Mazodier, M., & Quester, P. G. (2016). Which sport sponsorships most impact sponsor CSR image?. European Journal of Marketing, 50(5/6), 796-815.

Raphael, R. (2017). Namaste en Masse: Can wellness festival grow as big as Coachella? Fast Company. Retrieved from www.fastcompany.com/40421458/namaste-en-masse-can-wellness-festivals-grow-as-big-as-coachella.

SportBusiness (2019, September 27). Boels-Dolmans Cycling Team on the hunt for title sponsors. Retrieved from www.sportbusiness.com/news/boels-dolmans-cycling-team-on-the-hunt-for-new-title-sponsors/.

Wishart, T., Lee, S. P., & Cornwell, T. B. (2012). Exploring the relationship between sponsorship characteristics and sponsorship asking price. Journal of Sport Management, 26(4), 335-349.

Woisetschläger, D. M., Backhaus, C., & Cornwell, T. B. (2017). Inferring corporate motives: How deal characteristics shape sponsorship perceptions. Journal of Marketing, 81(5), 121-141.

第4章

スポンサーシップの
オーディエンス、戦略、目的

　高価なハンドバッグに描かれる「LV」のロゴを見れば、誰もがフランスの高級なファッションハウスであるルイ・ヴィトン（Louis Vuitton）を思い浮かべることができるだろう。それでは、ルイ・ヴィトンとeスポーツ産業で活躍するライアットゲームズ（Riot Games）社の提携は、どのような戦略的価値があるのだろうか？　ルイ・ヴィトンはこのパートナーシップの一環で、「Summoner's Cup」世界チャンピオンのトロフィーを収納する、一点もののトラベルケースを制作した（Cynopsis Media, 2019）。ルイ・ヴィトンは、このオーダーメイドのトラベルケースに続いて、ビデオゲームプレイヤーが外見を変えられるアイテムなどのデジタル資産も世に発表している。

　スポンサーシップは何十年もの間、お試し製品やクーポンの配布のような戦略を取ることが多かった。現在のスポンサーシップは、より戦略的な計画を立てることが一般的になったが、実際のスポンサーシップにおける実務は、世界各国で異なる。パートナーは様々な目標を持って契約の合意に至るが、エコシステムの中で協力し合い、計画を実行し、特定の戦術を採用することで、共通の目標や目的の達成に取り組むという点では一貫している。私たちは、この戦略的なスポンサーシップ・プロセスをどのように進化させてきたのだろうか。

1.　スポンサーシップの進化ステージ

　1980年代以降、スポンサーシップは進化の過程で、以下の5つのアプローチを用いて変遷をたどったとされている（Ryan & Fahy, 2012）。

◉慈善的なアプローチ

　1980年代以前は、スポンサーシップを「贈り物」として捉え、企業の広範な目標と慈善活動に焦点が当てられていた。綿密な基準を持ったスポンサーの

選定やプログラムの評価は行われず、多くはCEOの関心によってスポンサーシップ活動が行われていると考えられていた。

◉市場中心のアプローチ

1980〜1990年代、スポンサーシップは投資とみなされ始めた。この時代の特徴は、スポンサーシップが投資収益率の向上をもたらすという考え方のもとに、ブランド認知度に焦点が当てられた。つまり、スポンサーシップは、マーケティングとメディアの視点から取り組まれていた活動であることを示唆している。

◉消費者中心のアプローチ

1990年代初頭、スポンサーシップは「意味のある創造」として捉えられ始めた。この段階で、スポンサーシップが消費者の心にどのように働きかけるかに重点が置かれており（Cornwell et al., 2005）、単純なメディア露出から、消費者をより深く理解することへ関心が向き始めた。この傾向は、今もなお継続されている。

◉戦略的リソース・アプローチ

1990年代後半からは、競争優位性にとってスポンサーシップが重要な役割を担うと認識され始めた。単なるスポンサーシップへの投資は持続的な成功には不十分であり、組織間レベルでのさらなる戦略的投資の必要性が認識された時期である。RyanとFahy（2012）は、戦略的リソース・アプローチについて「スポンサーシップを企業によるプロパティーの搾取と考えることから、スポンサーシップの価値を組織内や組織間レベルで創り出し、発展させるというアイデアに重点を移すべきである」と述べている（p.1144）。

◉リレーションシップ・ネットワーク・アプローチ

2000年代初頭から現在まで、スポンサーシップは「相互作用」と捉えられるようになった。この考え方を簡潔に表現すると、スポンサーとプロパティーの関係を認識しながらも、それらはより大きなエコシステムの網の中に組み込まれているというものである。

　過去に行われた研究では、今までに発展してきた多くのアプローチには重複があると考えているものの、いくつかの特徴があるとしている。市場中心のアプローチは衰退し、企業の社会的責任を通じた慈善的なアプローチが注目を取り戻していることと、消費者中心、戦略的リソース、リレーションシップ・ネットワーク・アプローチの3つが引き続き重要であることの2点である。また、スポンサーシップにおけるリレーションシップ・ネットワーク・アプローチの分野は未発達であり、スポンサーシップの理解は、財産の状況、スポンサーの業界、国や地域の特徴など、エコシステムの中の様々な関係を考慮することが重要であるとされている。同様に、スポンサーシップの捉え方は、対象となる顧客や、企業のスポンサーシップに取り組む理由や動機にも多分に影響を受けると考えられている。

2. オーディエンス

　スポンサーシップでは、「5つのオーディエンスカテゴリー」と「求められる効果」が認識されている（Gardner & Shuman, 1988）。5つのオーディエンスカテゴリーとは、(1)消費者や顧客、(2)チャネル・メンバー、(3)金融機関や非営利団体など、(4)政府や市区町村、(5)従業員や将来の従業員、である（図

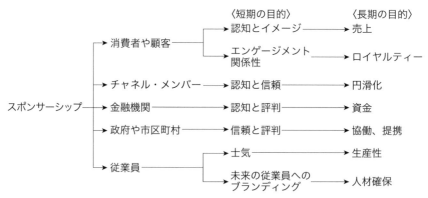

（GardnerとShuman, 1988を参考に作成）

図4-1●スポンサーシップにおけるオーディエンスと目的

4-1)。スポンサーシップ関係は、様々なステークホルダーに関心が向けられるが、その中でも圧倒的に「消費者や顧客」に関心が集まっている。

3.　消費者や顧客

多くの場合、スポンサーシップは、特定の層に向けたメッセージの訴求に活用される。例えば、若年層の顧客を求めていたサントリー社傘下のコニャックブランドであるクルボアジェは、イギリスで「ブライトン・フェスティバル」「シークレットガーデン・パーティー」「エディンバラ・フェスティバル・フリンジ」などの音楽イベントやフェスティバルに、長期的なスポンサーとして参加している。さらに、アメリカのレコードレーベルであるデフ・ジャム・レコーディングス（Def Jam Recordings）社との間で結ばれたパートナーシップにより、新興のヒップホップ・アーティストとも音楽提携を拡大している（Christe, 2019）。それぞれのブランドがターゲットとする顧客セグメントの特性と、スポンサーになるべきプロパティーの参加者（イベント参加者など）をマッチさせる方法は、今までに発表されたスポンサーシップ研究で効果的とされる典型的なアプローチだが、果たしてそれは常に正しいのだろうか？

広告の観点から研究を行った Percy と Elliott（2005）は、ターゲットとなる顧客とターゲット市場を慎重に区別している。ターゲットとなる顧客は、コミュニケーションの質が広がる可能性によって定義されるのに対し、ターゲット市場はセグメンテーションを用いて定義される。つまり、ターゲットとなる顧客とは、ブランドに関連した行動をとる可能性がある潜在顧客として意識されることが多い。潜在顧客とコミュニケーションを取りたいというブランド側の思惑は理解できるが、製品やブランドの乗り換え行動が起こりにくいロイヤルカスタマー（自社他社問わず）は、マーケティングにおける優先順位が低くなりがちである。

効果的なマーケティング・コミュニケーションの基本は、ターゲットとなる顧客に向けてメッセージを発信することであるが、それはターゲット市場全体の中にいる、ある特定の消費者かもしれない。例えば、日本では docomo など電気通信分野では、消費者が特定の期間で契約をしていることが多く、違約金を払わない限り SoftBank や au に乗り換えることができない時期があった。つ

まり、そういった状況においてはプロパティーを通して自社と2年間の契約を結んでいる既存の顧客や、競合他社と2年間の契約を結んでいる他社の顧客に向けてメッセージを伝えることの有用性が低いといえる。

　スポンサーシップに関わるターゲット顧客の議論は、非常に複雑で興味深い。まず、ブランドのターゲットとなる顧客がいて、次にスポンサードされるプロパティーの顧客（イベント参加者など）がいる。この両者が、人口統計的（性別や年齢など）また心理的に、どの程度重なるかが重要であると認識されてきた。これらに加えて、ブランドに関連した「行動」に関する情報を追加し、より詳細で明確なターゲット顧客を見つけようとする場合、どうしたらよいだろうか？　ここで重要な役割を果たすのが「アクティベーション」である。2017年、ハイネケンビールは「Open Your World」というメッセージを打ち出し、「ウィルダネス・フェスティバル」とパートナーシップを結んだ。フェスティバルの期間中、参加者はハイネケンホール・スピークイージーという名のモニュメントで贅沢なバー体験を楽しむことができた（Live Nation Experiential, 2017）。ターゲットとなる顧客の基本的な情報や心理的特性も重要だが、有意義なパートナーシップの出発点は、スポンサーシップを通じてターゲット顧客の行動を理解し、経験を提供することにある。

4. プロパティーの顧客とスポンサーの顧客

　スポンサー側の顧客を考える際には、プロパティー側にも顧客がいることを忘れてはならない。この両者の関係は、特にスポーツにおいてより複雑になる。スウェーデンのサッカーチームを対象に調査を行ったBergkvist（2012）の研究は興味深い。ストックホルムAIKのファンを対象に、ビールブランドである「Åbro」と、ライバルチームであるハンマルビーIFのスポンサーを務めるビールブランド「Falcon」に対する認知度を調査した。その結果、ストックホルムAIKのファンは、ライバルチームであるハンマルビーIFに対してネガティブなイメージを抱いており、それが間接的にライバルチームのスポンサーであるFalconにまで影響を与えていたことが分かった。この研究は、ポジティブなブランド価値を構築する内集団（ストックホルムAIKとÅbro）のスポンサーシップを考慮する際、ネガティブな連想を構築する競争力のある外集団（ハン

マルビー IF と Falcon）の存在を考慮する必要性を示唆している。

　ライバルであることの影響は文化的に異なる。例えば、カナダのファンはアメリカのファンよりもライバルに対してあまりネガティブな感情を抱いていないという研究結果もある（Cobbs et al., 2019）。ライバルに対するネガティブな感情が、ライバルスポンサーにまで影響を与えることは多くの研究で実証されているが、チームと自分自身を同一視するチーム・アイデンティフィケーションが低いファンの場合、その限りではないことも報告されている（Grohs et al., 2015）。

　上記のように、スポンサーに対してネガティブな印象が形作られるケースは、強力なライバル関係がない場合には可能性が低くなる。これらの複雑な現象の理解には、「BIRGing」と「CORFing」と呼ばれるファンの奇妙な傾向が役に立つ。BIRGing とは、勝利などのチームの栄光をまるで自分が達成したかのように味わうことを意味し、CORFing とは、敗北などのチームの失敗から距離を置くことを指す（Wann & Branscombe, 1990）。数十年前に確認されたこれらのファン行動の傾向は今でも繰り返し実証されており、ソーシャルメディア（Fan et al., 2019）やファンタジースポーツ（Dwyer et al., 2016）などの領域でも科学的に支持されている。つまり、チームのパフォーマンスは、スポンサーを担うブランドにポジティブな影響を与える可能性もあれば、パフォーマンスの低下によってファンをスポンサーから遠ざける可能性があることも示唆している。

　このトピックでもう一つ興味深いファンの心理特性として挙げられるのが「シャーデンフロイデ（Schadenfreude）」である。シャーデンフロイデとは、他人が失敗するのを見て楽しむ気持ちを意味する。あるチームのファンは、自分のチームが勝つと嬉しいだけでなく、宿敵が負けても嬉しいのである。過去に行われた研究では、シャーデンフロイデは、対象となる宿敵チームのスポンサーを含む、様々なステークホルダーに対して表れることが分かっている（Dalakas & Melancon, 2012, p.51）。スポーツのスポンサーシップを考える際、チームのファンのみをスポンサーのターゲット顧客として考慮するだけでは不十分で、ライバルチームなどの複雑な関係性から派生するネガティブな影響も考慮する必要がある。

　単純なブランド露出などを目的としたコミュニケーション・プラットフォー

ムから、より深いレベルのコミュニケーションを目的とするエンゲージメント・プラットフォームへのスポンサーシップの進化によって、B to B 企業もスポンサーシップに関心を持つようになった。B to B 企業がスポンサーシップから求める成果としては、売上、顧客ロイヤルティー、好意的な口コミなど、B to C 企業の目的に似ている部分も多くある。しかし、B to B のスポンサーの興味は「財布の大きさ」にある。つまり、様々なスポンサーが集める大きなエコシステムにスポンサーとして参加することによって、多くのビジネス機会を得られるかもしれないという可能性が魅力的なのだろう。過去に行われた研究でも、潜在的クライアントは、名声を得ているイベントのスポンサーを行った B to B 企業により強い共感を示す可能性があると報告されている（Groza & Cobbs, 2016）。この B to B スポンサー企業への共感が、その企業への支援行動や成果につながるのである。

5.　ターゲットオーディエンスとしてのチャネル・メンバー

　スポンサーシップがどのようにチャネル・メンバーをターゲットオーディエンスとして認識しているかを記述した研究は極めて少ないが、実際にはエビデンスは多くある。その一つが「フランチャイズ・モデル」である。例えば、ジョージア州アトランタに本社を置くチキン・バーガーで有名な Chick-fil-A レストランは、フランチャイズ展開をすることで事業を拡大してきた。同社は、毎年開催される「Chick-fil-A カレッジ・ボウル」というアメリカンフットボールイベントのスポンサーを務めており、イベントは加盟店が集う地域で開催される。つまり、消費者だけでなく、現在の加盟店や、将来的に加盟店を出したいと名乗りをあげるビジネスパートナーにもアピールすることができるのである。

　もう一つの例は「貿易」に焦点を当てたイベントに対するスポンサーシップである。例えば、食品会社のコナグラ・ブランズ（Conagra Brands）社は、グルテンフリー食品などの健康食品ブランドが中心となる大型食料品イベントである「ナチュラルプロダクト・エキスポ・ウエスト」のスポンサーを務めている（Conagra Brands, 2019）。毎年開催されるこの大型イベントのスポンサーになることで、販売仲介業者や小売店といった複数のチャネル・メンバーに一度にアプローチすることができる。

6.　ターゲットオーディエンスとしての金融機関、政府、非営利団体

　ビジネス上の、特に国際的な意思決定においては、金融機関や政府機関、NGOなどの組織は、様々な役割を担う。スポンサーシップは、国家が文化外交を展開する方法の一つとして考えられている。「ソフトパワー」とは、強制ではなく魅力によって目標を達成する能力を意味する（Keohane & Nye, 1998, p.86）が、自国のアジェンダを推進するために、ソフトパワーによって他国の好みを形成する戦略は、スポーツ外交にもよく見られる（Dubinsky, 2019）。カタールが2022年のFIFAワールドカップの開催権を獲得したことは、小国を世界にアピールするために考案された、スポーツをベースとしたソフトパワー戦略の典型的な例である(Grix et al., 2019)。このような、世界にアピールする国家の行動は、ポジティブなイメージを生み出すものだったが、結果として移民労働者への人権侵害も露呈することになった。ここだけを切り取ると、ネガティブなイメージを持ってしまうかもしれないが、評判の形成には長期的かつ多面的な事業が必要である。カタールが行ったスポーツへの投資が、将来的に、多様な分野の政策改善につながるのであれば、良い投資だったといえるかもしれない。

　スポンサーシップに限らず、社会的関心の高い分野に関連させるコーズ・リレーテッド・スポンサーシップは、政府やNGOとのやりとりが必要になることが多い。このような組織レベルのターゲットを見据えたスポンサーシップについては、今まであまり記述されていない。複数の組織にアプローチし、同時に様々な目的達成に向かって取り組むことは、コーズ・リレーテッド・スポンサーシップにおいては当然のマインドセットであるものの、難易度が高いことは事実である。企業スポンサー、非営利団体、政府や市区町村のグループが共同で活動する場合、それぞれが異なる目的を持っているからである。企業は特定の国との友好関係を築きたいと考え、政府は子供たちにスポーツをさせたいと考え、非営利団体はその間を取り持つことになるかもしれない。企業も既存のスポーツプロパティーも、社会的責任を果たし、その活動記録を世の中に発信する機会を持ちたいと考えていることは確かだが、営利目的の企業の場合、配当の代わりにスポンサーシップに充てられたお金が、どのように使われているかを知りたがる株主に対応しなければならない。

7. ターゲットオーディエンスとしてのコミュニティー

　昨今、地域貢献や慈善活動の名のもとに、スポンサーシップを通じた「戦略的」なフィランソロピーが多く行われている。これは、マーケティング・コミュニケーションを伴わない「純粋な」フィランソロピーとは異なる。IEG社がスポンサーシップの意思決定者を対象に行った調査によると、2018年の北米のスポンサーシップ支出のうち、社会的責任などの「大義名分」に対する支出は全体の9％にあたり（IEG Sponsorship Report, 2018）、2019年には22億3,000万ドル（おおよそ2,500億円）に達すると予想されている。

　このようなコミュニティー・スポンサーシップへの志向は、企業の財団寄付の発展・拡大の傾向と関連している。「企業が社会問題の解決に立ち上がる」という傾向は、消費者や従業員レベルで向社会意識が浸透したことによるところが大きい。2018年、ソーシャルメディアのマネジメントや分析事業を行うスプラウト・ソーシャル（Sprout Social）社は、米国の消費者の3分の2が、社会的・政治的問題に立ち向かうという企業の取り組みを重要視していることを明らかにしている（Oster, 2018）。その方法の一つとして、スポンサー活動があるといえる。地域コミュニティーや非営利団体へのスポンサーシップは、「分散化」の傾向が見られる。つまり、上層部が大きなイベントなどを活用して行うマーケティング活動としてのスポンサーシップではなく、地域の支店や事業部にも、該当地域のスポンサーシップ活動に使う予算が割り当てられることが当たり前になってきている。この傾向自体は、地域社会の理解と関係構築を促す良策かもしれないが、時間の経過とともに一つのブランドがまったく異なる毛色のスポンサーシップに関わるようになってしまうと、異なったブランドイメージの拡散を招く恐れがあることも理解する必要がある。

8. ターゲットオーディエンスとしての従業員

　スポンサーシップがインターナル・マーケティング（企業の価値や目標、製品やサービスのポジショニングを自社の従業員にアピールすること）に役立つことは多くの研究でも実証されてきたが、従業員がスポンサーシップで最優先されるステークホルダーと考えられることはなかった。さらに、潜在的な求職

者に対して、企業の価値やアイデンティティーをアピールするためのスポンサーシップの活用法についても、科学的な検討がされ始めたばかりである。このような現状ではあるが、現在の従業員と将来の従業員の両方が重要視されている貴重な例を検討することは有益であろう。

　エンタープライズ・レンタカー（Enterprise Rent-A-Car）社は、従業員が参加する様々な地域コミュニティープロジェクトを企画・運営しており、その中には「エンタープライズ・アーバン・ツリー・イニシアチブ」や、近所のバスケットボールコートを芸術作品に変える「プロジェクト・バックボード」などがある。また、大学スポーツのスポンサーや、プロのホッケーリーグの主要スポンサーも務めている。このスポンサーシップから派生して、エンタープライズ社は、様々な企業と大学スポーツ局をつなぐアスリートネットワーク社とのパートナーシップを結び、大学の学位を取得している個人を対象に、管理職研修生プログラムを展開している（Supiano, 2019）。

9.　戦略と目的

　全体的な戦略立案プロセスの中で、スポンサーシップは何十年もの間、主要戦略として認識されてこなかった。しかし、スポンサーシップはもはや単発で用いる戦術ではなく、主要な戦略計画の段階に組み込まれるものである。では、スポンサーシップはどのように組織戦略に組み込まれているのだろうか？　まず、以下のような戦略計画の基本要素に沿って考えてみよう。

〈ミッションやビジョン〉

　全体像であり、組織の存在理由である。理念とは、この存在理由を社内外のステークホルダーに説明するもので、組織のビジョンや価値観が反映される。

〈目標と目的〉

　達成すべきことを意味し、ミッションをサポートする目的、目標、終着点を意味する。目的は、上記をより具体的かつ測定可能なものと考える。

〈戦略〉

　目標や目的を達成するための手段であり、目的地までの道筋を意味する。戦略では、目標や目的を達成するために必要な、計画の実行や特定の戦術の採用を具体的に説明する。

〈戦術〉

　戦略的計画を実行する際に行われる特定の行動を意味する。

　実行とは、シンプルに上記を行動に落とし込むことを指す。実行過程は、戦略的計画の様々な側面が結集する局面である。組織のミッションとのつながりを保ちながら、特定の戦術を含む戦略計画を調整し、実行する必要がある。実行は、行動のみに重きを置いた「インプリメンテーション」という言葉で表現されることが多いが、目的や目標に向けた進捗状況のモニタリングや効果測定も含むべきである。

10. ミッション

　企業が新しく本社や研究所を建てるような高額なスポンサーシップ投資を行う場合、それはおそらく戦略的なものではない。もっと重要な問いは、企業がいつスポンサーシップを戦略的計画に組み込むかということである。その点を理解する上で、企業のミッションとスポンサーシップの関係を探ることが重要である。

　Cunninghamら（2009）は、「フォーチュン500」企業の中から、146社のミッション・ステートメントとオンライン・スポンサーシップ・ポリシーに焦点を当てて、それらの内容分析を行った。まず、企業がスポンサーになるものとならないもの（スポーツ、アート、エンターテインメント、慈善活動など）を分類した。その後、ミッション・ステートメントに記載されている企業の価値観やアイデンティティー（イノベーション、顧客志向性、多様性、倫理、従業員志向性、利他性、社会的責任、生活の質の向上など）をカテゴリー化した。これらの要因をもとに、クラスター分析、因子分析、回帰分析などの統計処理を行った結果、ミッション・ステートメントに反映されている企業の価値観やアイデンティティーは、企業のスポンサーシップ活動と関係があることが分かった。つまり、企業のミッションによって、スポンサーシップ活動の展開の仕方が変わることを示唆している。

　具体的には、ミッション・ステートメントで経済的成功を強調している企

業は、個人スポーツ選手、教育、環境、健康関連の活動へのスポンサーシップを好む一方、従業員の重要性を強調している企業は、チームスポーツ、エンターテインメント、宗教、コミュニティー、慈善活動、ビジネス関連のスポンサーシップ活動を展開する傾向があった。(Cunningham et al., 2009, p.65)

　成功した個人アスリートと経済的な成功を求める企業との関連性は、「個人」がベストを尽くそうと努力する姿を世の中に見せることができるため、理に適っているといえる。一方、チームスポーツのスポンサーになることは、目標に向かって「一緒に働く」従業員のモチベーションを高めたい企業にとって理に適っているのかもしれない。この調査から得られた重要な示唆は、成熟した企業であるほど、企業のミッションとスポンサーシップの間に、明示的あるいは企業文化的な関連性があるということである。

11. 基本的な目標と目的

　スポンサーシップの目標を列挙すると非常に長いリストになるが、その中でも代表的なものを以下に記載した。
- 企業やブランドのイメージアップ
- 認知度の向上
- 慈善活動や社会的責任
- データベースの構築・活用
- 特定のターゲット市場へのアプローチ
- 顧客との関係の構築
- メディア露出機会の獲得
- 経験的なブランディングの実行
- 従業員の士気向上や潜在雇用者へのブランディング
- 輸出入やホスピタリティーに関する目的の達成
- デジタルメディアやソーシャルメディアにおけるコンテンツの獲得や開発
- 製品やサービスをデモンストレーションするプラットフォームの獲得
- 現場での直接販売

● 売り上げやブランド・ロイヤルティー

　上記のようなスポンサーシップの目標が達成されたかどうかを検証する上で
の課題は、スポンサーシップを通した経験や露出が、消費者の購買や口コミな
どのブランド関連行動に直接的な影響を及ぼすかを追跡することが難しい点で
ある。広告と特定の購買を結びつけることが難しいのと同様に、スポンサーシッ
プの影響を追跡することも難しいのである。このような理由から、上記のよう
なスポンサーシップの目標は、企業の全体的な戦略的計画の一部である必要が
ある。

12.　より洗練された目標と目的

　ブランドのマネージャーは、基本的な目標に加えて、より包括的（広範で長
期的）なスポンサーシップの目的を設定することもある。競合他社との差別化
やブランド・エクイティの確立などは、最たるものである。B to Bのカテゴリー
では、スポンサーシップを通じて従業員の会社への帰属意識を高めたり、重要
な顧客のブランド認知度を高めたりすることが目標となる。より洗練された目
標は、スポンサーシップ戦略の中でより長期的なものになる傾向がある。
　初期のスポンサーシップでは、「どのようにブランド・エクイティを高める
か？」が中心的な問いであった（Cornwell et al., 2001）。デビッド・アーカー
が自身の著書『Managing Brand Equity』（1991年）で述べているように、
ブランド・エクイティとは、「ブランドの名前やシンボルに関連する一連の資
産（および負債）であり、製品やサービスが企業やその企業の顧客に提供する
価値を高めたり、減らしたりするもの」とされている。
　ブランド・エクイティは、ブランド名の認知度、ブランド・ロイヤルティー、
品質、ブランドアソシエーションという4つの次元から構成されている。
Cornwellら（2001）は、スポンサーシップを活用しているマーケティング・
マネージャーを対象に、スポンサーシップによるブランド・エクイティ構築の
可能性について調査を行った。少し前の研究になるが、2つの結果が注目に値
する。スポンサーシップは、(1)ブランドを競合他社と差別化し、(2)経済的に優
れているという価値をブランドにもたらすことが分かった。しかし、この結果

には「スポンサーシップに対する経営陣の積極的な関与」が、モデレーターとして機能していた。つまり、スポンサーシップに経営陣が積極的に関与することで、競合他社からの差別化や、ブランドへの経済的価値の付加をより顕著に実現できることを示唆している。

13. 戦略、戦術、実行

　一般的な話ではあるが、Varadarajan（2010, p.119）は、組織が特定の目標を達成するために行うマーケティング戦略を「顧客に価値を提供する過程における、製品、市場、マーケティング活動、マーケティング資源に関する統合的な意思決定パターン」と定義している。この定義では、あたかも組織が独立してマーケティングの意思決定を行い、実行できるかのように聞こえるが、彼の考えでは、戦略的マーケティングは、組織、組織間、環境をすべて含み、マーケティング活動はそれらの境界を越えるものであると強調している。

　スポンサーシップ戦略は、非常に柔軟で包括的なマーケティング戦略を可能にするものである。スポンサーシップを支えるシステムやエージェンシーが急速に発展したことで、スポンサーシップの状況は複雑化し、マーケティング・マネージャーが独立して意思決定や交渉を行うのが難しくなっている。Ryanと Fahy（2012）は、スポンサーシップにおけるネットワークのマネジメントを、(1)当事者間レベル、(2)ポートフォリオレベル、(3)エコシステムに存在する組織レベル、そして(4)業界全体のネットワークレベル、という4つのレベルで理解することを提案している。

　スポンサーシップの意思決定は、草の根規模でも国際規模でも、非常に複雑なプロセスである点が大きな課題である。小規模な企業が地域の草の根規模のイベントのスポンサーになるには、彼らにとってはほとんどの予算を注ぎ込まなければならないケースもある。同様に、様々な長期的なスポンサーシップ契約がポートフォリオに組み込まれている大企業にとっては、たった1つのスポンサーシップ契約の追加が、大きな意味のある投資になり、マーケティング戦略と戦術が織り込まれた核になることもある。つまり、綿密な事前計画と先見性を持った戦術的な意思決定を必要とすることを意味している。

　スポンサーシップの意思決定の中で、マーケティング・ミックスはどのよう

に機能するのだろうか。Kotler と Armstrong (2017) は、マーケティング・ミックスを「ターゲット市場において、企業が望む反応を生み出すために混ぜ合わせて使う戦術的なマーケティングツールのセット」(p.78) と定義している。マーケティング・ミックスには、(1)製品やサービスの決定、(2)価格設定、(3)場所や流通、(4)プロモーションの決定、などが有名である。スポンサーシップの意思決定においては、プロモーション・ミックス、マーケティング・ミックス、そしてビジネス・ミックスをもとに考案された「パートナー・ミックス」という新しい考え方が注目されている。パートナー・ミックスとは、「戦略的な目標を達成するために、組織内のネットワーク関係を選択し、組み合わせること」と暫定的に定義されている。この新しい考え方が出現したことは、今までに発表された多くのマーケティング・コミュニケーションモデルが、マーケティング活動、実務上の現実、組織の複雑な関係性などを反映してこなかったことを物語っている。例えば、小売店の場所の選択、製品を共同開発する消費者、リレーションシップ・マーケティング、共同プロモーション、そしてスポンサーシップにおいても、今までにパートナー・ミックスという考え方は定着しなかった。では、なぜパートナー・ミックスのような新しい考え方が今になって出現したのだろうか。それは、「パートナーの選択」がビジネスにおける意思決定の早い段階で行われるというビジネスプロセスの変化を如実に表している。このようなパートナーベースの考え方の基本的な出発点は「運命を共有する」という感覚にある。

　パートナー・ミックスの考え方は、スポンサーシップに適している。例えば、NBA が開始したユニフォームスポンサー契約を考えてみよう。2018 年、パフォーマンスヘルス社はポートランド・トレイルブレイザーズとユニフォームスポンサー契約を結び、同社の鎮痛剤である「Biofreeze」をバスケットボールチームの胸に刻んだ。これは、スポンサー企業とプロパティーを結びつける単純なものではない。スポンサー企業と製品（および既存のスポンサーシップのポートフォリオ）を、プロパティーだけでなく、既存のスポンサーとも結びつける力を持つ。さらにプロパティーには、既存のスポンサーに加えて、既存のベネフィシャリー・スポンサー（例えば、NBA と NBA Cares の関係など）との関係も存在する。さらに、アスリート個々人が、スポンサー契約を結んでいる場合もある。例えば、同チームのスター選手であるデミアン・リラードは

ストリーミングサービスである Hulu とインフルエンサー・マーケティング契約を結んでいる（Sherman, 2019）。このような複雑なパートナーシップ・ネットワークの中では、強調すべき関係や育成すべき関係を見極める必要がある。なぜなら、すべての利用可能なパートナーは、それぞれ異なる特徴や能力を持っているからである。このネットワーク内のすべてのパートナーに注意を払うことは不可能である。現在の目標、将来の目標、潜在的な相乗効果を考慮して、選択的なパートナー・ミックス戦略を行うことが求められている。

14. 戦術

　ネットや多くの「ハウツー本」には、スポンサーシップにおける戦術的アドバイスがとても豊富に掲載されている。電子機器大手のヒューレットパッカード（HP）社がスポンサーを務めるニューヨークの音楽祭「Panoramic」での技術博物館（Low, 2017）や、NFL のスポンサーとなってスーパーボウルの CM で、過去にコーチや選手を救ってくれた救急隊員に謝辞を贈ったベライゾン（Verizon）社の例など、スポンサーシップのアクティベーションに関して、創造性とインスピレーションを得るための情報を得るのに苦労することは少ない。アクティベーションとは、ブランドがオーディエンスを巻き込むために利用する魅力的な戦術を意味する。アクティベーションにおける課題は、どのようにアクティベーションをブランドに関連したものにするか、競合ブランドのアクティベーションと混同されないような記憶に残る独自性を持たせるか、そしてイベントのおまけではなく体験の一部となるような魅力を持たせるかである。

　最後に、多くのブランドにとってイベントに参加する消費者たちは、メディアやオンライン、モバイルプラットフォームを活用したアクティベーションへの単なる足がかりに過ぎない。しかし、イベントを基盤にした現場でのアクティベーションが魅力的でニュースになる価値があれば、必然的にメディアの注目を集めることができる。ブランドが綿密な計画を立てれば、現場で行われるオンサイト・アクティベーションこそが、ソーシャルメディアなどのオンライン・コミュニケーションのプラットフォームになる可能性があるのである。

ディスカッション

① ルイ・ヴィトンがライアットゲームズ社とのパートナーシップから期待する戦略的目標は何だと思うか？

② スポンサーシップの対象となるターゲットオーディエンスの 5 つのカテゴリー（図 4-1、p.64）の他に考えられるターゲットはあるだろうか？

■参照文献

Aaker, D. A. (1991). Managing Brand Equity. New York: The Free Press.

Bergkvist, L. (2012, March). The flipside of the sponsorship coin: Do you still buy beer when the Brewer underwrites a rival team? Journal of Advertising Research, 65-73.

Christe, D. (2019). Courvoisier Cognac drinks up partnership with Def Jam Recordings. Marketing Drive. Retrieved from www.marketingdive.com/news/courvoisier-cognac-drinks-up-partnership-with-def-jam-recordings/556026/.

Cobbs, J., Martinez del Campo del Castillo, D., Tyler, B. D., & Ditter, J. (2019). Regional variation in rivalry: Canadians really are friendlier. Journal of International Consumer Marketing, 1-12.

Conagra Brands (2019). Conagra Brands highlight expanded better-for-you food portfolio at Natural Products Expo West 2019 show. Retrieved from www.conagrabrands.com/newsroom/news-conagra-brands-highlights-expanded-better-for-you-food-portfolio-at-natural-products-expo-west-2019-show-prn-122670.

Cornwell, T. B., Roy, D. P., & Steinard, E. A. (2001). Exploring manager's perceptions of the impact of sponsorship on brand equity. Journal of Advertising, 30(2), 41-51.

Cornwell, T. B., Weeks, C., & Roy, D. (2005). Sponsorship-linked marketing: Opening the black box. Journal of Advertising, 34(2), 23-45.

Cunningham, S., Cornwell, T. B., & Coote, L. (2009). Expressing identity and shaping image: The relationship between corporate mission and corporate sponsorship. Journal of Sport Management, 23(1), 65-86.

Cynopsis Media (2019, September 26). ESL unveiled sponsor plays for ESL one New York. Retrieved from www.cynopsis.com/09-26-19-esl-unveiled-sponsor-plays-for-esl-one-new-york/.

Dalakas, V., & Melancon, J. P. (2012). Fan identification, Schadenfreude toward hated rivals, and the mediating effects of importance of Winning Index (IWIN). Journal of Services Marketing, 26(1), 51-59.

Dubinsky, Y. (2019). From soft power to sports diplomacy: A theoretical and conceptual discussion. Place Branding and Public Diplomacy, 1-9.

Dwyer, B., Achen, R. M., & Lupinek, J. M. (2016). Fantasy vs. reality: Exploring the BIRGing and CORFing behavior of fantasy football participants. Sport Marketing Quarterly, 25(3), 152.

Fan, M., Billings, A., Zhu, X., & Yu, P. (2019). Twitter-based BIRGing: Big data analysis of English national team fans during the 2018 FIFA World Cup. Communication & Sport, 1-29.

Gardner, M. P., & Shuman, P. (1988). Sponsorship and small business. Journal of Small Business Management, 26(4), 44-52.

Grix, J., Brannagan, P. M., & Lee, D. (2019). Qatar's global sports strategy: Soft power and the 2022 World Cup. In Entering the Global Arena (pp.97-110). Singapore: Palgrave Pivot.

Grohs, R., Reisinger, H., & Woisetschläger, D. M. (2015). Attenuation of negative sponsorship effects in the context of rival sports teams' fans. European Journal of Marketing, 49(11/12), 1880-1901.

Groza, M. D., & Cobbs, J. (2016). Corporate sponsorship effects in business-to-business markets. In Marketing Challenges in a Turbulent Business Environment (pp.569-570). Cham, Heidelberg, New York, Dordrecht, London: Springer.

IEG Sponsorship Report (2012). Old habits do die: Sponsor survey sees less reliance on ads, Signage. Retrieved from www.sponsorship.com/iegsr/2012/03/16/Old-Habits-Do-Die-Sponsor-Survey-Sees-Less-Relian.aspx.

Keohane, R., & Nye, J. (1998). Power and independence in the information age. Foreign Affairs, 77(5), 81-94.

Kotler, P., & Armstrong, G. (2017). Principles of Marketing (17th ed.). Edinburgh Gate: Pearson Education Inc.

Live Nation Experiential (2017). Heineken the project in 2017. Retrieved from www.livenationexperiential.com/heineken.

Low, C. (2017). HP brought a trippy tech museum to a music fest. Engadget. Retrieved from www.engadget.com/2017/07/31/hp-brought-a-trippy-tech-museum-to-a-music-fest/.

Oster, E. (2018). Majority of consumers want brands to take a stand on social and political issues, according to new study. Retrieved from www.adweek.com/brand-marketing/majority-of-consumers-want-brands-to-take-a-stand-on-social-and-political-issues-according-to-new-study/.

Percy, L., & Elliott, R. (2005). Selecting the target audience. In Strategic Advertising Management (pp.63-85). New York: Oxford University Press.

Ryan, A., & Fahy, J. (2012). Evolving priorities in sponsorship: From media management to network management. Journal of Marketing Management, 29(9/10), 1132-1158.

Sherman, E. (2019). Hulu's latest influencer marketing campaign should give you second thoughts about using one. Retrieved from www.inc.com/erik-sherman/influencer-marketing-has-become-a-massive-waste.html.

Supiano, B. (2019). Why thousands of college grads start their careers at a Rental-car company. Retrieved from www.chronicle.com/article/Why-Thousands-of-College-Grads/245847.

Varadarajan, R. (2010). Strategic marketing and marketing strategy: Domain, definition, fundamental issues and foundational premises. Journal of the Academy of Marketing Science, 38(2), 119-140.

Wann, D. L., & Branscombe, N. R. (1990). Die-hard and fair-weather fans: Effects of identification on BIRGing and CORFing tendencies. Journal of Sport and Social Issues, 14, 103-117.

第 2 部

スポンサーシップの本質的要素

Sponsorship essentials

第5章

スポンサーシップの仕組み

　ドローンを飛ばすために、ドローンがどのように機能するかについての詳細を知る必要はない。しかしながら、もしあなたがドローンを可能な限り効率的、効果的、そして精密に作りたい場合には、すべての内部機能がどのように動作しているかを知りたいと思うだろう。それと同じように、ここではスポンサーシップを理解するために、スポンサーシップがどのようなプロセスを経て処理されるかについて、まず消費者に焦点を当てたコミュニケーションの視点から解説する。次に、ロイヤルティーや愛着といった成果を生み出すことを目標としたスポンサーシップを通じた真のパートナーシップであるエンゲージメントに基づいたモデルを紹介する。このモデルでは、ブランドとの強い結びつきである本物のエンゲージメントを強調し、それが単純な露出指向のエンゲージメントとどのように異なるかを理解できるだろう。

　ホームチームへの応援は、いろいろなスポーツや世界中で見られる。しかし、韓国の応援はかなり特殊である。例えば、「新聞の応援（newspaper cheering）」では新聞を切り刻んで振るのに対し、もう1つの人気のある「ビニール袋の応援（plastic bag cheering）」では、空気で満たされたチームカラーのビニール袋を頭に結びつけて応援する（Kholic, 2013）。ここで重要なのは、この大規模な韓国スタイルの応援がしばしば組織化され、企業などから支援を受けていることである。特に印象的なのは、2018年のFIFAワールドカップでスウェーデンと対戦した試合（Jae-heun, 2018）における現代（Hyundai）社が支援した路上応援（the Hyundai-sponsored street cheering）で、この応援によって同社は多くのメディア露出を獲得した。しかしながら、メディア露出の単純な増加は、スポンサーシップがどのように機能するかを理解するにあたっての終着点となるのだろうか？

　スポンサーシップは単なるメディアへの露出以上のものであり、そこにはスポンサーシップがどのように機能するかをより深く理解することの価値と必要

性の両方がある。研究者たちは、スポンサー企業がイベントにうまく適合しているかという認識を、応援をサポートできているかという点で検討した。その結果、韓国の応援の場合、イベントとのイメージが不一致のスポンサー企業は、イベントに合った路上応援を後援することによって、企業のイメージを向上させることができると示された（Han et al., 2013）。

　スポンサーシップからの投資を最大限に得るためには、スポンサーシップがどのように機能するかを理解することが重要である。そのためには、スポンサーシップはコミュニケーションのプラットフォーム、ホスピタリティーを使用する際の場所、広告のテーマに沿った刺激、そしてソーシャルメディアへの関与の出発点であると考え、スポンサーシップの目標に応じて、最適な伝達のメカニズムを選択する必要がある。また、特定の成果をもたらす内部の仕組みまたは「メカニズム」を学ぶことは、どのようにその機能を改善するかを理解することである。路上応援の例のように、路上応援がメディアによって報道されることを学ぶことは比較的簡単だが、詳しく見てみると、スポンサーとプロパティーの関係性を高めるための機能についても知ることができる。もしスポンサーに対する好意的な態度に関連した本物のエンゲージメントを長期的に高めるという目標がある場合、路上応援がエンゲージメントを高めるための一つのメカニズムであることを韓国の例から知ることができるのである。

1.　コミュニケーション・ベースのモデル

　スポンサーシップを通じたコミュニケーション（以下スポンサーシップコミュニケーション）の仕組みを理解するために、まず消費者に焦点をあててコミュニケーションの要素と（明示的または暗黙的）メッセージが処理される過程について見ていく（図5-1）。スポンサーシップコミュニケーションにおいて消費者に焦点をあてた場合、ここで示す考え方はホスピタリティーやスポンサーシップに関連するマーケティング全般にも通じる。したがって、私たちはスポンサーシップを分解し、スポンサーシップを消費者中心のマーケティングコミュニケーションのモデルとみなすことから始める。

　2005 年の Journal of Advertising に掲載されたこのモデルは、ほとんど変化することのない人間の情報処理の心理的モデルに基づいているため、年月を

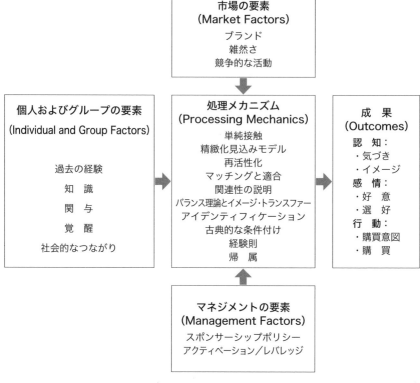

（Adapted from Cornwell et al., 2005, Journal of Advertising）

図5-1 ●消費者中心のスポンサーシップにおける連動型マーケティングコミュニケーションのモデル

経ても使われ続けている（Cornwell et al., 2005）。このモデル（図5-1）は、「個人およびグループの要素」「市場の要素」「マネジメントの要素」がスポンサーシップの「処理メカニズム」に影響を与え、その後、スポンサーシップの測定結果（成果）に影響を与えるという、処理メカニズムを理解するための簡略化された5つの要素を説明している。

2.　個人およびグループの要素

スポンサーシップコミュニケーションが行われる以前にスポンサーに接する

ことにより、人はスポンサー企業が発するメッセージに対して（肯定的または
否定的な）先入観を持つ可能性があることが知られている。例えば、スポンサー
のブランドについて豊富な経験と知識を持つ人々は、スポンサーシップに関す
る情報をあまり必要とせず、ロゴを見ただけで十分に企業やブランドについて
理解することができる。また、すでにブランドを知っている人には、実際にス
ポンサーシップに触れることで、商品購入のリマインダーとしての役割を果た
すかもしれない。例えば、高タンパクで炭水化物が多く含まれたパワーバーは、
マラソンをする人にとってはエネルギーを補給するための製品としてよく知ら
れているが、マラソンをしない人に対しては、まず製品に関する情報や使い方
についての理解を深めるためのコミュニケーションがスポンサーシップを行う
際に必要となる。

　個人の関与とは、特定の状況や分野に対する興味や関心を意味し、長い時間
をかけてゆっくり形成される場合もあれば、唐突に出現する場合もある。しか
し、どのような場合であってもスポンサーシップのメッセージを受け取る際に
影響を与えると考えられている。例えば、スポーツやチーム、ミュージシャン
やアスリート、イベントに対する興味や関心の程度が、スポンサーシップの成
功にとって直接的に重要な影響を及ぼすとされている。ある人がゴルフに興味
を持っていると、特定のゴルフ選手や競技に関心を持ち、そのスポーツ自体に
共感しやすくなり（Gwinner & Swanson, 2003）、結果としてスポンサーに
対する認識が高まる可能性がある。しかし、関与は複雑であり、例えばアート
の分野では、美術館の展示物に対しては一時的な関心を持つ程度にとどまる一
方で、アート全体に対しては持続的な興味を持つことがある。これらの要素が、
スポンサーに対する評価に影響を及ぼすことがあるとされている（Stokburger-
Sauer & Hofmann, 2017）。

　興奮や関心が高まると、スポンサーシップに関する情報を注意深く見る人が
増える可能性がある。例えば、スポーツの場面において、興奮している状況や
興味を持っているアクティビティを見ていると、人はその中でスポンサーに関
する情報も積極的に受け入れる傾向がある。ただし、興奮や関心が過度に高ま
りすぎると、人々はそのアクティビティに完全に没頭してしまい、スポンサー
シップのメッセージをうまく受け取れなくなることがある。例えば、とても興
奮する試合を観戦していると、人はスポンサーなど試合以外の情報に注意を向

ける余裕がなくなってしまうのである（Rumpf et al., 2015）。要するに、興奮や関心がほどほどのレベルであれば、スポンサーシップの情報を適切に理解することができるが、興奮や関心が極端に高まると、スポンサーシップのメッセージがうまく伝わらない可能性がある。ただし、これは個人によって異なるため、具体的にどのような影響があるかを予測することはとても難しい。

　グループの要素も、スポンサーからのメッセージに対して人がどのように反応するかに影響を与える可能性がある。スポーツの分野において、最も考慮すべきことの一つにチームとの結びつきが挙げられる。企業はスポーツに見られるエネルギーとロイヤルティーが自社のブランドに移転する可能性があると信じているので、多くの企業がスポンサーシップを高く評価している。この可能性は確かな証拠に基づいている。例えば、大学のフットボールの試合を観戦した大人を対象にチームのファンとしての認識について行った調査では、自身をチームのファンと認識している人ほど、チームのスポンサーについても認識しており、またスポンサー企業に対してポジティブな態度を持ち、支援の行動を取ることが分かっている（Gwinner & Swanson, 2003）。

　さらに、人が自分自身をそのグループ全体または一部であると感じる「グループ内（in-groups）」と、自分自身はそのグループには含まれないと感じる「グループ外（out-groups）」といった認識があるが、このグループ内・グループ外の認識はともにスポンサーへの反応に影響を及ぼす。例えば、ストックホルムに本拠地を置くAIKソルナというサッカーチームのファンは、フィールド上でのライバルであるハンマルビーIFというチームに対する嫌いな感情をそのチームのスポンサーであるビール会社に対しても持っていることが分かっている（Bergkvist, 2012）。このグループ要素は、特にビールのように比較的低価格の製品、また多くの代替品がある場合に生じる現象である。パソコンなどの比較的高額の製品を評価する場合にはあまり当てはまらないとされる。このように、グループとの結びつきは、スポンサーシップの情報を処理する過程に影響を与える鍵となる先行要素または過去に関連する重要な特性である。

　これらの個人およびグループの要素は、ほんの一例に過ぎない。他にも、スポンサードする組織、スポンサードされるイベント、イベントの詳細など重要となる具体的な要素が数多く存在する。スポンサーシップ担当の責任者たちは、どの要素が自分たちのメッセージや求める成果に対して重要であるかについて

自問自答する必要がある。個人またはグループの要素が重要であると特定されたのであれば、行動や反応を事前に予測することが可能となる。例えば、スーザン・G・コーメン乳がん財団という米国で最大の乳がんに関する組織は、乳がんの研究を支援することで幅広い人々から支持を得ている。しかしながら、実際にがんを患った人と、誰かががんを患ったことを知っている人との間にはイベントやスポンサーシップへの関わり方に対して違いがあるといわれている（Cornwell & Coote, 2005）。例えば、乳がんの生存者が他の団体のいくつかのイベントに参加しても、彼女たちはスーザン・G・コーメン乳がん財団の活動に対してつながりを感じていると研究の結果ではいわれている。つまり、彼女たちにとって、この財団の活動は特別な意味を持っているのである。

3.　市場要素

　市場要素については、どのスポンサーに対しても当てはまる。ブランドや資産に対して既に形成されているレベルの資産価値や、コミュニケーション回路、そして競争的な活動は、特に影響力がある。ブランド名がよく知られ、人々に馴染みの深い、そして資産価値の高いスポンサーは、他の形式の広告と同様に、スポンサーシップを通じたコミュニケーションを行う際に多くの利点を有している。既に定着したブランドは、イベントと関連付けるためにあまり多くの苦労を必要としない。実際に、ランニングシューズとランニングイベントというように、特定のイベントと適合（フィット）している資産価値が高いブランドは、イベントと正式な関係がない場合であっても、多くの人にスポンサーとみなされる可能性がある。一方、あまり名前が知られていない、資産価値が低いブランドに関しては積極的にそのブランド名と製品カテゴリーを伝達する必要があり、スポンサーシップでの限られたコミュニケーション能力では十分ではなく、二次的な広告が必要となる。

　その環境にはたくさんのメッセージが混在しているという認識など、イベント参加者が接する情報量も、スポンサーの想起と認識に影響を及ぼす。ロシアと米国で実施された調査では、アイスホッケーチームのシャツの情報量について検討するにあたり、シャツに付けるロゴの数を0、2、12と変えた。その結果、12個のロゴが付いた雑然としたシャツを着ているチームに対して人々は否定

的な態度を示し、そのチームのスポンサーを正しく思い出せないことが示された。通常、チームのユニフォームなどへのスポンサーのロゴの掲出に関してはリーグの決定に委ねられており、ロシアや他のヨーロッパのリーグでは緩やかなまたは無制限のルールを設けているのに対し、米国の場合、つまり、ナショナルホッケーリーグ（NHL）ではロゴなしを推奨している。企業のスポンサー担当者は、最終的にどのチームのスポンサーになるか、またスポンサーになることの価値は、ユニフォームがロゴで雑然とすることによって生じる混乱を相殺できるほどの価値を持つかについて判断しなければならない。

　競争的な活動（Competitive activities）は、能動的および受動的どちらの場合においてもスポンサーシップコミュニケーションに大きな役割を果たす。イベントを取り巻く直接的な競合他社によるコミュニケーションは、通常アンブッシュマーケティングとみなされ、真のスポンサーから注意を逸らし、聴衆を混乱させる可能性がある。例えば、オーストラリアのGM傘下のホールデン社という自動車メーカーは、自社がスポンサーとなっているV8スーパーカーレースで「ビッグレッド」と書かれた飛行船を飛ばしたが、トヨタスタジアムやフォードがスポンサーとなったクリケットイベントなど、ホールデン社がスポンサーではない試合会場でも飛行船を巡航させた。スポンサーについての記憶と態度の影響はまだ完全には理解されてはいないが、巧妙なアンブッシュマーケティングを取り巻くメディアの注目は、コミュニケーションにおいて違った文脈を作り出すことは知られている。経営者たちは、業界内での競争やイベントでの雑然としたスポンサーの掲示、またライバル企業による攻撃的なアンブッシュなどの市場要素を制御することはできないが、何か問題が発生したときに対処できるように常に準備しておく必要がある。

4. マネジメント要素

　スポンサーシップの成果に関する経営者の判断は、スポンサーシップの成功に重要な役割を果たす。経営者たちが自分たちの方針について行う選択は、イベントまたは会場のポリシーにも影響を与える場合がある。自社の製品に関する知識とスポンサーシップにおける彼ら自身の経験をもとに、タイトルや公式スポンサーなど、どのレベルのスポンサーになるのか、また他のブランドと提

携して共同でプロモーションを行う場合は、スポンサーシップをどの程度活用または活性化させるのかといった判断を行う必要がある。その際に、経営者たちはコミュニケーション・プラットフォームの基盤を形成する方針を確立する。企業のミッションは、多くの場合、企業が何を後援し、何を後援しないかといったスポンサーシップに関する方針に反映されることがこれまでの調査で明らかとなっている（Cunningham et al., 2009）。スポンサーシップの方針は、企業のミッションや目的と、スポンサーシップなどの企業コミュニケーション活動との整合性を図るのに役立つ手段である。企業スポンサーがプロパティーに関連する権利を確立する契約を結ぶにあたり支出する金銭を「レバレッジ」または「アクティベーション」と呼ぶ。この支出は、スポンサー契約によってブランド価値を構築するために不可欠である。本質的に、付随的な広告やプロモーション、またスポンサー資産に関連したホスピタリティーによるブランド構築の可能性は、ブランド責任者やスポンサーシップに関連する予算に委ねられている。例えば、フランスのパーソナルケアの会社であるロレアル（L'Oréal）社は、非営利のトロント国際映画祭の長期スポンサーとなっている。ロレアル社は、スポンサーシップを通じたブランドの活用として、このイベント用に特別版のマニキュアを開発した。ロレアル社は、自社のブランド哲学を活用して、女性の地位向上を達成するために美容業界が何をすべきかについての見解を共有することを目的に、参加者向けのビデオブースなどを設け、映画における女性の力を世に知らせる取り組みを率先して行っている（L'Oréal Paris Canada, 2018）。

　さらに、スポンサー契約の過程で市場およびマネジメント要素を変更する必要が生じる場合があることも認識しておく必要がある。例えば、スポンサーではなかったが、2013年のスーパーボウルの試合中での停電時にクッキーブランドのオレオがその絶好の機会をうまく利用してクッキーの宣伝をしたことは、マネジメントが瞬時の対応に影響を及ぼすことを示した好例といえる。オレオの公式Twitterは、34分間の停電が単なる電力不足による停電に過ぎないことを確認した後、自社のTwitterにオレオをミルクに浸すことを意味する「暗闇でもダンクすることはできる」とつぶやいた。このツイートは、シンプルかつ意外性があり、タイムリーな話題であったことから、瞬く間に広まり、最初の14時間で15,000回以上リツイートされた(Farhi, 2013)。この広告（ツイート）

は、ブランド価値を構築し、不測の事態を面白くするのに役立った。

5. 処理メカニズム

　ここまで図5-1の3つの外部要素を検討してきたが、ここからは図中央のボックスに移る。このモデルに示されている処理メカニズムは、スポンサーシップコミュニケーションの観点から述べられている（つまり、イベントでのホスピタリティーがどのように売上につながるかを説明することではない）。ほとんどのスポンサーシップでは、スポンサードする側とスポンサードされる側との関係についての態度と記憶を発展させることを目指している。記憶は通常、スポンサーのブランドの想起または認識として測定され、態度またはイメージは、スポンサーの活動またはイベントに起因してどのように変化するかによって測定される。次のセクションでは、スポンサーシップコミュニケーションの過程がどのように機能するかについて詳しく説明する。これらの仕組みについては、様々な機能が組み合わされて働くことを認識しておいてほしい。

◉単純接触

　1960年代に、社会心理学者のロバート・ザイアンス（1968）によって、「単純接触仮説（the mere exposure hypothesis）」が紹介された。これは簡単にいうと、刺激に繰り返しさらされると、人の中に好意の感覚が生まれるということである。好意や嗜好でさえも、単純接触によって影響を受ける可能性があり、この効果がスポンサーシップでも機能することは明らかである。ロゴやブランドの肖像を繰り返し露出させることで、広告の担当者や、または製品自体は単純接触効果を生み出すことが可能となる。スポンサーシップの目標は、多くの場合、単純接触を得たいというスポンサーの要望を反映したものである。一例として、eスポーツの国際的なプロリーグである「オーバーウォッチ・リーグ」では、放送中にブランドロゴを表示するための努力をすることにより、スポンサーの露出を改善しようと取り組んでいる（Stern, 2019）。さらに、このリーグは、地元企業のブランドの露出を増やすために、位置情報をもとに特定のエリアにいる人のみを対象に情報を送ることができるジオフェンシング（Geofencing）という技術の利用も試みている。

◉精緻化見込みモデルと再活性化

　スポンサーシップコミュニケーションを簡単にすると思われる別のアプローチに、「精緻化見込みモデル（Low-level processing）」がある（Petty & Cacioppo, 1981; Petty et al., 1983）。これは、人間が情報処理を行うプロセスにおいて、メッセージや議論について深く考える「中心的」ルート（論理的関与）と、あまり深く考えることはないが態度や行動に対して影響を与える2番目の「周辺」ルート（感情的関与）が存在するという考え方である。実際には、中心的ルートと周辺ルートは、明確な区別があるというよりはむしろ連続的なものであることが容易に理解できる。周辺ルートにおいては、私たちは積極的に選択を行っていなかったり、または他の場所に注意を払っている可能性がある。例えば、カリフォルニアのナパバレーで開催される「ボトルロック音楽フェスティバル」では盛り上がってくると、会場内に出店された飲食店やワインバーでの体験もイベントの一部と化す。音楽のパフォーマンスを見るとき、魅力的な音楽、メッセージの創造性、またはブランドに付随する環境の中にある何かによって、私たちは自然とマリオットホテルやマウイジムのサングラスといったスポンサーに関連する商品を購入するように影響を受けてしまうのである。メッセージや議論がなく、意味を連想させるのみの場合においては、「中心的」ルート（論理的関与）が生じることは少ない。

　また、スポンサーシップに関わる事象において、人がある時期または特定のブランドに対して保持している記憶を再活性化させる可能性がある。以前の経験が肯定的な場合、再活性化は人の心の中で小さな広告のように機能し、過去や記憶から呼び起こされた経験を結びつけた連想を構築する。例えば、2019年にザ・ローリング・ストーンズが行った「ノー・フィルター」ツアーは、このバンドが全盛期だった1960年代や1970年代に育った人々と強く共鳴した。全米ツアーの唯一のスポンサーであったAlliance for Lifetime Incomeは、年金や退職金積み立てに関する商品を販売する企業である（Clolery, 2019）。この過程において、過去の音楽を取り巻く肯定的な感情が、スポンサーブランドとこれらの団塊世代が退職後を見据えて貯蓄を殖やす必要があるというメッセージをつなげるのである。

⊙マッチングと適合

　スポンサーシップにおける効果を促進させる要因として最も研究されていることは、スポンサーとスポンサードされる対象との一致や適合（フィット）を意味する「マッチング」についてである。適合に関して別の言い方をすれば、それは関連があるか関連がないかとなる。関連があるスポンサーとは、エコシステムの一部であり、自然とスポンサードされる対象と一致すると考えられる。一方、関連がないスポンサーについては、eスポーツがスポンサーシップの支援を拡大し始めたことによって議論されるようになった。ゲーム機やエナジードリンクの企業がeスポーツをスポンサードすることは想像しやすいと思うが、自動車メーカーや通信会社がスポンサードすることはあまり関連がないと考えられるだろう。ここでの考え方としては、物事が一緒になることで、当然覚えやすくなるということである。ペットフードを販売する企業がドッグショーを、ウィンタースポーツの衣服を販売する企業がスキーの競技会のスポンサーとなることは理に適っている。一方で、「ペットフードの企業がスキーの競技会のスポンサー？」というように、少し違和感のある関係であることにより両者の関係について深く考えることになり、結果としてよい記憶を生み出すことになる可能性もある。関連があると関連がない、どちらのタイプの過程も起こり得る可能性があり、ブランドが特定のイベントのスポンサーと適合していない場合、いくつかの不一致は避けられない。このことにより、次に説明する「関連性の説明（Articulation）」と呼ばれる処理メカニズムが登場する。

⊙関連性の説明

　スポンサーシップの目標が、スポンサードする側とスポンサードされる側の間のつながりを確立することである場合、つながりを理解できるようにするストーリーを伝える必要があるかもしれない。実験的研究では、イベントとブランドに関連するたった一つの文章を作ることで、両者のペアの記憶を改善させることが分かっている（Cornwell et al., 2006）。

　任天堂が架空の屋内ファンイベントをスポンサードしている理由を説明する下記の2つの文を比べてみてほしい。

1. 任天堂の関係者は、「このイベントが成功し、一日子供たちが屋内でとても楽しい時間を過ごしてくれることを願っています！」と述べた。
2. 任天堂の関係者は、「このスポンサーシップの契約によって、私たちが子供たちに屋内の楽しみを提供するという事実を強調したい」と述べた。

　2番目の説明は、イベントとブランドの関係を明確にしているため、記憶を高める。スポンサーシップの説明の文言に対するこのような小さな変更が記憶に違いを生じさせる場合、スポンサーシップの活用と活性化を加えた合理的なスポンサーシッププログラムは、スポンサーシップにおけるブランドの目標をサポートすると考えられる。したがって、スポンサーシップの対象を無理のない既存の適合性を持つものに関係を限定するのではなく、スポンサーに関する情報の提示や副次的な広告、プロモーション方法を工夫することで適合性を生み出すことができる (Simmons & Becker-Olsen, 2006)。

⊙バランス理論とイメージ・トランスファー

　もし私たちが関係性の記憶に焦点を当てるのではなく、態度やイメージに焦点を合わせたい場合は、「バランス理論（Balance theory）」や「イメージ・トランスファー（Meaning transfer）」について検討してみるのがよいだろう。

　バランス理論（Heider, 1958）とは、人は一貫した関係を好み、組み合わされた二者の一方のバランスが崩れると、それを回復しようとするという考えである。スポンサーシップに当てはめると、もしあなたがあるブランドに対して無関心またはネガティブなイメージを持っている場合であっても、そのブランドがあなたの好きなイベントのスポンサーであると知ったとき、あなたはそのブランドに対してポジティブなイメージを感じるというものである。ただし、一方のイメージが他方に転移するイメージ・トランスファーのアプローチに関しては、二者のイメージが連動することがあるので注意が必要となる。オーストラリアで実施された調査 (Kelly et al., 2016) によると、ポジティブなイメージを持つスポーツチームがネガティブなイメージを持つスポンサーと結びつけられることで、チームのイメージに対してもネガティブな影響を及ぼすことが明らかとなっている。そうでなければ、人はバランスを取り戻そうとするものだが、もしそのブランドを好ましく思っていないのであれば、スポンサーシッ

プの関係は、そのプロパティーに対する嫌悪感や軽蔑を招くことになるかもしれない。また、一方のパートナーが保有するイメージがもう一方のパートナーに移る場合もある。ある調査によると、企業がBMXバイクやゴルフのような年齢のステレオタイプがあるスポーツに対してスポンサーを行うことで、スポンサーブランドの年齢に関する認識に影響を与えることが示されている (Hohenberger & Grohs, 2019)。

◉アイデンティフィケーション

　スポンサーシップにおいては、「アイデンティフィケーション」はイベント、チーム、組織、またはブランドに関する同一性または一体性の感覚と捉えることができる。人々が組織またはグループの中で「私たち」という言葉を使い始めたときにアイデンティフィケーションが生まれたといえる。スポーツにおいても、人々が自分自身は何かの一部であると感じるとき、アイデンティフィケーションを見出すことができる。アイデンティフィケーションは、まずチームに対して生まれ、それから個々の対象に移っていく。また、イベントによっても作られたり、増長されたりもする。

　例えば、スーザン・G・コーメン乳がん財団によってスポンサードされるランニングイベントに関する研究では、アイデンティフィケーションはイベントのスポンサーの商品を購入するという行動をもたらした (Cornwell & Coote, 2005)。組織に対するアイデンティフィケーションと同じように、イベントの参加者は組織と関わった期間やイベントの名声に対する自身の感情を通して、イベントに対するアイデンティフィケーションを生み出す。また、別の研究では、企業の社会的責任に対する利他的な動機の感情が、消費者からの強いアイデンティフィケーションを作り出すにあたっての鍵となることが示されている (Rim et al., 2016)。

◉古典的な条件付け

　イベントとブランドの組み合わせは、人々が環境の中にある連想から時間をかけて学んでいく一種の「古典的な条件付け（Classical conditioning）」とみなすことができる。例えば、ある人のオリンピックに対する反応は、プライドや希望といったポジティブな感情で表される場合がある。オリンピック（無条

件の刺激)がこれらの感情を自然にもたらす場合(無条件の反応)、そしてアディダス（adidas）社のブランドなどと組み合わされた際に、連想は時間とともに構築されていく。この場合、アディダス社のブランド（条件刺激）は、それ自体でオリンピックと連想されることで、プライドや希望（条件反応）といった感情を呼び起こす可能性がある。人々があるブランドをオリンピックのスポンサーであると認識し、加えて、そのブランドが彼らに対してポジティブな高級感を与える場合、その感情は結果として商品の購買決定にも影響を与えることがある。

◉経験則

　他よりも優れている（卓越性がある）、または市場を占有していることは、広告の分野において大きな優位性を持つと長い間認識されている。広告に関する初期の研究では、ほんの数秒間だけ広告を見せられ、その広告に何が記載されているかを十分に検討することができない場合、多くの人がその広告はその製品カテゴリーにおいて最大のシェアを占める企業またはブランドの広告であると認識することが明らかになっている。この傾向は、人々がスポンサーシップでブランドに関する情報を処理する方法にも影響を与える。ブランドが最大の市場シェアを占めていたり、論理的または明白な方法でイベントに関連している場合、その効果はさらに発揮される。例えば、私たちが野球場で看板を見る際、関連性はあるがスポンサーではない企業やブランドの看板がよく目立っていれば、あまり目立たず関連性が低い企業やブランドのものに比べて、人々はスポンサーであると間違って認識する傾向があるといわれる（Wakefield et al., 2007）。

　私たち個々人は、無関係のスポンサーよりも、イベントを支援しているということで関係のあるスポンサーをより認証するという点において、関連性は卓越性と大きく結びついているといえる。例えば、ホットドッグはアメリカの野球場では定番の食べ物であり、あるブランドがその関連性を活かして「ボールパークフランク（Ballpark Frank）」を商品に名付けることで、そのブランドがプロ野球のスポンサーであると自然に認識されるのではないだろうか。その一方で、「アトランタ・ブレッド・カンパニー（Atlanta Bread Company）」のようにパンを販売する会社の名前だけでは野球との関連性が薄く目立たない

ため、スポンサーとは認識されにくい。

◉帰属理論

　帰属理論は、ある物事の結果の原因を何に求めるか、出来事や人の行動の原因を推論する理論であり、人々がイベントについて説明する方法にも関連がある。特に、他人や自分自身の行動に対して何か意味づけしたいという人間の自然な欲求に関係している。社会心理学者のFiskeとTaylor（1991）は「帰属理論は、社会的知覚者が情報をどのように使用して、イベントについての因果関係にたどり着くかを扱っている」と説明している。情報処理のこの側面は、商業的志向があるとみなされる可能性のあるスポンサーシップを取り扱う場合、特に重要となる。

　スポンサーの参加動機について、人々はどのように帰属を示すのだろうか？また、チームを応援する人たちは、スポンサーに対しても深く関与するだろうか？　本社が同じ都市にあるということだけで、スポンサーに参加する理由になるだろうか？　スポンサーシップに対する企業の利己的な目的に対する消費者の推論は、スポンサーに対する態度にもネガティブな影響を与えることが示されている（Woisetschläger et al., 2017）。例えば、知名度の高いプロスポーツの場合、国際的な企業が遠く離れた他の国のスポーツチームのスポンサーとなり多額の投資をしている場合、そのスポンサーシップはメディアでの露出だけを期待してのものだと人々に認識される可能性がある。その一方で、企業が小規模または草の根レベルのスポーツに対して通常よりも多くの投資を行っている場合、人々は企業がスポンサーシップを通じてそのスポーツを存続させたいと願っての行動であると認識することが研究によって明らかとなっている。このことは、返報性によってスポンサーシップが機能するというもう一つの理解にもつながる。

6. 返報性（Reciprocity）

　スポンサーシップの中には、互恵主義や相互利益を意味する返報性（Reciprocity）を通して効果が得られると考えられている。研究者たちは、個人がスポンサーに対して感謝の気持ちを感じた際に、相互主義、または恩返しの行

動が生じることを明らかにしている（Kim et al., 2018）。宣伝の媒体となるプロパティーは、スポンサーに対する「お礼」としてブランドの愛好を促進することさえある。例えば、フロリダに拠点を置くパインクレスト・ガーデンズが、大切なスポンサーに敬意を表した文章を書いたことがこのケースに当てはまる（Pinecrest Tribune, 2019）。彼らは、様々なスポンサーが提供する芸術へのサポートについて説明した後で、「もしあなたが近い将来、車を購入する機会があれば、BMW、Mini、ホンダ、VW、インフィニティを含むサウスモーターのショールームを訪れることを検討してください」と彼らの訪問を促した。スポンサーシップによる財政的な支援を受けることにより、彼らが楽しんでいる活動が可能になっていることを知った人々は、次回製品を購入する際にスポンサー企業から直接購入することにつながる可能性がある。

7.　スポンサーシップの成果

　図5-1に示されているモデルの最後のボックスである「成果」は、スポンサーシップからの認知（思考）、感情（好意）、および行動面での成果について検討を行っている。

◉認知

　多くのスポンサーシップの主な認知面での成果はそのスポンサーシップを知覚することである。これは、ブランドの想起または認知度として測定される。ブランドは消費者の製品やサービスに対する理解を促進することも期待している。例えば、有名なスキンケア会社であるニベアは、新しい男性用化粧品の認知を広めることを目的に、スポーツのスポンサーとなっている。

◉感情

　感情面での成果には、好意や嗜好性、ポジティブな気持ち、態度の改善などが含まれる。多くのスポンサーにとって、自社の製品やサービスに対する好意的な感情を呼び起こすことがスポンサーシップで期待することになる。消費者が選択する可能性のあるカテゴリー内に多くのブランドがある場合、スポンサーシップは消費者の好みに対して大きな影響を及ぼすことができるだろう。

もしあなたが、小売ファッションブランドのメイシーズ（Macy's）が、母親と赤ちゃんの健康を改善するために活動を行っている団体であるマーチ・オブ・ダイムズのスポンサーになっていると知ったら、メイシーズのことをさらに好きになるだろう。他のブランドにとっても、態度とイメージは重要である。研究者たちは実験的な研究で、スポンサーシップによるイメージがスポンサーブランドに及ぼす影響について検証している（Cornwell et al., 2016）。

　スポンサーは、様々なメカニズムを通じて、ブランドに対するイメージや態度を高めることができる。特に企業レベルでは、スポンサーシップによって自社に対するポジティブな評判と好意的な感情が生まれるのかということが本当の関心事であるかもしれない。例えば、オーストラリアの電気通信会社であるテルストラ（Telstra）社は、母国の芸術振興への取り組みとして、35 年以上にわたってオーストラリアバレエ団のスポンサーを続けてきた。チャリティー活動と同様に、スポーツや音楽へのスポンサーシップはブランドレベルで行われる場合があるが、チャリティーや地域に密着した活動に対するスポンサーシップは、しばしば親会社の認識を高めることにも活用される。

⊙行動

　反応の連鎖は長く、認識から理解、そして好みへと移行していくが、ほとんどのブランドは最終的にスポンサーシップを通じて消費者の行動に変化をもたらしたいと考えている。行動面での変化は単に売り上げへの影響で測定される場合もあるが、スポンサーの露出から購買までの直接的な経路を明らかにすることは大変困難である。その代わりとして、購買意図やポイントカードへの登録、オンラインでのポジティブな口コミによる推奨、試験的な取り組みへの反応など、中間的な行動を調べることによって検証できることもある。消費者中心のスポンサーシップ連動マーケティングモデルは、コミュニケーションと消費者市場を念頭に置き開発されてきた。このモデルの考え方の多くが、ブランド認知やイメージの向上を目標とする企業間の取引（B to B）にも当てはまる。とはいえ、消費者の相互作用よりも企業間の相互作用ははるかに少ない。さらに、企業間での購買意思決定レベルはより高い金銭的価値があるため、関係性の構築については議論するに値する。企業は、既に知っているサプライヤー、販売代理店、見込み客に対して関係性を構築するためにホスピタリティーを利

用することがよくあるが、それに加えて態度や最終的な販売と同様に、自社の
製品やサービスをさらに理解してもらう取り組みも行っている。

8.　B to B市場において、スポンサーがどのように働くのか

　B to Bの取引を行っている企業は、自社の製品やサービスを他の企業や組織
に販売しているため、企業や組織に向けたマーケティングを行っている。B to
B間で行われるスポンサーの場合、長く、そして高い利害関係を伴う意思決定
のプロセスを経る。

　B to B企業はこの10年間でスポンサーシップへの関心を高めてきた。2018
年の時点で、B to B企業のマーケティング責任者の41%が、見本市やフェス
ティバル、地域のイベント、メガイベントといったイベントのスポンサーにな
ることが最も効果的なマーケティングチャネルであり、デジタル広告やeメー
ルマーケティング、コンテンツマーケティングを上回っていると感じていると
報告している（Bizzabo Blog, 2019）。

　B to B企業の主な対象者は、現在および潜在的な顧客や従業員だが、その中
には政府の代表者など様々なタイプの関係を円滑にする人や組織も含まれる。
その場合においても、ホスピタリティーやエンターテインメント、ブランド認
知度、製品実演などの古典的なスポンサーシップの価値観は共通している。例
えば、イギリスのサッカークラブ、マンチェスターシティのスポンサーである
ドイツのソフトウェア企業SAPは、自社の分析用製品を紹介するために、「ピッ
チとジムでプレイヤーのパフォーマンスを観察し、クラブの経営陣がトレーニ
ングや試合の戦略を立てるときに使用できるデータを提供する」というメッ
セージを発信した（Sillitoe, 2019, p.28）。その目的は、スポーツの分野でそ
の技術を実証することにより、他の業界の注目を集めることにあった。同様に、
グローバル流通企業であるDHLは、ラグビーワールドカップやシルクドゥソ
レイユの劇場プロダクションなどのイベントをスポンサードすることで、イベ
ントを世界中に移動する能力があることを実証している（Arnold, 2019）。B
to B企業は、関係性によって成り立っているので、彼らは個々の接点を作る機
会を模索している。よって、彼らは収集された名刺や、リード獲得率、フォロー
アップの電子メール、またはプロジェクトへの入札の申し出をスポンサーシッ

プの中間的な成功と位置付けていることが多い。スポンサーシップは、製品や
サービス内容についての理解を深めるために接触の機会を提供する企業に対し
て有効に働く。求められる関係性の成果としては、見込み客の創出や、推薦・
紹介、そして現在および潜在的な顧客との信頼関係の構築が含まれる。スポン
サーシップは、イベントの主催者または会場での直接販売の手段としても機能
することがある。

9.　エンゲージメントに基づいたモデル

　ブランドや企業についてのコミュニケーションは、スポンサーシップの中心
的な存在理由であり続けているが、もしイベントに対して興味がなかったり、
イベントを通じた上辺だけの関係であるとみなされた場合、広告としてのスポ
ンサーシップはむしろ逆効果になる可能性がある。環境にやさしいスポンサー
シップが「上辺だけの欺瞞的な環境訴求」を宣言したり、社会志向のスポンサー
が「一定の倫理感や価値観を軽視した広告」を行った場合、スポンサーシップ
は企業やブランドの評判に害を及ぼす可能性がある。一例として、バドワイザー
ビールは2019年にPride LondonというLGBTQ+のコミュニティーを祝うイ
ベントのスポンサーとなった際、イベントに関連する記事をソーシャルメディ
アに投稿した。LGBTQ+フラグの色のブランドのショットグラスを投稿した
バドワイザーのTwitter記事は、バドワイザーがかつて「性別の規範を強化す
る広告を掲載してきた歴史があるため、イベントの内容にうまく適合していな
い」（Liffreing, 2019）として多くの人々から非難を受けた。このことからも、
本物のエンゲージメントの必要性が分かる。

　本物のエンゲージメントとは、ブランドの理念に基づいた正真正銘のパート
ナーシップであり、満足や感情的な結びつきをもたらすとともに、スポンサー
関係を通じてスポンサードする側とスポンサードされる側の双方にメリットが
ある関係のことを意味する（Cornwell, 2019, p.54）。よって、単に相互交流
の頻度という意味で使われるエンゲージメントと通常区別される。

　図5-2は、ブランドと関係の本物性に基づくスポンサーシップ・エンゲージ
メント・モデルを示している。まず、パートナーはそれぞれの特性を検討して
から、次に「個々のブランドと私たちの関係の本物性に基づいて相手と強い絆

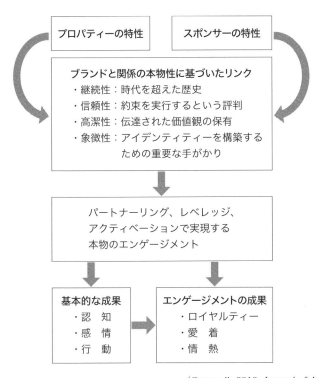

(Cornwell, 2019, Journal of Advertising)

図5-2●ブランドと関係の本物性に基づくスポンサーシップ・エンゲージメントのモデル

を確立できるか?」と問いかけてみる必要がある。個々のブランド（Morhart et al., 2015）との関係（Charlton & Cornwell, 2019）の本物性は、⑴継続性（時代を超えた歴史）、⑵信頼性（約束を実行するという評判）、⑶高潔性（伝達された価値観の保有）、そして⑷象徴性（アイデンティティーの構築において個人にとって重要な手がかりを持っている）を反映する必要がある。前述の2019年のバドワイザーの例では、バドワイザーには多様性の「歴史」がなかったため、スポンサーシップコミュニケーションに対して懐疑的な見方があったと思われる。

　次に、パートナーシップ自体を介して本物のエンゲージメントが制定され（このとき、本物の絆が確認されなければ、パートナーシップは当事者にとって最善の利益にはならない可能性がある）、活用および活性化される。バドワイザー

の事例では、多様性を祝うために戦略的に策定されたTwitterの活用が成功しなかったのは、スポンサーに本物性の認識を支えるブランド行動の歴史がなかったからである。しかしながら、このようなTwitterを活用したコミュニケーションやその他のコミュニケーションにおいて多様性を支援し続けることが、ブランド認知を変える可能性がないとは言い切れないのである。

　本物のエンゲージメントは、コミュニケーションベースのモデルに見られる、認知や感情、行動といった基本的な成果につながる。また、本物のエンゲージメントは、ロイヤルティーやブランドへの愛着、そして情熱などの成果をもたらす。もしバドワイザーのエンゲージメントが本物であると信じられていたら、多くの人に商品の購入や、LGBTQ＋フラグの色のブランドのショットグラスを投稿したバドワイザーのTwitter記事がリツイートされていただろう。

　ここで重要なことは、本物のエンゲージメントの測定は、単に露出の回数や時間を数えるということではないということだ。メッセージが発信されたからといって、必ずしも意図した通りにメッセージが届いているとは限らない。ブランドの本物性（Morhart et al., 2015を参照）とパートナーシップの本物性（Charlton & Cornwell, 2019を参照）の認識に対する変化を測定することが不可欠となる。

　人が自分の経験の中に本物・確からしさを求めることは以前から観察されていることであり、本物や真実を追究することは、アイデンティティーの確立に対する欲求からであるとされている（Beverland & Farrelly, 2009）。「食通」の料理コンテストや音楽フェスティバルに参加することは、美食家やヒップホップ愛好家としてのアイデンティティーを表現することなのである。個人の目標の追求は、世界的なフェスティバルや文化イベントの増加の一つの原動力であると考えられる。例えば、大小様々なイベントが行われているが、世界のグルメツアーの市場規模は、2023年までに820億ドル（おおよそ8兆2,000億円）の成長が見込まれている（Business Wire, 2019）。このようなグルメフェスティバル市場の成長は、持続可能な食品と有機食品の両方への関心によって後押しされる。パートナーシップの例として、コペンハーゲンで開催される「クッキング＆フードフェスティバル」とデンマーク最大の乳製品メーカーであるアーラ・ブランド（Arla）が挙げられる。

　過去10年間の音楽フェスティバルの成長も、本物のエンゲージメントへの

欲求が原動力となっていると見ることができる。音楽は、文化的な理解を深め、現在の趣味や嗜好を表現し、ノスタルジックな追憶を満足させる。モロッコのラバトで毎年開催される「マワジンフェスティバル（the Mawazine festival）」やウィーンで開催される野外フェスティバルである「ドナウインゼル・フェスティバル（Donauinselfest festival）」のように毎年数百万人の参加者を集める大規模なイベントがある一方で、近年では「厳選されたミニフェスティバル」が増加しているともいわれている（Zaldua, 2019）。大規模なフェスティバルやイベントでは、多くの人々が集まるため、個別の参加者のアイデンティティを十分に構築することは難しくなる。したがって、スポンサーシップにおいては、ブランドはイベントの規模や参加者数に応じて、アイデンティティ構築や目標達成に影響を与える要素を考慮する必要がある。

ディスカッション

① スポンサーシップに関する情報が処理される過程に影響を与える可能性のある個人およびグループの要素とは何か？

② 医療関連の企業がeスポーツのスポンサーになることは好ましいことか？

③ スポンサーに還元したいという気持ち（返報性）を導くスポンサーシップの特徴とはどのようなものか？

④ スポンサーシップにおけるコミュニケーション・モデルと、エンゲージメント・モデルの長所と短所はそれぞれ何か？

■参照文献

Arnold, R. (2019). How to get sports sponsorship right in B2B. B2B Marketing. Retrieved from www.b2bmarketing.net/en/resources/blog/how-get-sports-sponsorship-right-b2b.

Bergkvist, L. (2012). The flipside of the sponsorship coin: Do you still buy the beer when the Brewer underwrites a rival team? Journal of Advertising Research, 52(1), 65-73.

Beverland, M. B., & Farrelly, F. J. (2009). The quest for authenticity in consumption: Consumers' purposive choice of authentic cues to shape experienced outcomes. Journal of Consumer Research, 36(5), 838-856.

Bizzabo Blog (The) (2019). 2019 event marketing statistics, trends and data. Retrieved from https://blog.bizzabo.com/event-marketing-statistics#B2B.

Business Wire (2019). Global culinary tourism market 2019-2023/ growing popularity of sustainable and organic culinary tourism to boost growth/ technavio. Retrieved from www.businesswire.com/news/home/20190129005605/en/Global-Culinary-Tourism-Market-2019-2023-Growing-Popularity.

Charlton, A. B. , & Cornwell, T. B. (2019). Authenticity in horizontal marketing partnerships: A better measure of brand compatibility. Journal of Business Research, 100, 279-298.

Clolery, P. (2019, July 8). Nonprofit is sole sponsor of rolling stones' U.S. tour. Retrieved from www.thenonprofittimes.com/news/nonprofit-is-sole-sponsor-of-rolling-stones-u-s-tour/.

Cornwell, T. B. (2019). Less "sponsorship as advertising" and more sponsorship-linked marketing as authentic engagement. Journal of Advertising, 48(1), 49-60.

Cornwell, T. B., & Coote, L. V. (2005). Corporate sponsorship of a cause: The role of identification in purchase intent. Journal of Business Research, 58(3), 268-276.

Cornwell, T. B., Humphreys, M. S., Maguire, A. M., Weeks, C. S., & Tellegen, C. L. (2006). Sponsorship-linked marketing: The role of articulation in memory. Journal of Consumer Research, 33(3), 312-321.

Cornwell, T. B., Lipp, O. V., & Purkis, H. (2016). Examination of affective responses to images in sponsorship-linked marketing. Journal of Global Sport Management, 1(3-4), 110-128.

Cornwell, T. B., Weeks, C. S., & Roy, D. P. (2005). Sponsorship-linked marketing: Opening the black box. Journal of Advertising, 4(2), 21-42.

Cunningham, S., Cornwell, T. B., & Coote, L. (2009). Expressing identity and shaping image: The relationship between corporate mission and corporate sponsorship. Journal of Sport Management, 23(1), 65-86.

Farhi, P. (2013). Oreo's tweeted ad was super bowl blackout's big winner. The Washington Post. Retrieved from http://articles.washingtonpost.com/2013-02-04/lifestyle/36741262_1_ad-agency-ad-team-social-media.

Fiske, S. T., & Taylor, S. E. (1991). Social Cognition (2nd ed.). New York: McGraw-Hill.

Gwinner, K., & Swanson, S. R. (2003). A model of fan identification: Antecedents and sponsorship outcomes. Journal of Services Marketing, 17(3), 275-294.

Han, S., Choi, J., Kim, H., Davis, J. A., & Lee, K.-Y. (2013). The effectiveness of image congruence and the moderating effects of sponsor motive and cheering event fit in sponsorship. International Journal of Advertising, 32(2), 301-317.

Heider, F. (1958). The Psychology of Interpersonal Relations. New York: John Wiley. Hohenberger, C., & Grohs, R. (2019). Old and exciting? Sport sponsorship effects on brand age and brand personality. Sport Management Review. Forthcoming.

Jae-heun, K. (2018). Koreans to gather for World Cup street cheering. The Korean Times. Retrieved from www.koreatimes.co.kr/www/sports/2018/06/613_250803.html.

Kelly, S. J., Ireland, M., Mangan, J., & Williamson, H. (2016). It works two ways: Impacts of sponsorship alliance upon sport and sponsor image. Sport Marketing Quarterly, 25(4), 241-259.

Kholic (2013). Unique baseball cheering culture in Korea. Retrieved from http://blog.kholic.com/4172/unique-baseball-cheering-culture-in-korea/.

Kim, K., Tootelian, D. H., & Mikhailitchenko, G. N. (2012, January). Exploring saturation levels for sponsorship logos on professional sports shirts: A cross-cultural study. International Journal of Sports Marketing & Sponsorship, 13(2), 91-105.

Kim, Y., Smith, R. D., & Kwak, D. H. (2018). Feelings of gratitude: A mechanism for consumer reciprocity. European Sport Management Quarterly, 18(3), 307-329.

Liffreing, I. (2019). These brands missed the mark this pride. Ad Age. Retrieved from https://adage.com/article/cmo-strategy/these-brands-missed-mark-pride/2180941.

L'Oréal Paris Canada (2018). L'Oréal Paris Canada celebrates the power of women in film during the 43rd Toronto International Film Festival. Retrieved from www.newswire.ca/news-releases/loreal-paris-canada-celebrates-the-power-of-women-in-film-during-the-43rd-toronto-international-film-festival-692200911.html.

Morhart, F., Malär, L., Guèvremont, A., Girardin, F., & Grohmann, B. (2015). Brand authenticity: An integrative framework and measurement scale. Journal of Consumer Psychology, 25(2), 200-218.

Petty, R. E., & Cacioppo, J. T. (1981). Attitudes and Persuasion: Classic and Contemporary Approaches. Dubuque, IA: William C. Brown.

Petty, R. E., Cacioppo, J. T., & Schumann, D. (1983). Central and peripheral routes to advertising effectiveness: The moderating role of involvement. Journal of Consumer Research, 10(2), 135.

Pinecrest Tribune (2019). We salute our cherished sponsors at Pinecrest Gardens. Communitynewspapers.com. Retrieved from https://communitynewspapers.com/pinecrest-tribune/we-salute-our-cherished-sponsors-at-pinecrest-gardens/.

Rim, H., Yang, S. U., & Lee, J. (2016). Strategic partnerships with nonprofits in corporate social responsibility (CSR): The mediating role of perceived altruism and organizational identification. Journal of Business Research, 69(9), 3213-3219.

Rumpf, C., Noël, B., Breuer, C., & Memmert, D. (2015). The role of context intensity and working memory capacity in the consumer's processing of brand information in entertainment media. Psychology & Marketing, 32(7), 764-770.

Sillitoe, B. (2019, May 21-27). Is sport sponsorship a winner for tech firms? ComputerWeekly. com, 26-30.

Simmons, C. J., & Becker-Olsen, K. L. (2006). Achieving marketing objectives through social sponsorships. Journal of Marketing, 70(4), 154-169.

Stern, A. (2019, August 12). Activision Blizzard seeks ways to expand overwatch league teams' sponsorship revenue. The Esports Observer. Retrieved from https://esportsobserver.com/owl-team-sponsorship-revenue/.

Stokburger-Sauer, N. E., & Hofmann, V. (2017). Art sponsorship success: An empirical investigation into sponsor recall and the ambiguous role of visitors' involvement. Marketing ZFP, 39(1), 3-14.

Wakefield, K. L., Becker-Olsen, K. L., & Cornwell, T. B. (2007). I spy a sponsor: The effects of sponsorship level, prominence, relatedness and cueing on recall accuracy. Journal of Advertising, 36(4), 61-74.

Woisetschläger, D. M., Backhaus, C., & Cornwell, T. B. (2017). Inferring corporate motives: How deal characteristics shape sponsorship perceptions. Journal of Marketing, 81(5), 121-141.

Zajonc, R. B. (1968). Attitudinal effects of mere exposure. Journal of Personality and Social Psychology, 9(2), 1-27.

Zaluda, C. (2019). The rise and the fall of music mega-festivals - and what comes next. Retrieved from www.eventbrite.com/blog/rise-fall-of-music-festivals-what-comes-next-ds00/.

第6章

レバレッジとアクティベーション

　「レバレッジ」という用語は、スポンサーシップに関連するすべての費用について当てはまるが、「アクティベーション」は、消費者とブランドの相互作用とエンゲージメントに対して用いられる考えである。この章では広告やデジタルメディア、ソーシャルメディア、テクノロジー、ホスピタリティーといったあらゆる媒体におけるスポンサーシップでのレバレッジとアクティベーションについて取り上げる。特に、スポンサーシップと組み合わせたソーシャルメディアは、リスクと可能性の両方を秘めているため、その両面について説明する。また、スポンサーシップを通じたサービスの考え方と同様に、スポンサーシップの契約に関連する見返りとしてのレバレッジ比率について説明する。レバレッジの最終的なポイントは、最良の成果をともにつくり出せるかということにある。スポンサーシップによって相乗効果を高めるためには、まずどのような企業がスポンサーになっていて、またそれらのスポンサー同士の関係についてじっくり検討する必要がある。

　レバレッジとアクティベーションという用語は、しばしば同じ意味で使用されるが、時間の経過とともに、関連する用語ではあるが別々の意味として発展してきた。スポンサーシップは、スポンサー企業がプロパティーに関連する何らかの権利を得るための投資といえる。ここでは、スポンサーがスポンサー契約を結んでから、どのようにその権利を行使していくかに目を向ける。スポンサーのレバレッジとは、スポンサードする側とスポンサードされる側との間で行われる潜在的可能性（市場可能性）を発展させるためのマーケティングコミュニケーションや活動のことを指す。この取り組みには、広告、プロモーション、広報、ソーシャルメディア、サンプリング、ダイレクトマーケティング、社内マーケティング、ホスピタリティー、オンラインおよび企業間コミュニケーションなどあらゆる取り組みが含まれる。アテネオリンピックでの10の国内スポンサーについて取り扱った研究では、スポンサーシップのレバレッジとして下

記の 7 つのカテゴリーが示された（Papadimitriou & Apostolopoulou, 2009）。

(1)メディア広告
(2)販売促進
(3)出版物
(4)特別なイベント
(5)新製品またはサービス
(6)顧客のホスピタリティー
(7)従業員プログラム

　例えば、ある電気通信事業の共同事業体は、国内オリンピックスポンサーの権利を活かして、広告キャンペーンに "One idea, one team, one voice."（1つのアイデア、1つのチーム、1つの声）というメッセージを発信した。また、このグループは、大会の雰囲気や自社製品を体験できる移動式の複合型施設を開発し、約 50 万人がこの施設を訪れて企業のブランドを経験した（Papadimitriou & Apostolopoulou, 2009）。これらの 2 つの活動はまったく異なっており、スポンサーシップを活用することで企業に異なるブランド価値をもたらす可能性があると考えられる。

　アクティベーションコミュニケーション（以下アクティベーション）は、スポンサーシップにおけるレバレッジの一部であるとみなすことができる。レバレッジの中でも特別な意味を持つアクティベーションという考えは、戦略的価値を生み出すための出発点となる。アクティベーションは「スポンサー企業と消費者間でつくられるエンゲージメントや関与、そして参加を促進させるコミュニケーション」と表すことができる（Weeks et al., 2008）。その中にはイベントに関連した懸賞や、イベントにちなんだ携帯電話やスマートフォンを活用したゲーム、またイベントをテーマにしたブランドのウェブサイトの提供などが含まれる。対照的に、アクティベーションを伴わないコミュニケーションとは「ブランド連想は引き起こすけれど、消費者の中で、情報が受動的に処理されるコミュニケーション」を指す。その中には、オンライン広告やスポンサー名の露出、非直接のオンラインコミュニケーション、そしてイベントと並行したブランドの広告が含まれる。

　前述のように、レバレッジという用語は、スポンサーシップへの投資に付随するすべてのスポンサーシップに関連したマーケティングコミュニケーションおよび活動を含むのに対して、アクティベーションという用語は、消費者がスポンサーと対話および関与する潜在的な可能性に対して用いられる。では、なぜレバレッジとアクティベーションを区別する必要があるのだろうか？　スポンサー責任者は、可能な限りスポンサー投資に対するレバレッジを追跡し、どの投資が最も価値があるかについて知りたいと考えるだろう。その際、もしレバレッジの中で、アクティベーションを引き起こす部分とそうでない部分を明確に区別することができれば、投資の価値をより理解することができる。

　一つの事例として、Cahill & Meenaghan（2013）は、スペイン・マドリードに本拠を置く大手通信事業者Telefonica社が所有するイギリスの電話サービスであるO2によって行われた3つの消費者向けプログラムの価値を説明している。その中で、"Treats, where rewards are earned," と呼ばれるメンバーシッププログラム、チケットを事前に購入できるO2の会場スポンサーキャンペーンプログラム、そして"Be the Difference"と呼ばれるラグビーに関連したスポンサーシッププログラムの複合的な効果について述べ、これら3つのプログラムのどれかに参加することで、O2の顧客が他の通信ブランドに移るための解約率が10 〜 19%の範囲で下がることを明らかにしている。また、顧客が複数のプログラムに参加している場合、解約率は18 〜 28%減少するとも報告している。中でもアイルランドのラグビーチームプログラムである「Be the Difference」は、季節的な性質はあるが、単独でも他のO2プログラムと合わせても最も低い解約率につながることを示している。このことから、「Be the Difference」プログラムは明らかに投資する価値があり、経営者はマーケティングプログラムを個別に測定することでこの可能性を理解することができた。

1.　レバレッジのアクティベーション化

　Weeks et al.（2008）が述べているように、コミュニケーションは、イベントの参加者に対してはアクティベートされ、マスメディアを通じて視聴している人に対してはアクティベートされないことがあるといわれている。ただし、メディアの視聴者も、たとえイベントに参加できなくても、よく考えられたア

クティベーションに対しては関心を示すといわれている。これを念頭に置いて、イベントをもとにしたアクティベーションを考える際に計画的なマスコミュニケーションについては「レバレッジのアクティベーション化」という用語を用いることで理解が深まると思われる。

　このように、ブランドは自社のブランド活動を記録し、多くの人々に再生することができる。例えば、ポスト・イット（付箋）の販売で知られる複合企業である3M社は、NFLのミネソタ・バイキングス（以下バイキングス）の多面的なスポンサーとなっている。バイキングスの公式「science partner」（科学パートナー）として、3M社は、60,000枚を超えるチームカラーである紫色の小さな半透明フィルムを寄付するという新しいアクティベーションプログラムを考えた。計画された暗闇の中で、ファンはスマートフォンの懐中電灯モードを選択してこの紫色のフィルムにかざした（Star Tribune, 2018）。するとスタジアム内は一面紫色に染まり、この「glow purple」（紫色の輝き）という計画は、ソーシャルメディアやテレビなどのマスコミに大きく取り上げられ、称賛され大成功を収めた。スタジアム内でのアクティベーションは、他のチームのファンにとっても思い出に残る体験になったに違いない。

　メディアなどを通じてのイベント内容の発信は、依然として一方向のコミュニケーションであり、やはり実際に現場で体験した人たちが抱くエンゲージメントの可能性には及ばない。ただし、従来の広告とは異なる機能として、口コミによる紹介やブランド情報の共有を促進するという可能性があることから、大衆に向けたアクティベーションは様々な可能性を秘めているといえる。

　さらに、3M社は、企業間（B to B）と企業消費者間（B to C）の両面でビジネスを行っている。チームとのB to Bの関係では、50を超える3Mの製品がチームの本拠地であるUSバンク・スタジアム（U.S. Bank Stadium）の建設に使用された。また、3M社はチームの社会貢献活動も支えている。2019年にバイキングスは、3M社がスポンサーとなり、スタジアム内に自閉症やダウン症、および安全で落ち着いた環境を必要とするその他の障がいを持つファンのためのスペースを開設した（Vikings.com, 2019）。これらの活動は、バイキングスと3M社の間で行われるスポンサーシップの多面的な活用方法を表したものである。

2.　なぜレバレッジが必要なのか?

　スポンサーシップの一般的な認識として、一度スポンサーとなることを開始したら追加の支出により活動を継続していくべきであり、そうでなければ初期投資が無駄になってしまう可能性があるといわれる。この考えの背景には正当な理由があるが、しかしそれを盲目的に受け入れるべきではない。つまり、スポンサーシップはより多くの支出を伴ったから必ず多くの成果が得られるという、そのような単純なものではないのである。では、企業がスポンサーシップを活用する主な理由は何だろうか?

3.　ブランドのストーリーを語る

　プロパティーは、長期的な関係を維持するためにスポンサーのコミュニケーション活動を助ける必要性があることをこれまで以上に認識しなければならない。とはいうものの、各プロパティーは、一定の距離をおいて、外部者としてスポンサー企業を見ることも求められる。スポンサーが企業やブランドのストーリーを確実に伝えたい場合、スポンサーシップの投資効果を効果的に活用できるかは企業自身と仲介者次第であるといえる。プロクター・アンド・ギャンブル(以下P&G)社は、過去数回のオリンピックで「P&Gファミリーホーム」と銘打った家族に向けた活動を支援してきた。2010年のバンクーバー大会では、アスリートの家族が集まりリラックスできるように、ダウンタウンのオフィスビルを借りてリラックス空間を提供した。2012年のロンドン大会でも、イベント会場において「Proud sponsor of moms」(ママの誇り高いスポンサー)という広告キャンペーンを通じて、企業の思いやコンセプトを発信した。ここで発せられたメッセージは感情的だが、より高い存在になることを目指して努力するというオリンピックの理念に合致するものであった。このように、ブランドはスポンサーシップの機会を通じて企業理念などのストーリーを伝えるが、それは同時にメディアなどを通じて自宅で観戦する人たちにも届けられる。2016年のリオ大会では、P&G社は母親へ感謝の気持ちを贈る「Thank You Mom-Strong」(ありがとう、お母さん)キャンペーン(Brunsman, 2016)を立ちあげ、オリンピックのスポンサーシップを活用した。オリンピックに出

場するために選手の母親が何年にもわたりアスリートをどのようにサポートしてきたかという物語を伝え、再び多くの視聴者の涙を誘った。東京2020大会に向けてもP＆G社は10年前に設定されたテーマを継続し、P＆Gオリンピックビレッジサロンにおいてヘアケア製品やパーソナルケア製品などの提供を行った。キャンペーンの内容に一貫性があり、かつ各ブランドがそれぞれのストーリーを展開することで、実際に体験をした人はもとより、直接活動に参加していない人に対しても十分な印象を与えることができたと思われる。

　また、語られるストーリーの性質についても区別されることがある。アクティベーションの焦点（ブランド対イベント）と範囲（製品対企業）を考慮し、ある研究者は焦点と範囲が調和しているときが最適なアプローチであることを発見した（Carrillat et al., 2015）。その研究では、700人以上の成人を対象に、焦点や範囲を変化させたスポンサーシップのビデオクリップを用いた調査を行い、発信されるメッセージが、製品を宣伝するための「イベントのスポンサーとしてのブランド」を強調するか、または企業イメージを高めるための「ブランドが主催するイベント」であるかのどちらかである場合に、スポンサーの評価が最も高くなることが分かった（p.255）。

4. 防御としてのレバレッジ

　レバレッジの高いブランドは、アンブッシュマーケティングされる可能性が低く、たとえアンブッシュされても真のスポンサーであることが強く認識されていれば、その被害を最小限に食い止めることができる。北京オリンピックの際に、当時世界的にはまだあまり知られていなかった中国のLi Ningというスポーツブランドがアンブッシュマーケティングを仕掛けたが、公式スポンサーであるアディダスはイベントを活用した独自の取り組みを行うことによりレバレッジ効果を高めたことから、よいスポンサーシップへの投資であったと評価された（Pitt et al., 2010, p.288）。

5. 記憶をサポートする

　メッセージのバリエーションを増やすことや繰り返しの活用は、ブランドの

記憶を高めることに効果がある。スポンサー契約の中には、必然的に、イベントでのロゴや看板の掲出、またイベントに関する情報の中にスポンサーに関する情報を組み込むことが含まれる。スポンサーは、ブランドの製品やロゴが多くの有名人やイベント参加者によって経験され、また試合やパフォーマンス中、そしてディスプレー上において様々な形で表示されることにより、無数のユニークなメッセージを形成し、繰り返し伝えられる機会を得るのである。スポンサーシップで生み出されるメッセージの繰り返しとバリエーションは、従来の印刷広告や放送広告で達成できるものをはるかに超えている。さらに、Batra & Keller（2016）が述べているように、スポンサーシップは、統合マーケティングコミュニケーションプログラムの一貫性を持続させる。例えば、自動車メーカーのボルボ社の重要なメッセージである"safety superiority"（安全性の優位性）は、従来のメディアで伝えられるだけでなく、ボルボ社が全米トラック協会の安全向上プログラムのスポンサーとなることにより広く認知されるのである。

　ドイツでは、サッカー、ハンドボール、F1、バイアスロンといった様々なスポーツでスポンサーの看板にどれぐらい注意が払われているかについての調査が行われた（Breuer & Rumpf, 2012）。その調査では、実際に行われた試合の26の場面の映像を利用し、アイトラッキング（視線追跡）と追跡後の質問を使用して看板に対する注意を測定した。その結果、看板の露出合計時間、サイズ、排他性（他のスポンサーとの混雑具合）、および看板の配置といったすべてが、スポンサーの想起に対して影響を与えることが明らかとなった。さらに、看板の数が飽和状態である場合にスポンサーの想起は低下することも明らかとなっている。

　最後に、ブランドについての既存の知識またはブランドの使用経験も想起を高めることが示されている。テニスの試合でアイトラッキングを使用した他の研究（Otto & Rumpf, 2018）では、スポンサーシップの掲示の視覚的アニメーション（5つの強度レベル）が掲示に対する注意を高める傾向があり、他の掲示とは混乱しないことが分かった。これは実験室で行われた調査であったため、参加者への指示によって掲示に対する注意に影響を受けた可能性もあるが、スポンサーに対してポジティブな成果を生み出すためにはバランスの取れた繰り返しのコミュニケーションを行う必要があることがこの実験から示唆された。

6. アクティベートであることは、違いを生むのか？

F1グランプリ米国大会は、テキサス州オースティンで開催されるメガイベントである。大規模なイベントでは通常、それらを取り巻く小さな関連イベントや、スポンサーのアクティベーションを狙った付随的なイベントが数多く開催される。一方、「オースティン・ファンフェスタ（The Austin Fan Fest）」は、オースティンで開催されるF1グランプリと同じ週に開催される音楽フェスティバルである。研究者たち（Ballouli et al., 2018）は、メインのイベントであるF1グランプリにおけるスポンサーの掲示やアナウンスの効果について、付随のイベントである音楽フェスティバルのスポンサーシップ効果と比較しながら検証を行った。その調査において、音楽フェスティバルでのスポンサーのレバレッジ効果は、メインのイベントであるF1グランプリにおけるスポンサーに対する態度、口コミ、購入意向に影響を与えることが明らかとなった。

Weeks et al.（2008）では、オンライン実験を通じてブランドへの積極的な関与がブランドに対する態度に与える影響について検証を行った。研究者たちは、アディダス社のサイトから特設のウェブページをダウンロードし、スポーツ用と音楽用の架空のスポンサーシップを追加し、参加者のブランドに対するエンゲージメントの違いやスポンサーのアクティベーションの方法が及ぼす影響について検証を行った。調査参加者は、アスリートとその記録、または音楽バンドとその歴史についての情報が検索できる実験用の特設ページにおいてスポンサーであるアディダス社とスポンサーではない他の企業に対する態度について回答を行った。

同様に、Degaris & West（2013）は、米国の自動車レース、ナスカー（National Association of Stock Car Auto Racing、以下NASCAR）でのゲームやコンテスト、懸賞といったスポンサーと連動した販売促進への参加が製品の消費に違いをもたらすと報告している。さらに、テーマ別に結びつけられた広告と広報は、製品の消費に影響を与えることも分かっている。この調査においては、特定のブランドを頻繁に使用する消費者が、そのブランドに関するコミュニケーションを選択的に認識したり、製品が賞品として贈られるコンテストに参加したりする場合があるため、参加者の意志が入り込むことによって起こる自己選択バイアス（Self-selection bias）が調査結果に影響を与えている可能性があ

ることが分かった。これは、統合マーケティングコミュニケーションの効果を測定する際の共通した課題であるといえる。しかし、あるマーケティングプログラムの効果を他のマーケティングプログラムの効果や、消費者の様々な反応につながる消費者の特性から切り離して考えることは困難であるといえるだろう。

　ここで、ブランドが販売目的のスポンサーシップをアクティベートさせ、打算的であると思われないためには、一体どうすればよいかという疑問が生まれる。この疑問を解決するために、ドイツの13チーム合計1,300人を超えるサッカーファンを対象にしたファンアクティベーションプログラムの可能性に関する調査実験が行われた（Dreisbach et al., 2018）。この調査では、ファンはスポンサーの製品を購入するためのポイントを受け取り、そのポイントを引き換える方法として、以下の3つの条件のいずれかに割り当てられた。(1)割引チケットの受け取り（金銭的利益）、(2)ファン参加の写真撮影イベント（象徴的な利益）または(3)地元のサッカークラブへの支援（社会的利益）。さらにこの実験では、対照群として何のポイントも受けなかったグループも設けられた。次に、研究者は参加者に対して、スポンサーに対するロイヤルティーと態度、およびチームに関与するスポンサーの動機（利他的または利己的）に対する認識について質問を行った。この実験によって明らかとなった最も重要なことは、割り当てられた3つのケースすべてで、ファンはスポンサーに対してポジティブな態度を示し、その企業の製品を購入する意図を示したことである。彼らは、何のポイントも受けなかったグループの人たちよりもポジティブな態度を示した。同様に、スポンサーの動機が利他的であると感じているファンはより好意的であり、その中でも特に(2)象徴的な利益と、(3)社会的利益に割り振られた人たちのグループで共通して高い値を示した。最も手頃なスポンサーシップのアクティベーションプログラムの一つである、ファンの写真を撮って掲載する方法が、ファンの人たちにとって最も評判のよいアクティベーションであったことはとても興味深いことである。

　次に、これらの研究者たちは、アクティベーション効果のモデルを開発した。このモデルを簡略化したものを図6-1に示している。このモデルはまず、アクティベーション・キャンペーンの内容とキャンペーン・コミュニケーションの開発から始まる。次に、知覚された動機とフィットの感覚と本物性（Authen-

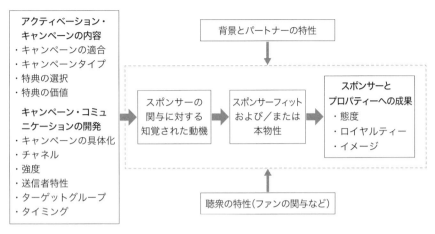

(Dreisbach et al., 2019 より引用し、簡略化した)
図6-1 ●スポンサーシップアクティベーションのモデル

ticity）がキャンペーンと求められる成果の間に生じる。また、モデルには、アクティベーション・キャンペーンの進め方に影響を与える可能性のある背景とパートナーの特性（スポンサーの評判など）、および聴衆の特性（ファンの関与など）も示されている。ここに記載されている成果は、スポンサーとプロパティーの両方にとって重要である可能性があり、記載されている以外の成果が生じる可能性もある。

7. レバレッジのタイプ

　スポンサーシップに関連した付随的な支出は、すべてレバレッジとみなされる可能性がある。ここでは、最も議論されているレバレッジのタイプに焦点を当てて説明する。

　広告、デジタルマーケティング、ソーシャルメディア、テクノロジー、ホスピタリティーに関連するレバレッジのタイプは特に重要であり、場合によっては、利用可能な調査が意思決定の指針となることもある。これらの分野での課題は、スポンサーに関する露出や接触を数えることから、レバレッジがどのようにブランド価値をもたらすかを学ぶことに移行することである。まずは、考

え方の基本的なフレームとなる「ペイドメディア」「オウンドメディア」、そして「アーンドメディア」の区別を行うことが有効であると考えられる。ペイドメディアとは、従来の広告のように費用を支出して人々の認知や興味を高める機会を手に入れる方法であり、オウンドメディアは、自社のコミュニティーおよびウェブサイトなどのオンラインにおけるブランドやネットワークを活用した情報伝達手段であり、アーンドメディアは口コミや人々の間で情報の共有が行われるなどのその他の自然発生的な情報伝達を意味する。口コミなどによるアーンドメディアは大きな反響を呼び起こすことから、近年大きな関心が寄せられている。

　アーンドメディアは人々が情報を共有することによってブランドについての広告の役割を果たし、その方法は商業的ではないとみなされることから、潜在的な費用対効果の面からも注目を集めている。口コミは、ペイドメディアでのコミュニケーション形式よりも説得力があることが何十年も前から知られており（Herr et al., 1991）、オンライン上での口コミも同様の効果を持つとされ、特にインターネット上の仮想コミュニティーの一員であると個人が認識している場合に大きな効果が生まれる（Huang et al., 2012）。アーンドメディアは共有する何かしらの情報が必要となるので、スポンサーシップはその情報を提供するよいきっかけとなる。

8. 広告

　スポンサーシップに関連した広告は、スポンサーシップのテーマを伝える有料のコミュニケーション手段である（Kelly et al., 2012）。広告は、印刷、ラジオ、放送といった伝統的なメディアや、販促用ダイレクトメール（Herrmann et al., 2016など）、またはデジタルを用いた新しいメディアで行われる。例えば、理学療法士の人たちに配布された外用鎮痛剤「バイオフリーズ」のマーケティングコミュニケーションは、とてもよくできた広告であったと親会社のパフォーマンスヘルス（Performance Halth）社の最高マーケティング責任者マイケル・マクグーハンは振り返っている（Schultz, 2019）。バイオフリーズは、飲料水のゲータレードを参考に、アスリートだけでなく、より広い層に向けたコミュニケーションを展開したことを認めている。また、消費者ブランドとな

るために、サンフランシスコ・マラソンなどのイベントへの協賛や、プロバスケットボール（NBA）のポートランド・トレイルブレイザーズのジャージスポンサーにもなった。バイオフリーズの新しい広告には、NBAのスター選手であるダミアン・リラードが登場し、もはや目新しい広告ではなくなっている。

　スポンサーシップに関連した広告は本物のニュースとしても取り上げられる。一例として、P＆Gのデオドラントブランドと米国サッカーの公式スポンサーは、ニューヨークタイムズ紙で女性チームとその男性チームとの同一賃金争いを支援するための広告を掲載した（Doland, 2019）。この広告による寄付は、米国女子サッカー代表チームのワールドカップ制覇に結びついたことから、本当の意味でスポンサーシップが選手の活動を支援したといえる。

9.　デジタルメディア

　デジタルマーケティングとは通常、ウェブサイト、データベース、デジタルビデオなどのインターネットを使用して伝達されるブランドメッセージまたは広告を指すが、多くの場合、デジタルサイネージなども含む。スポンサーシップは、プロパティーに関連したオンラインでの広告やスポンサーのウェブサイト、電子メールやテキストメッセージ、デジタルサイネージ、ソーシャルメディアなどを活用して行われる。最も頻繁に利用されるデジタルスポンサーシップアクティベーションには、イベントの専用ラウンジでのデジタルの利用や、スタジアムやアリーナでのイベント案内の会場アプリの利用が挙げられる。例えば、ウェアラブルの端末を使用することで、スコットランドの「ライダーカップゴルフイベント」でイベント参加者はBMW社の車に試乗することができた（Boucher, 2017）。すべてのデジタルメディア戦略がイベントまたはアクティビティーの会場で行われるとは限らない。ドイツのアウトドアウェア企業であるショッフェル（Schöffel）社はオーストリアのスキー協会をスポンサードしているが、企業メッセージを伝えるために特定の聴衆に対してオンラインマーケティングを活用している。プロモーションビデオにおいて「創業者のフーベルト・ショッフェル（Hubert Schöffel）はハイキングの第一人者」であることを説明し、彼らは家業のストーリーを語り、ブランドの伝統と地域性を結びつけた（Thieringer, 2018）。ブランドのストーリーを語るだけでなく、製品

が使用されている様子を紹介した動画も合わせて投稿している。

10. ソーシャルメディア

　ソーシャルメディアは、特定のプラットフォームにおいてインタラクション（相互作用）と情報共有が行われるデジタルメディアの一部である。これらには、Facebook、Instagram、LinkedIn、Pinterest、Twitterなどのウェブサイトが含まれる。YouTubeとAmazonが提供するライブストリーミング配信プラットフォームTwitchは、ソーシャルネットワーキングサイトとして分類されるが、ストリーミングを重視しているためソーシャルメディアとしての分類については議論が交わされている。同様に、TikTokもソーシャルメディアビデオアプリケーションとして分類される。

　ソーシャルメディアは、以前からスポンサーシップをレバレッジする第一の方法であったが、影響力のあるマーケター（インフルエンス・マーケター）の専門性の向上によって、スポンサーシップでのソーシャルメディアの利用は、さらに加速している。例えば、ニールセンスポーツ（Nielsen Sport）社のブランド・デジタルコンサルティングのディレクターであるSebastian Kurczynskiは、「インフルエンサーの選択と評価に対する企業からの需要はとても高い」と述べている。インフルエンサーは、協会、リーグ、イベント、会場よりもファンやフォロワーに近い立場にいる。インフルエンサーをイベントやスポンサーシップの活動と結びつけるか、または独立した立場で情報を発信させるかの方法がある。しかしどちらにしても重要なことは、インフルエンサーはスポンサーとの本物のエンゲージメント戦略の一部であり、単にソーシャルメディアのインパクトを増やすために利用すべきではないということである。

　ストリーミングがコンテンツとして、テレビなど従来の大手メディアに匹敵するものとして進歩するにつれて、企業のスポンサーシップ予算の割り当ても Twitchなどのプラットフォームにシフトするようになった（Sjöblometal, 2019）。Twitchのプラットフォームは、主にゲームだけではなく、毎日何百万人ものアクティブユーザーを抱えており、配信を行うストリーマーと聴衆の相互作用をサポートするように進化している。ストリーマーがTwitchをどのように使用し、収益化されたプラットフォームを構築するかを調査するため

に、プラットフォーム上で最も人気のある100人のストリーマーとその実践について検討した調査が行われている（Sjöblom et al., 2019）。その調査において、ストリーマーが、収益を生み出すインフラストラクチャーの一部として、ソーシャルメディア、ストリーマーに直接金銭を提供する寄付、スポンサー、サブスクリプション、およびマーチャンダイジングへのリンクを持っていることが分かった。インフルエンサーへのスポンサーシップの重要性が高まっていることのさらなる根拠として、Upfluence、Viral Nation、Cloutboost、Flood Interactive、Heaven MediaなどのTwitchのインフルエンサーが所属するマーケティングエージェンシーが少なくとも12あることが注目を集めている（Influencer MarketingHub, 2019）。

　スポンサーシップと組み合わせたソーシャルメディアは、可能性とリスクの両方をはらんでいる。研究者たち（Gillooly et al., 2017）は、スポンサーがTwitterで送信するメッセージの種類を検討し、例えば、ロンドン大会のオリンピックスポンサーの場合、情報提供、エンターテインメント、報酬、相互作用の4つのカテゴリーに分類した（表6-1）。また、研究者たちは発信されたツイートの圧倒的多数（68％）が情報提供であったと報告している。ソーシャルメディアプラットフォームによって明らかにコミュニケーションの種類は異なるだろうが、こうしたコンテンツに対する反応については現在のところ未だ明らかにされていない。

　一方、インタラクティブなメッセージは大変重要となる。金融サービス会社のマスターカードがチャリティーとブランド認知度を同時に行うために2018年のFIFAワールドカップで実施した「scored a potential own goal」キャンペーンについて考えてみたい。マスターカードは、メッシ選手とネイマール選

表6-1●スポンサーがソーシャルメディアを利用して送信するメッセージの種類

送信されるメッセージの種類	例
情報提供	企業プロモーション、ニュースの共有、取引発表、プロモーション、イベントの告知
エンターテインメント	ゲーム、ファン向けの情報
報　酬	賞品コンペ、当選者、ルール
相互作用	推奨事項、フォロワーに向けての挨拶

（Gillooly et al., 2017, Sport, Business and Management: An International Journalより要約）

手が得点したゴールに基づいて、飢えに苦しむ子供たちに何千もの食事を提供
した（Lepitak, 2018）。しかしながら、突然Twitter上で、マスターカードに
対して見返りなしに子供たちに食べ物を与えるべきであるという厳しい投稿が
なされた。それを受けて、同社はゴールの目標の設定なしに子供たちの食事に
対して資金を提供することとなった。

　ソーシャルメディアプラットフォームとして、Twitterはアスリートがファ
ンと直接コミュニケーションを取り、独自のブランド価値を構築することがで
きるため、スポンサーにとってより魅力的なビジネスツールであるとみなす人
もいる（Pegoraro & Jinnah, 2012, p.89）。Twitterは、有名人が何を考え、
何を感じているのかといった、ファンが求めている情報などのエンターテイン
メントに対するスポンサーシップを補完するものである。それはより多くの即
時性と測定の機会を提供する。「IEGスポンサーシップレポート」（2018）に
よると、Twitterは2017年と2018年にスポンサーにとって2番目に人気のあ
るソーシャルメディアプラットフォームであった。

　ただし、ソーシャルメディアエンゲージメントには潜在的な欠点もある。ソー
シャルメディアにおける最も重要なリスクは、音楽愛好家やフェスティバル参
加者、ファンなど既存のグループが関与し、コミュニティー内で既に確立され
た関係を築いている場合に生じる可能性が高くなる。そのような状況において
は、スポンサーブランドは情報共有の媒介と、適切な草の根レベルでの存在の
両方の役割を担うことが求められる。また、社会の多数がスポンサーシップに
問題がある、または信憑性がないとみなした場合にも、ブランドのコントロー
ルが失われる可能性がある。例えば、マクドナルド社がロシアのソチで開催さ
れた冬季オリンピックで「#CheersToSochi」を使用して行ったソーシャルメ
ディアを活用したキャンペーンでは、研究者が3,000以上のツイートを調べた
ところ、ハッシュタグがスポンサーを批判する場になっていたことが明らかと
なった（Pegoraro et al., 2014）。

　ソーシャルメディアにおいて考えられるもう1つのリスクは、リスクの社会
的増幅である。ソーシャルメディアでは、ポジティブなイメージや態度を広め
ることができるのと同じように、ネガティブなものも広がってしまう。ソーシャ
ルメディアによるトラブルを懸念して、IOCは、2012年のロンドン大会でソー
シャルメディアブログとインターネットの使用におけるガイドラインを作成し

た。ガイドラインでは、大会期間中にアスリートが個人のスポンサーに関わる情報の発信について、できることとできないことを明確にした（Zmuda, 2012）。このIOCによるソーシャルメディア統制は、アスリートがソーシャルメディアでスポンサーについて言及することを禁じたオリンピック憲章第40条（ルール40）とあいまって、反発を招いた。ルール40の改正にもかかわらず、2016年に行われたリオ大会でも再びソーシャルメディアでのスポンサーに関する情報発信について数々の問題が生じた。ルール40について、アスリートたちはIOC理事会に個人的なマーケティング活動を可能にすることを要求した。その結果、東京2020大会に先立って、ルール40はIOC理事会で「オリンピックに参加する競技者、チーム役員、およびその他のチームスタッフは、オリンピック期間中に自身の姿、名前、写真、またはスポーツのパフォーマンスを広告目的で使用することを許可される」と改正が認められた（SportBusiness, 2019）。この10年にわたる交渉は、インフルエンサーマーケティングの台頭にも直接関係しており、スポンサーシップにリンクされたアスリートのコミュニケーション活動にも大きな変化をもたらした。

11. テクノロジーをもとにしたレバレッジ

　エンターテインメントとメディアに最も関連性があるとされるロボット、ドローン、3Dプリンター、人工知能、ブロックチェーン、拡張現実（AR）、仮想現実（VR）、インターネット、の8つのテクノロジーはすべてスポンサーシップにも関連性がある。その中でも、特に拡張現実（AR）と仮想現実（VR）の2つはテクノロジーを活用したスポンサーシップレバレッジにおいて重要となる。

　1つ目の拡張現実（AR）は、通常、実在する風景にバーチャルの視覚情報を重ねて生成された情報をヘッドセットやスマートフォンのARアプリケーションを用いて体験できる。一例として、オーストラリアのサッカーチーム・メルボルンビクトリーのスポンサーである自動車会社の現代（Hyundai）社は、ファンがゴールキーパーの身体にイラストを描き、キャラクターを左から右に動かすことでペナルティキックを体験できる拡張現実（AR）のサッカーゲームを発表した（Catalyst, n.d）。

スポンサーレバレッジの2つ目のテクノロジーは、仮想現実（VR）である。2019年のラグビーワールドカップに先立ち、マスターカードはロンドンでVRテクノロジーを使用した非接触型タックルを上演した（Williamson, 2019）。触覚フィードバックボディスーツを着て、ラグビーのスター選手とマスターカードアンバサダーがこのテクノロジーを試した。同様に、ファンはこのテクノロジーを用いることによって、プロ選手のタックルの感覚を体験することができた。

12. ホスピタリティー

スポンサーシップ関連のホスピタリティーは、企業の接待としても知られ、主にビジネスゲスト（顧客）をもてなすことを意味する。ホスピタリティーにおけるエンターテインメントの提供は、これからのビジネス活動の前置き、人間関係を維持するための手段、または過去のビジネスに対するお礼として活用されることが多くある。欧州スポンサーシップ協会が行った調査では、スポンサーシップが拡大するにつれ、ブランドイメージや認知度、信頼性を高めることとともに、コアなクライアントやステークホルダーを楽しませることが大変重要であることが示されている（Day, 2011）。2018年には、「チケットとホスピタリティー」は、デジタル・ソーシャル・モバイルメディアでのカテゴリーにおいて、独占性と存在感に続き、スポンサーに対して求めるメリットの第3位にランクされた（IEGスポンサーシップレポート, 2018）。ブランドの認知度はテクノロジーによって進化したかもしれないが、ホスピタリティーとそれに伴う顧客との個人的なやりとりは以前と変わらず続いている。顧客との関係を構築するにあたりスポンサーシップは、クライアントを楽しませ、ビジネスを円滑に行うための場として評価されている。

スポンサーシップと企業のホスピタリティーおよびエンターテインメントが結びついた結果生まれたものの一つに、世界中のスタジアムやアリーナに高級スイートルームなどが設置されたことが挙げられる。有名な例としては、フィンランドのハートウォールアリーナ（Hartwall Areena、フィンランド・ヘルシンキにある国内最大の屋内競技場。現名称はHelsinki Halli）では、ホッケーファンはプライベートサウナを楽しむことができる。また、サンフランシスコ

49ersの本拠地として使われるリーバイス・スタジアム（Levi's Stadium）の
スイートタワーには6,500平方フィートのNRGソーラーテラスがあり、レセ
プションや式典に使用することができる。また、アーサー・アッシュ・スタジ
アム（Arthur Ashe Stadium）のエミレーツ航空ラウンジは、クライアントで
ある企業の熱心なテニスファンに向けてつくられた（Morris, 2018）。クライ
アントを楽しませ、信頼関係を築くことを目的として企業が豪華なスイート
ルームの権利を購入または拡張することにより、多くのスポーツ施設が収益を
増加させている。これらの会場でのホスピタリティーは視認性の高いクライア
ントエンターテインメントであるが、この他にも企業のホスピタリティーは、
スターや有名人を呼んでパフォーマンスを行ったり、VIPゲストと企業の幹部
が談笑する機会を設けたり、イベントへの優先入場など、身近なゴルフイベン
トなどでも見ることができる。

　レバレッジの性質は、予算上の制約と創造性の影響を受ける。しかし、調査
を行うことにより、投資に対するより効果的な方法を見出すことが可能となる。
例えば、英BBCで1990年から放送され、その後世界中で番組フォーマット化
されたリアリティ料理番組「Masterchef」のフラマン語版（ベルギーで話さ
れているオランダ語）の番組スポンサーシップについての調査では、ブランド
の配置とプログラムスポンサーシップの組み合わせがブランドの想起にプラス
の影響を与える一方で、ブランドの態度には影響を与えなかったことが明らか
となっている（Dens et al., 2018）。このことから、番組内においてブランド
の配置を検討することが重要であることが分かった。

13.　レバレッジ比率

　スポンサーシップに関わるほとんどの人は、効果を得るためには継続して追
加の投資が必要であることを認識している。しかし、どのように追加投資を行
うかや、どの範囲を対象とするかは場合によって異なる。「レバレッジ比率」
とは、スポンサーシップに関連する事業に費やされた金額（スポンサーシップ
の「取引」とも呼ばれる）に対するレバレッジに費やされた金額として定義さ
れる。例えば、1：1の比率の目標は、年間スポンサー契約に費やされる1ド
ルまたは1ユーロごとに、同じ年にスポンサーシップの関係をレバレッジする

ために 1 ドルまたは 1 ユーロを費やす必要があることを意味する。実際の支出を行うにあたっては、経験則の比率に頼ることが多いとされる。業界または各種スポンサーシップの平均レバレッジ値を知ることは有益であるが、契約金額に加えて追加でいくら支出するかは、スポンサーシップに何を期待するかによって変わる。

1. スポンサーシップ契約には何が含まれているか？

スポンサーシップの「取引」または合意された契約金額は、レバレッジ比率計算を行うにあたっての出発点であるが、結ばれたスポンサーシップ契約にどのような事項が含まれているかを知ることが重要である。

2. 何をレバレッジとしてカウントするか？

企業があるスポンサーシップ契約によって特定のテーマに関する写真や動画などの視覚的なコンテンツを取得した場合、これらはスポンサーシップのレバレッジとしてそのまま活用できるが、実際には広告費として予算化され処理されるため、前述のレバレッジ比率には反映されない。

3. ブランド・エクイティ

スポンサーとスポンサーを受ける側のブランド・エクイティ（ブランドが持つ資産価値）は、レバレッジを成功させるために必要な金額の多さに影響する。未知のブランドやあまり知られていないプロパティーは、通常、確立されたブランドやプロパティーよりも多くの金額を費やして、それらのブランドやプロパティーについての認識や知識を向上させる必要がある。ブランド想起は、ブランドの認知度と使用経験によって自ずと高められるため、既に確立されたブランドは、特に何もしなくても自社の製品を購入してもらえる可能性がある(Breuer & Rumpf, 2012)。

4. スポンサーの期間

長年にわたりスポンサー関係を構築することは、レバレッジを生み出すにあたり効率的である。長きにわたり関係を継続することにより体制が整い、スポンサーシップに関する知識のある人がいるため、ミスが減り、必要なマーケティングのトレーニングも少なくて済む。また、ターゲットとなる聴衆に対しても、リマインドするだけで十分となるだろう。

5. 目標と目的

　スポンサーシップの目標と目的がレバレッジに影響を与えることは明らかであるが、目標と目的を定めるにあたっては、マーケティング責任者とその事業に関連する人々の能力と経験からなされる戦略的決定が必要となる。例えば、マス・コミュニケーションの目標と高いマーケティング能力を有しているスポーツ用品メーカーのナイキ社は、低レベルのスポンサー契約をレバレッジして、その何倍もの価値をつくり出すことにより、高い費用対効果を生み出すのである。対照的に、貧困により劣悪な住環境に暮らす家族に対して住宅支援を行っている慈善団体であるハビタット・フォー・ヒューマニティのように、ボランティアでの活動が主要な貢献である場合、企業のレバレッジ比率は非常に低くなる可能性がある。企業パートナーは、住宅建設プロセスに会社の従業員を参加させることにより、コミュニティーでの関係と信頼の構築を目指す。この場合、従業員が仕事から離れている時間をレバレッジのコストに含めても、単純に広告を掲載するよりも安価である可能性がある。

　スポンサーシップのレバレッジを考えるにあたっては、多様でユニークな要因が関係するため、一概に何が正解であるかを明らかにすることは難しく、その都度どの要因を組み合わせることで最も効果的にレバレッジを生み出すことができるかを考える必要がある。例えば、Olson & Thjømøe（2009）は、テレビ広告とスポンサーシップを組み合わせると、スポンサーシップの効果が高まることを発見したが、実際の結果はその時々で大きく異なる。このことは、効率的な組み合わせではレバレッジ比率が低く、非効率的な組み合わせでは高い比率が必要であることを示唆している。

　O'Reilly & Horning（2013）は、ケーススタディを検証する中で、アクティベーション比率に関する経営上の決定を行うにあたっては「比率自体ではなく、品質戦略に沿った顧客開発に焦点を合わせるべきである」と述べている。そして彼らは、アクティベーションの推進力（例：ブランド目標、広告氾濫度、アンブッシュ防衛、エージェンシーの関与）、戦略の検討、アクティベーション支出（規範はスポーツによって異なる）、望ましいスポンサーシップの成果が一緒になってアクティベーション比率に影響を与えると結論づけている。まとめると、理想的なレバレッジ比率は存在しないが、レバレッジを生み出す取り

組みの必要性はあるということである。

14.　サービスパートナーシップ

　レバレッジとアクティベーションについて議論するにあたっては、サービスパートナーシップについて議論する必要がある。スポンサーは、レバレッジを得るために費用を支払うが、多くの場合、レバレッジはパートナーの助けを借りて達成される。O'Reilly & Huybers (2015) は、スポンサーシップが正しく履行されるには、(1)スポンサーシップの影響を最大化するための追加リソースの投資、(2)ベンチマークの評価と確立されたベンチマークに対する測定、および(3)サービスまたはスポンサー契約の規定が確実に満たされるようにするためのリソースの提供、が必要であることを示唆している。カナダのスポンサー、スポンシー、代理店を対象とした縦断的調査に基づいて、研究者たちは、(1)スポンサーシップの終了時の最終報告書の作成、(2)スポンサー想起に関する統計データの提供、(3)消費者ロイヤルティーに関する統計情報の提供、(4)アクティベーションに向けての提携、(5)ターゲットとなる消費者の選定、(6)スポンサーシップの権利の保護、(7)アクティベーションプログラムの提供、(8)他社のアンブッシュマーケティングからの保護、の8つのスポンサーシップ・サービスのカテゴリーを挙げている。

　レバレッジに関する最後のポイントは、協調的な関係をつくり出すことで最良の結果がもたらされるということである。プロパティーに対してスポンサーとして名を連ねる企業間の関係や、スポンサーによってもたらされる提携は、様々な相乗効果をもたらす可能性がある。過去数十年にわたりビジネスの世界で唱えられてきたことは、スポンサーシップの関係をいかに広域にわたって広げられるかということであった。これまで多くのスポンサーシップの可能性がレバレッジとアクティベーションがうまく機能しないことによって失われたことは事実であるが、スポンサーシップにおいて真に重要なのはレバレッジ比率ではなく、スポンサーとスポンサーの間に構築されたつながりの接続性と創造性なのである。スポンサーシップのネットワークを活用して生まれた関係の相乗的な組み合わせにより新たな潜在的な可能性が見出されることもある。

ディスカッション

① レバレッジには、常にアクティベーションの要素が必要か？　もし、そうであれば、なぜだと思うか？

② スポンサーシップを行うにあたって、どの目標と目的が、どのソーシャルメディアのプラットフォームに適合するか？

③ より良いサービスを提供するために、プロパティーが持つスポンサーの数を減らす傾向がある。これは、プロパティーが小口のスポンサーを増やすことを避けるべきであることを意味しているのか？

■参照文献

Ballouli, K., Koesters, T. C., & Hall, T. (2018). Leverage and activation of sport sponsorship through music festivals. Event Management, 22(2), 123-133.

Batra, R., & Keller, K. L. (2016). Integrating marketing communications: New findings, new lessons, and new ideas. Journal of Marketing, 80(6), 122-145.

Berkes, H. (2010, February 25). Olympic sponsors go for the golden image. National Public Radio. Retrieved from http://rn.npr.org/news/Business/124068024?page=2.

Boucher, R. (2017). Sports sponsors score with digital activation. EventMarketer. Retrieved from www.eventmarketer.com/article/digital-activations-sports-sponsorships/.

Breuer, C., & Rumpf, C. (2012). The viewer's reception and processing of sponsorship information in sport telecasts. Journal of Sport Management, 26, 521-531.

Brunsman, B. (2016, August 24). P & G declared winner of Olympic advertising. Retrieved from www.bizjournals.com/cincinnati/news/2016/08/24/p-g-declared-winner-of-olympic-advertising.html.

Cahill, J., & Meenaghan, T. (2013). Sponsorship at O2: "The belief that repaid". Psychology & Marketing, 30(5), 431-443.

Carrillat, F. A., d'Astous, A., & Couture, M. P. C. (2015). How corporate sponsors can optimize the impact of their message content: Mastering the message: Improving the processability and effectiveness of sponsorship activation. Journal of Advertising Research, 55(3), 255-269.

Catalyst (n.d.). Melbourne victory augmented reality fan engagement. Retrieved from https://catalystvr.com.au/works/augmented-reality-a-league/.

Day, H. (2011). How to avoid sponsorship and hospitality becoming forms of bribery. Journal of Sponsorship, 4(2), 100-104.

Degaris, L., & West, C. (2013). The effects of sponsorship activation on the sales of a major soft drink brand. Journal of Brand Strategy, 1, 403-412.

Dens, N., De Pelsmacker, P., & Verhellen, Y. (2018). Better together? Harnessing the power of brand placement through program sponsorship messages. Journal of Business Research, 83, 151-159.

Doland, A. (2019). Proctor & Gamble, a U.S. soccer sponsor, backs the women's team's fight for equal pay: Monday wake-up call. Ad Age. Retrieved from https://adage.com/article/news/procter-gamble-us-soccer-sponsor-backs-womens-teams-fight-equal-pay-monday-wake-call/2183791.

Dreisbach, J., Woisetschläger, D. M., Backhaus, C., & Cornwell, T. B. (2018). The role of fan benefits in shaping responses to sponsorship activation. Journal of Business Research.

Gillooly, L. , Anagnostopoulos, C. , & Chadwick, S. (2017). Social media-based sponsorship activation: A typology of content. Sport, Business and Management: An International Journal, 7(3), 293-314.

GoPro (n.d.). We love to make new friends. Retrieved from https://gopro.com/en/us/sponsorship.

Herr, P. M., Kardes, F. R., & Kim, J. (1991, March). Effects of word-of-mouth and product-attribute information on persuasion: An accessibility-diagnosticity perspective. Journal of Consumer Research, 17, 454-462.

Herrmann, J. L., Kacha, M., & Derbaix, C. (2016). "I support your team, support me in turn!": The driving role of consumers' affiliation with the sponsored entity in explaining behavioral effects of sport sponsorship leveraging activities. Journal of Business Research, 69(2), 604-612.

Huang, J., Hsiao, T., & Chen, Y. (2012). The effects of electronic word of mouth on product judgement and choice: The moderating role of the sense of virtual community. Journal of Applied Social Psychology, 42(9), 2326-2347.

IEG Sponsorship Report (2018). What sponsors want & where dollars will go in 2018. Retrieved from www.sponsorship.com/IEG/files/f3/f3cfac41-2983-49be-8df6-3546345e27de.pdf.

Influencer MarketingHub (2019). 12 leading Twitch influencer marketing agencies you should get to know. Retrieved from https://influencermarketinghub.com/top-twitch-influencer-marketing-agencies/.

Kelly, S. J., Bettina Cornwell, T., Coote, L. V., & McAlister, A. R. (2012). Event-related advertising and the special case of sponsorship-linked advertising. International Journal of Advertising, 31(1), 15-37.

Lepitak, S. (2018, June 2). "The worst thing I've ever seen": Mastercard's World Cup children's meals campaign stirs debate. Retrieved from www.thedrum.com/news/2018/06/02/the-worst-marketing-ive-ever-seen-mastercards-world-cup-childrens-meals-campaign.

Morris, D. (2018). 20 of the most luxurious stadium suites around the world. Retrieved from www.thesportster.com/entertainment/most-luxurious-stadium-suites-around-the-world/.

Olson, E. L., & Thjømøe, H. M. (2009). Sponsorship effect metric: Assessing the financial value of sponsoring by comparisons to television advertising. Journal of the Academy of Marketing Science, 37(4), 504.

O'Reilly, N., & Horning, D. L. (2013). Leveraging sponsorship: The activation ratio. Sport Management Review, 16(4), 424-437.

O'Reilly, N., & Huybers, T. (2015). Servicing in sponsorship: A best-worst scaling empirical analysis. Journal of Sport Management, 29(2), 155-169.

Otto, F., & Rumpf, C. (2018). Animation intensity of sponsorship signage: The impact on sport viewers' attention and viewer confusion. Sport, Business and Management: An International Journal, 8(2), 177-194.

Papadimitriou, D., & Apostolopoulou, A. (2009). Olympic sponsorship activation and the creation of competitive advantage. Journal of Promotion Management, 15, 90-117.

Pegoraro, A., Burch, L. M., Frederick, E., & Vincent, C. (2014). I am not loving it: Examining the hijacking of #CheersToSochi. International Journal of Sport Management and Marketing, 15(3-4), 163-183.

Pegoraro, A., & Jinnah, N. (2012). Tweet 'em and Reap 'em: The impact of professional athletes' use of Twitter on concurrent and potential sponsorship opportunities. Journal of Brand Strategy, 1, 185-197.

Pitt, L., Parent, M., Berthon, P., & Steyn, P. G. (2010). Event sponsorship and ambush market-
ing: Lessons from the Beijing Olympics. Business Horizons, 53, 281-290.

PWC (2018). Perspectives from the global entertainment and media outlook 2018-2022. Re-
trieved from www.pwc.com/gx/en/entertainment-media/outlook/perspectives-from-the-glob-
al-entertainment-and-media-outlook-2018-2022.pdf.

Schultz, E. J. (2019). How Biofreeze is trying to become the Gatorade of pain relief: Marketer's
brief PodCast. Ad Age. Retrieved from https://adage.com/article/podcast-marketers-brief/
how-biofreeze-trying-become-gatorade-pain-relief-marketers-brief-podcast/2165101.

Sjöblom, M., Törhönen, M., Hamari, J., & Macey, J. (2019). The ingredients of Twitch stream-
ing: Affordances of game streams. Computers in Human Behavior, 92, 20-28.

SportBusiness (2019). IOC relaxes Rule 40 ahead of Tokyo 2020. Retrieved from www.sportbusi-
ness.com/news/ioc-relaxes-rule-40-ahead-of-tokyo-2020/.

Star Tribune (2018). 3M helping Vikings add "purple glow" to stadium on Sunday. Retrieved
from www.businessbreakingnews.net/2018/11/3m-helping-vikings-add-purple-glow-to-stadi-
um-on-sunday/.

Thieringer, J. (2018). Sports sponsorship: These are the marketing trends 2019. ISPO. com. Re-
trieved from www.ispo.com/en/trends/sports-sponsorship-marketing-trends-2019.

Vikings.com (2019). Vikings, MSFA announce 3M sensory room at U.S. Bank Stadium. Re-
trieved from www.vikings.com/news/vikings-msfa-announce-3m-sensory-room-us-bank-stadi-
um.

Weeks, C. S., Cornwell, T. B., & Drennan, J. C. (2008). Leveraging sponsorships on the internet:
Activation, congruence, and articulation. Psychology & Marketing, 25(7), 637-654.

Williamson, J. (2019). Hit of alright ex-England captain Chris Robshaw tackles HIMSELF using
virtual reality ahead of Rugby World Cup. Retrieved from www.thesun.co.uk/sport/9943816/
england-robshaw-tackles-himself-rugby-world-cup/.

Zmuda, N. (2012). The social-media strategy for Olympic athletes: Better safe than sorry. Ad-
vertising Age, 83(28), 2-3.

第7章

ポートフォリオとロスター

　中国、ロシア、英国、米国を含む12か国では、各国の全体の広告費のうち少なくとも50%を「既にデジタル広告に充てている」、または「今後充てる予定である」と報告されている（eMarketer, 2019）。この事実は、メディアチャネルを中心に構築されたメディア主導の広告から、人やグループを中心に構築されたオーディエンス主導の広告に移行する動きを促している。プロパティーはそもそもオーディエンス主導であるため、スポンサーシップポートフォリオもオーディエンス主導の形態で進化してきた。スポンサーシップの活用に精通した企業ほど、オーディエンス主導の広告をより積極的に採用している可能性がある。プロパティー側から見ると、チーム、イベント、または活動に対して数々のスポンサーが存在し、これらは全体としてパートナーシップの印象を形作る。例えば、金融サービスおよびクレジット会社であるVisa社は、グローバルスポンサーシップポートフォリオを次のように説明している。

　　世界中の目がスポーツやエンターテインメントのイベントに向けられるとき、そこにVisaがあります。定評のあるイベントへのスポンサーシップは、Visaブランドに命を吹き込み、ステークホルダーに価値をもたらし、ブランドメッセージを増幅し、情熱とともに消費者との強い絆を築き、Visaがクライアントやパートナーに価値を提供する機会を生み出すのです。

　　　　　　　　　　　　　　　　　　　　　　　（Visa Factsheet, n.d.）

　Visa社のグローバルポートフォリオ（世界規模での事業の組み合わせ）を見てみると、FIFAワールドカップや、オリンピック、パラリンピックのスポンサーをしていることが分かる。米国では、VisaはNFLを中心にスポンサーシップのポートフォリオを構築しており、NFLおよびすべてのNFL公式イベントにおいて独占的に支払いサービスを提供するスポンサーとなっている。また、

カナダでは国際映画祭にもスポンサードしており、アラブ首長国連邦では「ドバイ・ショッピングフェスティバル」のスポンサーも歴任している。スポンサーシップポートフォリオは地域全体の多様な消費者に対応していて、かつブランドのパーソナリティーと一致している必要がある。

1. オーディエンスプランニング

わずか10年前、様々なチャネル間で一貫性のある顧客体験を提供できる「オムニチャネル」コミュニケーションがトレンドの中心だった。放映、紙媒体、デジタルなどのチャネルに基づいて事業活動が行われていた従来のメディアの世界では、様々なチャネル上で、外観、感触、体験を一貫性のある形で調和させることが目標として設定されていた。しかし新しい世界では、オーディエンスセグメントとメッセージが最初の目標として置かれる。確かに、従来のチャネルも存続し、一部の市場では依然として支配的ではあるが、トレンドはオーディエンス主導へと移っており、これはスポンサーシップにも当てはまる。スポンサーシップポートフォリオは、「様々な消費者とコミュニケーションを取るために、イベント、活動、および個人にスポンサーシップという形で関与するブランドおよび企業の集合体」として定義されている（Chien et al., 2011）。スポンサーシップの本質はオーディエンスに基づいているのである。

スポンサーシップポートフォリオは、外部と内部の両方のオーディエンスの関わりを監視およびコントロールできるように構築する必要がある。企業がスポンサーシップの活用に精通しているほど、より消費者志向になっていく傾向がある。これらを踏まえて、スポンサーシップは、次に紹介する「時期（Points）」「存在感（Presence）」「対象となる人々（People）」を考慮しなければならない。

2. ポートフォリオプランニング

◉時期

地元の11歳未満のサッカーチームへの1年間のスポンサーシップや、スタジアムとの30年間の契約など、スポンサーシップは通常一定の期間を決めて

行われる。したがって、スポンサー契約は、時間軸の上で重要なポイントを作る。企業の視点から見ると、スポンサーシップポートフォリオに複数のプロパティーが組み込まれている場合、プロパティーのダイナミクスによってブランドの露出やエンゲージメントを強制的に変更しなければならない局面に遭遇することもある。例えば、スポンサーをしているチームがプレーオフに出場したり、スポンサーを務める別のイベントの開始と重複するといった場面においては、追加のリソースが必要になる場合もある。大規模なスポンサーシップポートフォリオを運用する上で、スポンサーシップ活動のピークおよび停滞期、スポーツであればシーズン中やオフシーズン期、また国際フェスティバルが様々な場所で開催される場合にはそのタイミングといった、様々なイベントの時間的要因について考慮する必要がある（e.g., Toscani & Prendergast, 2018）。

⦿存在感

　スポンサーシップでは、スポンサーシップを行う場所やオンラインで存在感を示すことが重要である。それはまるで製品のデモンストレーション、バナー広告、またはユニフォームのロゴなどがすべて備わった売店のような役割を果たす。スポンサーがどのような存在感をどの程度強く示すかという戦略上の意思決定は、スポンサーシップの目標とターゲットとなる顧客に関連している。スポンサーの存在感は、オーディエンスの意識や結びつきを構築するための長期的な関わりによっても促進される。企業は、スポンサーをするチームが負けたときや、音楽ツアーが酷評されたりすると、スポンサーを辞めてしまおうという誘惑に駆られることもあるかもしれないが、スポンサーシップに精通した企業ほど困難な状況においてもプロパティーを見放したりしないのである。イギリスの携帯通信会社であるO2社は独自のスポンサーシップポートフォリオ哲学を「末永い関係を作らなければならない。試合の勝利を求めているうちは短期的な関係で終わる」とし、スポンサーとなっているラグビーについても競技を越えた長期的な関係構築の重要性を示している（Cahill & Meenaghan, 2013）。この考えは、あらゆる種類のスポンサーシップにとって有益である。

⦿対象となる人々

　消費者と彼らの経験がブランドエンゲージメントの中核をなす場合、従業員

も重要なオーディエンスとして認識されなければならない。一般的に、従業員は直接（小売業など）およびオンライン（ソーシャルメディアなど）で消費者と密接に関わる。従業員と消費者との交流は、従業員が企業とその製品の「専門家」となってコミュニケーションを取ることで促進される。スポンサーシップはこのダイナミクスを次のレベルに引き上げる。スポンサーシップの場面においては、消費者だけでなく、スポンサー、プロパティー、そしてその従業員たちも、様々なコミュニケーションを交わす。スポンサーシップ関係は、維持され、育成され、また時には終了することもある。スポンサーシップにおける「持続」という言葉は、コミュニケーションを通じて関係が継続することを意味する（Cornwell, 2014）。スポンサー契約が結ばれても、従業員を含めたエンゲージメントの高い人々によってこの関係が活用されない限り無駄な機会となってしまう。

3. ブランドアソシエーションの構築

　従来の広告は、ブランドアソシエーション（Keller, 1993）を構築するために活用されてきた。ブランドアソシエーションとは、良いことも悪いことも、古いものも新しいものも含めて、記憶の中でブランドと結びついているすべてのものを指す。ブランドアソシエーションの構築において興味深い点は、弱いつながりや一見取るに足らないようなつながりが、消費者の頭の中で創造的に利用されて、スポンサーとイベントとの関係の記憶を構築する点である。

　スポンサーシップの情報がどのように記憶され、後に思い出されるかは、スポンサーの露出と受け取り側に依存する（Cornwell, 2008）。過去の研究では、人のスポーツに関する知識が、スポンサーとイベントの整合性の認識に影響を与えることが分かっている（Roy & Cornwell, 2004）。同様に、有名ミュージシャンなどに関する知識も、スポンサーとの相性の良さの知覚に影響を与えることも指摘されている（Bruhn & Holzer, 2015）。つまり、多くの消費者は、既に持っている知識を活用して、スポンサーとプロパティーを頭の中で組み合わせているのである。

　心理学の研究によると、手がかりとなる情報をもとに何かを思い出す場合（「補助想起」とも呼ばれる）、人はこの手がかり情報とターゲットの両方と結

びつくその他の手がかりも活用して想起することが分かっている（Nelson & McEvoy, 2002; Nelson et al., 1997）。このことから、消費者がブランドを少しでも知っていれば、記憶を探りながら、そのブランドがどのようなスポンサーをしているかを何となく予測することができる。重要なことは、ブランドに対する一次的な記憶だけではなく、それと関連する様々なステークホルダーが共有する二次的または三次的な関連性まで記憶に影響を与える可能性があるということである。例えば、クレジットカード会社のマスターカードの企業ロゴには、円が描かれている。この円は、スポーツのスポンサーシップコミュニケーションにおいては、ゴルフボールや野球のボールなど、あらゆるタイプのボールとして人々に認識される。

4.　ポートフォリオ効果

　ポートフォリオ内のプロパティーの組み合わせの効果を検証するにあたっては、実験研究が有効である。スポンサーシップのポートフォリオはとても複雑であるにもかかわらず、大半の研究は、単一のスポンサーシップがどのように機能するかを調べているだけであり、一連のスポンサーシップがどのように組み合わされるかについて調べたものはあまり見られない。もし2つのプロパティーを組み合わせ、追跡可能な変数に着目して評価することができれば、ポートフォリオの開発方法に有益な視座を与えることができるだろう。

　ポートフォリオの効果について検討したChienら（2011）の研究では、まず中立的な架空のブランドを設定した。その後、Aaker (1997) が提唱した「誠実さ」(Sincerity)、「興奮」(Excitement)、「有能さ」(Competence)、「洗練さ」(Sophistication)、「無骨さ」(Ruggedness) の5次元のブランドパーソナリティーをもとに、スポーツやチャリティーなど様々なイベントのブランドパーソナリティーを測定した。次に、その中から特定のブランドパーソナリティーが特に顕著なプロパティーを選び、架空のポートフォリオを構築する。その結果、架空のブランドが(1)「洗練さ」が強いPGAゴルフと「興奮」の強いNBAのポートフォリオを持つケースと、(2)「無骨さ」が強いラグビーワールドカップと、同じく「無骨さ」が強い環境保護NGOグリーンピースのポートフォリオを持つケースができあがる。このように実験をデザインすることで、スポン

サーシップポートフォリオの効果を測定できると考えたのである。さらにこの実験においては、プロパティーをポートフォリオに追加する順番についても検証が行われている。最初に組み込まれたプロパティーが、次に組み込まれるプロパティーについて、消費者に考えるきっかけを与えるというのが研究者の仮説であった。

　実際の実験では、参加者にスポンサーシップに関する情報を読んでもらい、それぞれのプロパティーのパーソナリティーを評価してもらった。その結果、ブランドの意味やブランドの明確性を高めるためには、プロパティーを組み合わせたスポンサーシップポートフォリオがおそらく有効であることが分かった。例えば、ラグビーのような荒々しいスポーツとグリーンピースのような強いイメージを持つ慈善団体の組み合わせは、両者の荒々しいイメージを高めることができた（図7-1）。一方、洗練さが強いPGAゴルフと興奮が強いNBAの組み合わせでは、どのブランドパーソナリティー特性においても際立って目立った特徴は見られず、むしろお互いの特徴を打ち消し合う結果となった。ポートフォリオに組み込まれたプロパティーについてある特定の特徴を最大限に引き出したいのであれば、イメージに一貫性のあるプロパティーを組み込んだポートフォリオを構築する必要があると同時に、産業をまたいだポートフォリオを構築することが効果的である可能性を示唆している。

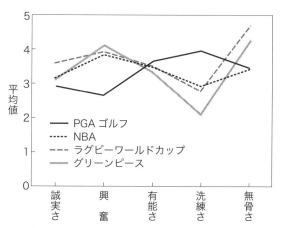

(Chien et al., 2011, Journal of Business Research より作成)

図7-1●ブランド・パーソナリティー効果

　さらに、チャリティーのプロパティーに比べて、スポーツプロパティーは後に続くスポンサーシップに対してより柔軟な思考フレームを消費者に提供することが分かった。つまり、スポーツのスポンサーシップを先に行えば、後々チャリティーのスポンサーシップの便益も期待できるが、チャリティーのスポンサーシップを先に行うと、後に続くスポーツのスポンサーシップに対して、明確さや一貫性が乏しいと消費者に捉えられてしまう可能性がある。

　この研究から得られた最も重要な知見は、様々なイメージを作り上げるのではなく、特定のイメージに絞ってプロパティーを組み合わせたスポンサーシッププートフォリオこそが、高いパフォーマンスを発揮するという点にある。洗練されたものとそうでないもの、また誠実なものとそうでないものなど、同じポートフォリオの中に様々な要素が混在してしまうと、せっかくのプロパティーの特徴を打ち消し合ってしまうため、スポンサーシップの明確性が損なわれてしまう可能性があるのである。

5.　ブランドの柱

　スポンサーシップポートフォリオと相性の良い戦略的ツールとして、「ブランドの柱の選択と維持」という考え方がある。ブランドの柱とは、ブランドの中心的な属性のことを意味する(Mizik & Jacobson, 2008)。マーケティング・マネージャーはこの考え方を活用しながら、一貫性のある戦略でブランドの価値を最大化していくのである。

　例えば、メルセデス・ベンツのようなブランドは、スポンサーシップのポートフォリオを構築する際に、スポーツ、ファッション、地域社会との連携などのポートフォリオをバランスよく組んでいる。すべてのスポンサーシップは、高級感、革新性、デザイン性といったブランドが強調したい柱と結びついている。メルセデス・ベンツのファッション・ウィーク（1週間にわたって開催される服飾の新作発表会）への国際的なスポンサーシップは、F1（オートレース）、ゴルフ、ポロ、サッカーへのスポンサーシップと同様に、同社のブランドと一致している。

6.　その他のポートフォリオトピック

　多くのスポーツプロパティーには、受益者とスポンサーの関係が成り立っているベネフィシャリー・スポンサーの関係がある。例えばNBAとNBA Caresの関係のように、プロパティーと協力関係にある慈善団体のパートナーがいて、ある組織や団体がプロパティーのスポンサーになると、その組織や団体に関連する人たちも間接的にまたは直接的にその慈善団体のスポンサーになる。例えば、NFLは、米国がん協会が子供たちに1日60分間のアクティブな遊びを奨励する「NFL Play 60」と呼ばれるプログラムとベネフィシャリー・スポンサーの関係を結んでいる。また、米国の女子プロバスケットボールリーグ（WNBA）は、WNBA乳がん認知向上プログラム、多様性と公平性のためのWNBAプライド、保険会社のステート・ファーム（State Farm）社が提供するWNBA Caresコミュニティー援助プログラム、健康的な生活のためのWNBA Fit Monthプログラムなど、多くのベネフィシャリー・スポンサーと関係を構築している。

　その中でも特に注目されているのが、子供たちのための慈善団体「ユニセフ」とヨーロッパのサッカークラブとの関係である。ユニセフは2006年から2010年の期間にスペインのサッカークラブであるFCバルセロナと、チームのユニフォームの前面にユニセフのロゴを付け、またクラブからユニセフに年間150万ユーロ（おおよそ1億7,000万円）の寄付を受けるというユニークな関係を結んだ。この例では、スポーツプロパティー（クラブ）がチャリティー活動のスポンサーになるという、伝統的なスポンサーシップとは逆の形態が生まれたといえる。このスポンサー契約は、バルセロナが2012年に教育、研究、地域開発を目的とした慈善団体であるカタール財団と5年間で1億5,000万ユーロのスポンサー契約を結んだことで終わりを迎えたものの、クラブは関係の形態を修正し、ユニフォームの背中にユニセフのロゴを付けることと、年間200万ユーロの寄付を継続した。

　ベネフィシャリー・スポンサーは、現在のものも過去のものも含めて、プロパティーとの関連性を築く。FCバルセロナのように、その関連性がよく知られている場合、企業のマーケティング責任者は関連性にスポンサーシップの価値を見出すであろう。スポンサーシップポートフォリオは、様々な意味や記憶

のブロックがかき集められて構築される。そのブロックは、ベネフィシャリー・スポンサーとの関係から生まれる可能性があるのである。

7. イベントロスターまたはプロパティーポートフォリオ

　スポンサー企業の立場について見てみると、時にはタイトルスポンサーになることもあるが、大抵の場合は、「公式通信会社」や「公式サプライヤー」などのようにある製品カテゴリーの公式スポンサーというように、プロパティー（例えば、スポーツイベントやコンサート）が抱えている複数のスポンサーの中の1つとして扱われることが多い。特定のイベントにおいて、スポンサー企業のブランドは他のスポンサー企業のブランドと一緒に「イベントロスター」（以下ロスター）と呼ばれるリストに掲載される。このリストに掲載されることにより、他のスポンサーとの関連性やイメージによって消費者のブランドに対する認知度や評価に影響を及ぼす可能性がある。

　また、1つのイベントやプロパティーに対するスポンサーの数も、スポンサーシップに対する消費者の反応に影響を与える可能性がある。例えば、スポンサーの数が増えれば増えるほど、消費者はスポンサーシップの背後に何らかの販売や商業的な動機があると認識するようになる（Ruth & Simonin, 2006）。アイスホッケー選手が試合中に着用するユニフォームに着目した研究では、ロゴなどの広告密度が高いユニフォームは、スポンサーのブランド想起が低下することが示されている（Mikhailitchenko et al., 2012）。

　Grozaら（2012）の研究では、スポンサー企業のブランド価値に対する人々の知覚には、ポートフォリオ効果があることが示された。彼らの考え方では、スポンサーポートフォリオに属する企業には一貫性があることが望ましく、ポートフォリオの中に適切でない要素が含まれている場合にはスポンサーシップ全体の評価に影響を与える可能性があると説明している。特に、一貫性がないまたは好ましくない企業がイベントのタイトルスポンサーや代表的なスポンサーといった重要な役割を務める場合、ポートフォリオ内のすべてのブランドにネガティブな効果が波及する可能性が生じるのである。

　その後の研究では、スピルオーバー効果（キャリーオーバーとも呼ばれる；Gross & WIedmann, 2015）についても検討されている。この効果は、複数

の企業やブランドが共同であるイベントのスポンサーになる際、その影響がイベントポートフォリオ内の各メンバーにも及ぶ現象を指す。Cobbs ら（2016）は、高いブランド価値を持つマリオットホテルが、他のブランドと一緒にイベントにスポンサーシップに参加する場合の役割について調査し、マリオットが高いブランド価値のブランド（トヨタ、ターゲット、ビザなど）と一緒にポートフォリオに組み込まれている場合、マリオットに対する印象は、ブランド価値が低いブランド（ダッジ、Kmart、ディスカバーカードなど）と一緒の場合よりも明らかに高くなることを明らかにした。また、Carrillat ら（2015）は、同じイベントを同時にスポンサードするブランド同士が、お互いのイメージにどれだけ影響を与え合うかについて検討した。彼らの実験では、スポンサーたちのイメージが、イベントに対するある種のステレオタイプ的なイメージの形成に影響を与え、同時にスポンサーとして参加する企業はお互いのイメージに影響を及ぼすことが示された。同じイベントに参加する複数のスポンサーは、意味のあるグループとして見られ、購買などのスポンサーシップの成果にポジティブな影響を与え合うのである（Dickenson & Souchon, 2018）。このことから、スポンサーシップを行う際には、共同プロモーションなど企業やブランド同士が連携して一緒に協力することも有益な方法であると考えられる。

　スポンサーシップを考えるにあたっては、最初にタイトルスポンサーなどの主要なスポンサーを確保し、その後に関連性のあるスポンサーを追加するなど、戦略的にイベントとスポンサーのコンセプトを一貫性のあるものにすることが重要である。例えば、アリーナやスタジアムのネーミングライツにおいて、上海にあるメルセデス・ベンツ・アリーナは複数の高級ブランドをスポンサーに誘致することに成功し、またサンフランシスコのリーバイス・スタジアムはライフスタイルブランドとうまく連携することでブランドの認知度を高めたように、施設内のスポンサー全体に対して相乗効果を生み出した。このように、スポンサーとして有名なブランドを持つことは、プロパティーにとっても有益であり、一貫性のあるロスターを構築することで他のスポンサーとの連携を強化する際の手助けにもなる。したがって、ブランドもスポンサーとなる前に、スポンサードを検討しているプロパティーのロスターに登録されている他のブランドについてできるだけ多くの情報を得ることが重要となる。プロパティーとブランドが協力してロスターを構築することで、スポンサーは自社と関連のあ

るパートナー企業を新たなスポンサーとして紹介することがあるし、ブランド
の認知度やイメージの向上、製品流通のサポートといった実際のビジネスを行
う上での有意義な提携関係を生み出す可能性もある。

8. 著名人のエンドースメントポートフォリオ

　「セレブリティエンドーサー」とは、芸能人やスポーツ選手などの著名な個
人やキャラクター、あるいは動物などを指し、彼らの高い知名度を活かして広
告やプロモーションのプログラムにおいてブランドの知名度を上げる役割を担
う。エンドースメント契約では、スポンサーとなるブランドの製品やサービス
を直接または間接的に宣伝することが求められ、彼ら自身が広告などに登場す
ることも一般的である。スポーツにおけるエンドースメント契約の有名な例と
しては、バスケットボールのマイケル・ジョーダン選手とナイキ社の関係が挙
げられる。企業とイベントのスポンサー契約と同様に、エンドースメント契約
では、エンドーサーとなる個人とブランドとの関係性が、エンドースメントの
効果に影響を及ぼす。

　KeltingとRice（2013）は、1人の著名人が複数のブランドの広告に出てい
るケースに着目し、消費者の広告に対する記憶の調査を行った。その結果、エ
ンドースメントポートフォリオに属しているブランドが相互に影響し合ってい
ることが報告されている。さらに、消費者の広告の記憶やブランドに対する態
度は、ブランドとエンドーサーの一致度合いによって規定されることが分かっ
ている。この研究では、サッカー界のスーパースターであるデビッド・ベッカ
ム選手のみを対象としたが、ブランドとエンドーサーが極端に一致または不一
致している場合の方が、適度な一致よりも消費者の記憶に強く残ることが示さ
れた。つまり、消費者に広告を思い出してもらいたいのであれば、中途半端な
一致は避けた方がよいことを示唆している。

9. インフルエンサーのポートフォリオ

　「インフルエンサー」とは、他者に影響を与える可能性を平均以上に持って
いる人のことを指す。インフルエンサーは、例えば、特定の呼称を持っている

人物であったり、ソーシャルメディアにおいて10万人以上のフォロワーを持つ人物、また注目度が高く、魅力的なストーリーを持っている人物などが該当し、彼らの趣味や興味、活動、専門性に基づく情報をブログ、ソーシャルメディア、動画投稿などで発信することで他者の行動に影響を与える。

　スポーツ界では、多くのインフルエンサーが存在するが、ソーシャルメディアで1万人から5万人程度のフォロワーを持つ「マイクロインフルエンサー」や、アマチュアスポーツ選手などフォロワー数が500 〜 5,000人程度の「ナノインフルエンサー」と呼ばれる人たちを含めると、インフルエンサーと呼ばれる人たちの数はかなりのものである。多くのブランドは、マイクロインフルエンサーを起用することが多い。インフルエンサーは直接的または間接的に情報を発信する役割を担うが、スポンサーシップの効果を高めるにあたっては、ネットワークとのつながりや、ブランド情報をどの程度共有する意思があるかが重要となる。このように、インフルエンサーのような組織外の人物の裁量によって大きな影響を受けるレバレッジ戦略を進める際の課題は、何をもって成功とするかをよく説明し、不正行為も監視することが必要である。

　分析に精通した企業はデータを活用することで、複雑なスポンサーシップポートフォリオやポートフォリオ・レバレッジに対応している。例えば、ソーシャルメディアやデジタルメディアの非構造化データを活用して、ブランドの利用者に最も共感を得たコンテンツや、画像や動画などのメディア、インフルエンサーなどを把握し、さらにはレバレッジを生み出さないインフルエンサーさえも特定している（Sporttechie, 2018）。しかしながら、すべての企業がこのようにデータを活用するノウハウを社内に持っているわけではないため、Hookit社などのように、どのパートナーがスポンサーのブランドを宣伝しているか、どのパートナーがスポンサーのターゲットオーディエンスとのエンゲージメントを最も高めているかを知るためのエンゲージメント・トラッキングを提供している企業も存在する。このように、ポートフォリオの構造や関連するすべての関係者がスポンサーシップの成果に対して大きな影響を与えることが既に明らかとなっていることから、それらに対して細心の注意を払うことは価値があるといえる。

　近年、多くの企業がポートフォリオやロスターの戦略・分析を本格的に展開し始めている。それらの企業は、例えば、スポンサーシップポートフォリオに

関連づけられた目標をただ単にブランドに反映させるだけでなく、ブランド価値を的確に伝えるための手段として活用している。世界的な金融サービスブランドであるマスターカードは、男女共同参画を推進するという目標を掲げていることから、フランス・リヨンに本拠地を置くオリンピック・リヨンの女子チーム（Olympic Lyonnais）やイギリス・ロンドンを本拠地とするアーセナル・ウィメンFC（Arsenal Women FC）といった女子サッカークラブをポートフォリオに組み込むことでその方針を打ち出している(Mastercard, 2019)。もちろん、これはそのポートフォリオの一面に過ぎない。ポートフォリオとロスターの効果は、実際にはとても複雑で重層的な性質を持つため、予測や分析を行うのはとても困難である。

ディスカッション

①ブランドとプロパティーが、どのように協力すれば、スポンサーシップにおいて相乗効果を見出すことができるだろうか？
②ブランドやプロパティーの責任者は、プロモーションにインフルエンサーを採用する際、個人のどのような特性を重視しているだろうか？

■参照文献

Aaker, J. L. (1997). Dimensions of brand personality. Journal of Marketing Research, 34(3), 347-356.
Bruhn, M., & Holzer, M. (2015). The role of the fit construct and sponsorship portfolio size for event sponsorship success: A field study. European Journal of Marketing, 49(5/6), 874-893.
Cahill, J., & Meenaghan, T. (2013). Sponsorship at O2: "The belief that repaid". Psychology & Marketing, 30(5), 431-443.
Carrillat, F. A., Solomon, P. J., & d'Astous, A. (2015). Brand stereotyping and image transfer in concurrent sponsorships. Journal of Advertising, 44(4), 300-314.
Chien, M., Cornwell, T. B., & Pappu, R. (2011). Sponsorship portfolio as brand image creation strategy. Journal of Business Research, 64, 142-149.
Cobbs, J., Groza, M., & Rich, G. (2016). Brand spillover effects within a sponsor portfolio: The interaction of image congruence and portfolio size. Marketing Management Journal, 25(2), 107-122.
Cornwell, T. B. (2008). State of the art and science in sponsorship-linked marketing. Journal of Advertising, 37(3), 41-55.
Cornwell, T. B. (2014). Sponsorship in Marketing: Effective Communication through Sports, Arts and Events. Oxon, UK: Routledge.
Dickenson, P., & Souchon, A. L. (2018). Entitativity of concurrent sponsors: Implications for properties and sponsors. Journal of Advertising, 47(3), 213-236.
eMarketer (2019, March 28). Digital ad spending 2019. Retrieved from www.emarketer.com/

content/global-digital-ad-spending-2019.

FMG Internet Marketing (n.d). Influencer marketing for sports brands in 2019. Retrieved from https://fgminternetmarketing.com/influencer-marketing-for-sports-brands-in-2019/.

Gross, P., & Wiedmann, K. P. (2015). The vigor of a disregarded ally in sponsorship: Brand image transfer effects arising from a cosponsor. Psychology & Marketing, 32(11), 1079-1097.

Groza, M. D., Cobbs, J., & Schaefers, T. (2012). Managing a sponsored brand: The importance of sponsorship portfolio congruence. International Journal of Advertising, 31(1), 63-84.

Keller, K. L. (1993). Conceptualizing, measuring, and managing customer-based brand equity. Journal of Marketing, 57(1), 1-22.

Kelting, K., & Rice, D. H. (2013). Should we hire David Beckham to endorse our brand? Contextual interference and consumer memory for brands in a celebrity's endorsement portfolio. Psychology & Marketing, 30(7), 602-613.

Mastercard (2019). Mastercard continues to champion women with new additions to global sponsorship portfolio. Retrieved from https://newsroom.mastercard.com/press-releases/mastercard-continues-focus-to-champion-women-with-new-additions-to-global-sponsorship-portfolio/.

Mikhailitchenko, A. G., Tootelian, D. H., & Mikhaüitchenko, G. N. (2012). Exploring saturation levels for sponsorship logos on professional sports shirts: A crosscultural study. International Journal of Sports Marketing & Sponsorship, 13(4), 267-281.

Mizik, N., & Jacobson, R. (2008, February). The financial value impact of perceptual brand attributes. Journal of Marketing Research, 45, 15-32.

Nelson, D. L., Bennett, D. J., & Leibert, T. W. (1997). One step is not enough: Making better use of association norms to predict cued recall. Memory and Cognition, 25(6), 785-796.

Nelson, D. L., & McEvoy, C. L. (2002). How can the same type of prior knowledge both help and hinder recall? Journal of Memory and Language, 46(3), 652-663.

Roy, D. P., & Cornwell, T. B. (2004). The effects of consumer knowledge on responses to event sponsorships. Psychology & Marketing, 21(3), 185-207.

Ruth, J. A., & Simonin, B. L. (2006). The power of numbers: Investigating the impact of event roster size in consumer response to sponsorship. Journal of Advertising, 35(4), 7-20.

Sporttechie (2018). Sponsorship data identifies 2018's top brands. Retrieved from www.sporttechie.com/2018-top-brands-in-sponsorships/.

Toscani, G., & Prendergast, G. (2018). Arts sponsorship versus sports sponsorship: Which is better for marketing strategy? Journal of Nonprofit & Public Sector Marketing, 1-23.

Visa Factsheet (n.d.). Visa global sponsorship portfolio. Retrieved from http://corporate.visa.com/_media/fifa-media-kit/Global-Sponsorship-Portfolio.pdf.

第8章

スポンサーシップの成果の測定

　たとえ見ず知らずの誰かによるソーシャルメディアへの投稿動画であっても、ブランドの責任者はスポンサードしているテニスのイベントの動画の中に自分たちのブランド名が見えたかを知りたいと思うはずである。トークウォーカー（Talkwalker）社が提供するソーシャルメディアのモニタリングと分析を行う動画認識ツールを活用して、ネスレ・ウォーター（Nestlé Waters、以下ネスレ）社は、ミネラルウォーターのペリエ（Perrier）のロゴが映っているTwitter上の動画2,375本を特定できた。ネスレ社の北米ソーシャルリスニングマネージャー Chris Hodorowski は、「動画と画像の認識がなければ、私たちはこのことに気づかなかっただろう。この動画には166,000件のエンゲージメントがあり、推定値ではあるが、約2,300万インプレッション（投稿が表示された回数）を獲得することができた」と述べている（WARC, 2019）。

　スポンサーシップの成果を測定するには多くの課題があり、正確な測定は関係者にとって永遠のテーマである。一般的にスポンサーシップの測定方法は、大きく分けて、「広報活動」「広告・マーケティング活動」「モデリング・分析活動」の3つのアプローチがある。まず、広報活動の手法は、主に記述的なもので、スポンサーシップ活動の成果を把握し、要約することである。次に、広告やマーケティングのアプローチは、一般的に調査に基づいており、スポンサーシップによって生じた態度やスポンサーの記憶、イメージの変化、購入意図、行動などについて取り上げる。最後のモデリングや分析活動は、数は多くないが洗練されたモデリングやデータアナリティクスの技術を用いて、スポンサーシップに関する質的研究や探索的研究が行われている。

　スポンサーシップの測定は、測定と評価のサービスを提供する商業的なサプライヤーやプロパティー、ブランドなどが実施する。特に経営上の意思決定のための根拠を求めることに慣れているブランドは、スポンサーシップの影響を把握するための測定手法を開発し、スポンサーシップの成果を捉えるために役

立てている。

　パートナーシップにおいては、プロパティー、スポンサー、またはイベントの主催者、観光局・経済開発局などの関係団体によってスポンサーシップの成果が測定される。そして、イベントにおけるスポンサーシップの成果は、通常、スポンサーシップ終了後に出される総括報告書または履行報告書で報告される。プロパティーからスポンサー企業に提出される報告書においては、スポンサー期間中に行われた活動が、スポンサー契約で定められた目的にどの程度合致していたかの説明がなされる。この報告書において最も重要なことは、「プロパティーはスポンサー契約で定められた約束をしっかり果たせたか？」という質問に回答することである。

　報告書には、スポンサーが主催するイベントの来場者数など、プロパティーが独自に収集した情報や、プロパティーがリサーチ会社から購入した情報なども含まれる。報告書は、プロパティーとスポンサーの両方にとって有用であり、パートナーが相互に利益を得るためにどのような協力が必要かを明らかにするのにも役立つ。しかしながら、この報告書は、プロパティー自身が自らのパフォーマンスを報告しているため、注意して目を通す必要がある。独立性を保ち、他の視点からの検討を得るために、スポンサー企業はスポンサーシップの成果を社内で独自に測定したり、時としてスポンサーシップの効果測定サービスを提供する企業に依頼することもある。

1.　効果を測定するにあたっての経営的視点

　ブランドやプロパティーが独自に測定手法を開発するにしても、商業的なサプライヤーを採用するにしても、単にスポンサーシップの効果を測定するだけではなく、マネジメントのプロセスを考慮することが重要である。ビジネスプロセスリエンジニアリングの提唱者の1人であるマイケル・ハマーは、"seven deadly sins of performance management"（未邦訳『パフォーマンス・マネジメントの7つの大罪』）という著書の中で、オペレーションの測定は、意思決定を導く戦略的なシステムの基本であり、その重要性はますます高まっていると主張している（2007）。つまり、スポンサーシップにおいては、特定の成果指標が評価システムや企業のビジネスの状態を視覚的に確認できる総括的な

材料として取り上げられることが多くなるのである。しかしながら、確かに数値を伴う報告書は、定量化されているため一見説得力があるように見えるかもしれないが、短期的な成果を示す個々の指標に意味がなければ、それに基づいて構築された大きな評価モデルそのものが機能しなくなってしまう可能性がある。ハマーが説明する、スポンサーシップの効果測定における陥りやすい7つの過ちは以下の通りである。

1. Vanity（虚栄心）：経営状況をよく見せるための指標を選択すること。
2. Provincialism（偏狭な考え）：新しい視点が必要なときに、組織や業界の枠内にとどまること。
3. Narcissism（自己陶酔）：お客さまの視点ではなく、自分の視点で測定すること。
4. Laziness（思い込み）：あまり考えることをせずに、何を測定すべきかを知っていると思い込むこと。
5. Pettiness（狭量な考え）：測定されるべきもののごく一部のみを測定すること。
6. Inanity（無意味）：測定やそれに基づく行動が組織にどのような影響を与えるかを考えずに測定すること。
7. Frivolity（軽薄さ）：計測を真剣に行わないこと。

スポンサーシップの効果測定において、上記の測定上の罠はどれもある程度見られるが、特にVanity（虚栄心）とProvincialism（偏狭な考え）が際立っている。スポンサーシップでは、老舗ブランドを格好良く見せるのは簡単である。また、プロパティーとの関連性が高いブランドは、スポンサーシップによってさらに認知度を高めることが可能となる。このような状況においては、有名ブランドがスポンサーであると推定される傾向である「プロミネンス・バイアス（卓越性バイアス）」と、関連するブランドが活動との関連を通じてスポンサーであると推定される傾向である「関連性バイアス」が、一貫して結果指標に影響を与えることが示されている（Johar & Pham, 1999）。つまり、消費者がスポンサーの想起に関する質問を受けた場合、プロパティーとの一致が確立されたブランドは、たとえその場に目印的なものがなくても、スポンサーである

と推定されるのである。

　自分を良く見せ、そして好かれたいという二重の虚栄心は、スポンサーと連動したソーシャルメディアでもよく見られる。ソーシャルメディアにおけるユーザーやデータの量を表すトラフィックが多く、「いいね！」が増え続けることは、一見その情報が魅力的で満足感があるように見えるかもしれない。しかし、実際に商品の試用、購入、寄付など、ターゲットとする消費者の行動に意味のある変化をもたらしているとは限らない。トラフィックの多さや好感度の高さは、他の指標と相まって、真に意味のあるものとなる。ブランドがクーポンなどを発行することでソーシャルメディアでの「いいね！ を買う」ということになると、なおさらトラフィックの多さでスポンサーの効果を測定することは危険である。

　スポンサーシップの成果の測定はスポンサーシップ契約の中に含まれ、通常プロパティーによって行われることが多いという理由から、歴史的に偏った測定方法が用いられることが多くあった。例えば、交響楽団のシーズンチケットホルダーやゴルフツアーのファンを対象とした年1回の調査の実施は、多くの場合スポンサーシップ契約の中に含まれており、その調査によってスポンサーに対するロイヤルティーやスポンサーシップに関連した消費者の購買意欲についての貴重な洞察や縦断的な情報が得られる。しかし、多くの調査において用いられる測定の手法は限られている。まず、毎回同じ方法で調査をしなければ、毎回の調査結果を比較できないという問題がある。そして、スポンサーが自分たちのブランドについて特定の測定項目を望んでいる場合、ブランド固有の測定項目を追加しなければいけないためデータを収集するための調査票が長くなってしまうという問題も生じる。

　スポンサーシップの効果測定では、先に挙げたマイケル・ハマーのリストに加えられそうな過ちがそれ以外にもいくつかある。まず、放置の過ちである。全米広告主協会（ANA）は、学者および実務家によって構成される（独立した民間セクターの）マーケティングアカウンタビリティ基準委員会（Marketing Accountability Standards Board）と共同で、経営者に対してスポンサーシップの効果測定に関しての調査を行った（ANA, 2018）。この調査によると、スポンサーシップのリターンを測定するための「標準化された方法を持っている」と答えたのは、回答者のわずか37％だった。さらに、「定義された測定方法を

持っている」と答えた組織のうち、わずか57％しかスポンサーシップ効果を
測定するための予算を持っておらず、予算を持っている組織であってもスポン
サーシップ権料の割合として5％以下しか効果の測定に費やしていないことが
明らかとなった。

　奇妙なことに、スポンサーシップの効果を測定しない傾向がある一方で、あ
る種の度を越した過度な調査が行われている傾向も見られる。特に前述のシー
ズンチケットホルダーに対する調査のように、プロパティーによる年次調査の
一環として行う調査では、無駄と思えるような過剰な測定が行われることがあ
る。プロパティーの中には、10,000人以上のシーズンチケットホルダーから
のデータを提供することを誇りに思っているところがあるかもしれないが、統
計的には、ここまで多くの回答者は必要ない。また、調査に参加した人たちが
スポンサーシップの成功の鍵を握る重要な人たちではない可能性もある。調査
を行うにあたっては、回答者に1回だけのチケット購入者や、イベントへの参
加経験はないがイベントを知っている人、そしてイベントをテレビの放送で見
た人などを含めて、様々な異なる経験を持つ人たちを組み合わせることでよい
調査が行われるのである。

　では、測定に対する3つのアプローチに戻って、それぞれをより詳しく見て
いこう。

2.　広報活動の測定

　スポンサーシップの成長に伴い、スポンサーシップの効果測定に特化したス
タートアップ企業や伝統的な広告調査のサプライヤーも含めて、スポンサー
シップ業界において商業的サプライヤーの数は過去10年間で劇的に増加した。
スポンサーシップ業界で効果を測定するための機器を提供した初期の商業的サ
プライヤーの一つとして、ミシガン州アナーバーに本拠地を置くジョイス・ジュ
リアス＆アソシエーツ（Joyce Julius & Associates）社という企業がある。同
社は1985年に、イベントでスポンサーのロゴが表示された時間や、ニュース
で言及された頻度などの情報をスポンサーに提供する事業を開始した。このよ
うにして得られた露出時間に関する情報を、同じ放送時間中の広告費に関する
情報と組み合わせて、広告の同等性を示すインパクト指標を算出した。このア

プローチは、断続的なロゴと集中的な広告メッセージを金銭的に同等に扱っているとの批判もあるが、分析を真に必要としている業界においては、初期の基準を提供することになった。

　ジョイス・ジュリアス＆アソシエーツ社は、数十年かけてその測定の技術を進化させた。それに追随して、レピュコム（Repucom）社など、他のプロバイダーもこの市場に参入してきた。ジョイス・ジュリアス＆アソシエーツ社は現在、メディアやイベントをベースにしたあらゆる種類のスポンサー活動を対象として、ブランドコミュニケーション、サイズや場所、ブランド氾濫度（ブランドが混雑している度合）、さらにはスポンサーのブランド情報がどの程度明確に伝えられているかを測定できる技術を有している（Joyce Julius & Associates, 2019）。例えば、ゴルフでは、選手の成績や関連するニュースストーリーを数え、またNASCARでは、ドライバーに言及した事柄やインタビューの内容、インタビュー時間をカウントし、その中からスポンサーについて言及した内容やスポンサーの露出時間の合計を計測する。これらの数値は合計され、広告の価値に換算する指標の一部となる。広告の価値に換算する方法は実際の効果よりも大きな数値を算出する傾向があるといわれるが（Kot & Kucharski, 2017）、前年との比較や、同業他社との比較が容易に行えることから多くの分野でこの方法が使用され続けている。

　しかしながら、次に挙げる2つの問題により、広告の同等性を示す指標の価値に対して疑問視する声もある。第一に、ブランド責任者はこれらの指標が通常の広告に比べて価値が高くなりがちであることを知っており、受け取ったレポートの内容について少し割り引いて理解しているところがある。実際、「平均127秒のスポンサーロゴの露出で、30秒のテレビ広告と同じ効果が得られるといわれているが、この数字の前後のばらつきは大きく、実際にはコミュニケーションの目的、スポンサーの適合性、露出の種類、スポンサーが既知のブランドであるかどうかなど、様々な要因によってスポンサーの価値は左右される」という比較例もある（Olson & Thjømøe, 2009, p.504）。したがって、スポンサーシップの効果測定に精通しているプロパティーの責任者も、現在のスポンサーや潜在的なスポンサーに対して、その価値を誇張しないように自らの報告を割り引いて行う節がある。第二に、価値を差し引いて考えないブランド、プロパティー双方の責任者は、数字を額面通りに受け取る可能性のある組

織内の人々に対してきちんとした説明を行っていない可能性が高い。

　要するに、このような露出を基本とする広報スタイルの測定方法は有用ではあるが限界があるため、多くのスポンサーやプロパティーでは他の方法を用いてスポンサーシップの効果を測定することもある。重要なのは、スポンサーシップの露出度は、露出による効果を示すものではなく、単に露出の量や頻度、質を示すものに過ぎないということである。

3. 広告とマーケティング

　スポンサーシップの成果を測定する際の最も一般的な方法として、これまでスポンサーの製品やサービスの利用者である消費者に焦点が当てられてきた。しかし、スポンサーシップにおける企業間（B to B）の関係についても、スポンサーシップの成果を測定することへの関心が近年高まっている。また、スポンサーシップの分析におけるモデリングの発展に伴い、スポンサーシップのプロセスにおいての中間的な変化やマーケティング資産への影響を測定することへの関心も高まっている。

　消費者、メディア視聴者、イベント参加者を対象に測定された典型的なスポンサーシップの成果は、「認知」「感情」「行動」のカテゴリーに分類することができる（Cornwell et al., 2005）。まず、一般的な認知的な成果は、スポンサーを思い出すことや認識することである。次に、感情面での成果は、好感度、態度の変化、製品やサービスの好みなどが含まれる。そして、ほとんどのスポンサーシップに関する研究では、最終的に測定されるのは実際の行動ではなく、たいていは「行動意図」であるという課題も残されているが（Cornwell et al., 2005）、スポンサーシップの行動上の成果としては、購入、契約の更新、寄付、友人への推薦、製品の使用など多岐にわたる。また、スポンサーシップにおいては、現在、ブランド・ロイヤルティーやブランド・アタッチメントなどのエンゲージメントへの関心も高まっている（Cornwell, 2019）。

　スポンサーシップの施策を考える際には、まずマーケティングの中核をなす顧客施策に立ち返ることが有効であろう。Ambler et al.（2002）が提示したフレームワークでは、マーケティングによる消費者への影響として、「ブランド認知」「ブランド連想」「ブランド態度」「ブランド愛着」「ブランド経験」の

5つが挙げられている。ここでは、この5つのマーケティングによる消費者への影響を、スポンサーシップとの関連性に注目して見ていきたい。

⊙ブランド認知

　「ブランド認知度」とは、「顧客がブランドを想起・認知し、ブランドが関連する製品やサービスを識別できる範囲とその程度」と定義される。スポンサーシップは、ブランドの認知度向上に貢献することができ、ブランド認知はスポンサーシップの目的として最もよく挙げられることの一つである。企業のブランド責任者は、スポンサーシップ・プログラムを利用した後で、個人がブランドをよりよく認識できるようになったかどうかを知りたいと思っている。また、個人がスポンサーとプロパティーの関係をどのように認識しているかについても強い関心がある。スポンサーシップ関係を認識することには、(1)スポンサーからの支援が理解されることで、互恵的な感情を構築することができる、(2)個人が関係性を認識することで、イメージの構築に重要な意味を持つ可能性がある、(3)ブランド責任者は、ブランド認知度の指標を知ることができる、(4)スポンサー関係を認識することで、競合他社によるアンブッシュマーケティングへの対策をとることができる、など様々な価値がある。

　また、スポンサーシップは、スポンサードされたプロパティーを考慮することなく、直接的にブランド認知に寄与するものとして測定されることもある。スポンサーシップにおけるブランド認知は、通常、想起とも呼ばれる補助的な行動で捉えられる。補助的想起には、イベントに対するスポンサーとの手がかりや、スポンサーに対するイベントとの手がかりなど、様々な形態がある（Cornwell et al., 2006）。手がかりを用いた想起には、例えば、「[カテゴリーY、例：銀行] といえば、どんなスポンサーシップが思い浮かびますか？」というように、ブランドカテゴリーを手がかりに使用することもある。

　また、ごく稀だが、自由想起、つまり人の手を借りずに認識したことを測定する調査方法が用いられる。例えば、オーストラリアン・フットボール・リーグ（AFL）を研究している研究者は、参加者にチームスポンサーを5つまで、思い出すことができる順に挙げてもらう調査を行った（McDonald & Karg, 2015）。その結果、スポンサー投資額の多い大口スポンサーの想起率は平均95％であったのに対して、小口スポンサーの想起率は29％であった。また、

大口スポンサーでは88％、小口スポンサーでは20％であった想起率が4年後にはそれぞれ100％と40％に向上することも示された。ただし、大口のスポンサーに対する卓越性（プロミネンス）バイアスは見られなかった。自由想起測定を用いた別の例としては、米国中西部の「エスニック・フェスティバル」の参加者（Pokrywczynski & Brinker, 2014）を対象とした調査があり、民族的アイデンティティーのレベルに応じてスポンサーの想起が異なることが分かっている。

　認知度（補助的想起）は、一般的に個人にスポンサー候補のリストを与え、各ブランドがスポンサーであるか否かを尋ねることで測定される。多くの認知度調査では、人々の認識の正確さを確認するために、選択肢の中にスポンサーでないブランドもいくつか含ませることがある。しかし、一般的にスポンサーと同じカテゴリーで人気・知名度が高く、実際にはスポンサーではないブランドが選択肢に含まれていると、多くの人がそのブランドがスポンサーであると誤解してしまうことが報告されている（Cornwell & Jahn, 2017）。偽の選択肢として含まれる選択肢がイベントに関連していて論理的な選択に見える場合、あまり知られていないブランドや、真のスポンサーであるB to Bブランドは選択されにくくなるのである。知名度の低いブランドはスポンサーシップを通じて知名度を高める効果は期待できるが、認知度を測定するにあたっては知名度の高いブランドにかなわないことが多い。

　実際に約3,000人のドイツ人を対象に、ブンデスリーガの25のサッカーチームへの親近感を尋ね、スポンサーの認知度と態度について調査を行った研究がある（Woisetschläger et al., 2017）。その研究では、調査参加者に補助的想起の手がかりとしてある業界の情報を与え、その業界の中でサッカークラブのスポンサーをしている企業名を思い出してもらった。例えば、ある人がサッカークラブのFCバイエルン・ミュンヘンというチームを知っていたとしたら、「銀行業界でこのチームのスポンサーとなっているブランドを思い出せますか？」という質問を行った。その結果、スポンサー関係を思い出せない回答者のブランド態度は、スポンサー関係を思い出している回答者のブランド態度よりも有意に低いことが分かった。ここで重要なのは、サッカーでのスポンサーシップを想起しなかった人も、日常生活においてはスポンサーブランドについてのあらゆる広告にさらされているという点にある。

◉ブランド連想

「ブランド連想」とは、「ブランドと他のものとの心理的なつながり」を意味する。スポンサーシップでは、ブランドイメージを発展させたり、変化させたり、向上させたりする能力という観点からその効果を評価することが多い。その中で、個人の心の中で発展するブランドイメージの本質は、好ましい、強い、ユニークといった様々なタイプのブランド連想の合成から形づくられる（Keller, 1993）。

　スポンサーシップは、ブランドイメージの構築に役立つ。例えば、金融資産管理会社のインベステック社は、イングランドにおいてクリケットのテストマッチにスポンサードしており、2013年の夏、クリケット競技の中で最も注目度の高い試合であるアッシュの開催期間中、同社のブランドに関するソーシャルメディアでの話題のほとんどがアッシュに関連した内容であった。具体的には、7月初旬から9月中旬にかけてのインベステック社に関するソーシャルメディアの投稿内容のうち、58％がアッシュの試合、12％がスーパーラグビー（別のスポンサー）、30％が投資やスポーツ以外の話題に関連したものであった（Whitney, 2013）。インベステック社はこのようなスポンサーシップを通じて評価の高いイベントとの関連性を構築し、イベントのポジティブなイメージを自社のブランドイメージの構築につなげることに成功したといえる。

　ブランドとプロパティーの関連性は、時間をかけて有機的に発展させることもできるし、積極的に操作することもできる。スポンサーとプロパティーが最も有益な関連性を選択することで、他に類を見ないユニークな関連性を構築することも可能といえる。

　しかし、プロモーションの多くの側面と同様に、スポンサーシップにおけるブランド連想の出発点を特定することはとても困難である。一つのアプローチとしては、スポンサーシップに接したグループの人たちのブランド連想やイベントの特性などの特定の要素を測定し、スポンサーシップについて知らない対照グループの人たちの結果と比較する方法がある。すなわち、この実験的アプローチを用いることにより、スポンサーシップによってスポンサーはイメージを伝達することができるか、さらに、ブランドとイベントのイメージが一致することによりイメージの伝達が強化されるかを知ることが可能となる（Gwinner & Eaton, 1999)。

　ブランド連想は視覚によるものだけに限られたものではない。心理的な連想は、あらゆる感覚的な経験に基づいて形づくられる。例えば、マスターカード社は、自社の呼称や商品名に音楽や効果音を付けることで宣伝効果を高める手法であるサウンドロゴの開発に取り組み、それを広告やスポンサーシップ、マスターカードのコールセンターで使用している (Vizard, 2019)。この「ソニックブランディング」といわれる手法は、スポーツにおいても多く用いられ、例えばサッカーワールドカップのスポンサーシップを行ったコカ・コーラ社は、ラッパーのケイナーン（K'naan）と協力して、彼の「wavin' Flag」という曲をリミックスし、コカ・コーラのロゴと合わせてサウンドロゴとして活用した (Ballouli & Heere, 2015)。その曲を聴いた誰もが音楽を通じてスポンサーシップの経験を振り返ることができるが、一方で音楽には様々な関連性があることから、サウンドロゴで使用する音楽が特定の目的のためだけに作られたものでない場合や、有名である場合は他の連想を引き起こす可能性があるので注意が必要となる。

◉ブランド態度

　「ブランド態度」とは、「ブランドの品質や満足度など、ブランドに対する総合的な評価」と定義される。また、スポンサーに対するブランド態度は、スポンサーとしての役割に対する態度と、スポンサーを行うことによってスポンサーに対して生じる態度の2つの側面があり、この2つを測定する尺度には、大きな違いがある。ブランドや企業は、スポンサーとしての役割を果たすことで、イベントを支援していると評価される。例えば、イタリアのスポーツ用品会社フィラ (Fila) に対する質問は、「フィラがゴルフトーナメントのスポンサーになったことで、企業に対する印象が良くなったか」という質問文に同意するかしないかで測定が行われた。一般的に、個人がチャリティーやチーム、イベントへの支援に感謝するときの互恵的な感情をもとに測定される。

　一方、態度測定の2つ目のアプローチは、スポンサーのイベントに触れた結果、ブランドや企業に対する態度に変化があったかを捉える方法である。この方法によって測定される態度は、イベントとブランドの相互関係を反映する場合もあれば、ブランドに対する親近感やブランド露出に触れた経験から構築さ

れる可能性も考えられる。ブランド態度の2つ目の側面は、通常、イベント後に測定が行われ、先のフィラの例でいうと、「私はフィラに対してポジティブな印象を持っている」という文章に対して、回答者が賛成か反対の評価を行うことで測定が行われる。

　スポンサーシップにおける態度測定は、他のプロモーションの分野と比べて、少なくとも3つの不定形な特定の領域に分けられる。その3つの領域とは、「商業化への懸念（Concerns of commercialization）」「物議をかもすパートナーシップ（Controversial partnerships）」、そして「プロパティーのライバル関係（Property rivalries）」である。

　まず、スポンサーシップにおいて最初に課題となる領域は、商業化への懸念である。例えば、スタジアムのネーミングライツに対する態度のように、商業化を受容または拒絶するかといった事柄に対する態度のことを指す（Chen & Zhang, 2012）。スポンサーシップに商業化の意識が強く表れている場合は、スポンサーに対する態度にも影響を与えるとされ、特に芸術イベントのスポンサーシップにおいてはこの意識がスポンサーに対して悪い影響をもたらすことが分かっている（Finkel, 2010）。消費者は、スポンサー企業が純粋な興味や関心ではなく、商業的な目的でスポンサーになっていると判断した場合は、スポンサー企業を非難することさえある。

　第二に、スポンサーシップは、スタジアムのネーミングライツのように、提携に反対する人々がスポンサーシップに反応して生じる態度に対しても敏感でなければいけない（Chen & Zhang, 2012）。これは、商業主義に対する態度にも関連しているが、スポンサーとなったことに伴う名称変更に対する反応の場合もこれに当てはまる。例えば、かつてカリフォルニア州サンフランシスコにあった「キャンドルスティック・パーク」というスタジアムの名称は、アメリカの通信機器メーカーの3Com Corporationが命名権を取得したことによって「3Com パーク」に変更された。この名称変更を人々は好ましく思わなかったが、さらに次のオーディオケーブルメーカーのモンスター社とのスポンサー契約によって、スタジアムの名称が「モンスター・パーク」に変更になったことで、人々からの評判はさらに悪くなった。地元住民たちは、元の名称を好み、スタジアムの名前を「キャンドルスティック・パーク」に戻すよう住民投票にまで発展した。

　ドイツの研究者たちは、ドイツのサッカークラブ、ボルシア・ドルトムントの約800人のファンを対象とした調査を実施し、ファンに地域的なアイデンティティーがあると、新しいネーミングのスポンサー関係に対する受容性が低くなることを報告した。すなわち、スポンサーに対する抵抗感は、商業化に対する感情だけではなく、地理的または地域的な適合性に対する認識にも影響することが明らかとなった。つまり、アイデンティティーが高いファンにとっては、スタジアムの名称を変更することは、自分たちの伝統や儀式を変えられるのと同じぐらい脅威と感じるのである（Woisetschläger et al., 2014）。

　最後に、スポーツスポンサーシップにはライバル関係が付きものであるが、これは自チームに対する強い肯定的な態度と主要なライバルに対する強い否定的な態度によって生み出される（Bergkvist, 2012）。イギリス・グラスゴーのサッカークラブ、セルティックとレンジャーズの関係のように長年ライバル意識が非常に強い場合、ブランドが両方のスポンサーになろうとしたことさえある（Davies et al., 2006）。また、日本でスポーツのスポンサーシップ契約の発表に対する株式市場の反応を見てみると、日本のスポンサーに対する市場の反応はポジティブな傾向があり、一方でライバルのスポンサーに対する反応はネガティブであったことが報告されている（Hino & Takeda, 2019）。これは、スポーツのライバル関係はスポンサーシップに対しても影響を与えることを示す証拠となっている。

　時を経て、より多くの人々がスポンサーシップを経験し、草の根レベルの地域のアートイベントからスタジアムのような大規模な自治体への投資まで、スポンサーシップが一般的なイベントの資金源となるにつれ、人々のスポンサーシップに対する反応にも変化が生じてきた。しかし、スポンサーシップが一般的になったからといって、必ずしもすべての人に受け入れられるとは限らない。石油会社による環境保護活動のスポンサーシップや、飲料会社によるアルコール規制の啓発プログラム、ファストフード会社による健康的なスポーツのスポンサーシップなどを通じた社会貢献を訴える取り組みに対しては、多くの消費者が懐疑的な態度を取り、結果としてスポンサーシップ自体への態度にも悪影響を及ぼす可能性もある。

◉ブランド・アタッチメント（ブランドへの愛着）

　「ブランド・アタッチメント」とは、「ブランドと自己との結びつきの強さ」を表す言葉である（Whan Park et al., 2010）。ブランド・アタッチメントは、一般的にブランド・ロイヤルティーと関連しており、多くのスポンサーシップでは、既存のプロパティーのロイヤルティーを利用して、このロイヤルティーを自社ブランドに移そうと試みる。そのため、スポンサーシップにおいてブランド・ロイヤルティーを正確に測定することはとても重要となる。しかしながら、チームへのロイヤルティーや芸術への愛着が必ずしもスポンサーへのロイヤルティーにつながるとは限らない。

　スポンサーシップがブランド・ロイヤルティーを高める可能性について検証した研究では、イベントに対する自身の共感と、スポンサーブランドとイベントの適合性の両方が、ブランド・ロイヤルティーにポジティブな影響を与えることが明らかになっている（Mazodier & Merunka, 2012）。この研究では、イベントの前後で測定されたブランド・ロイヤルティーが変化する理由として、イベントに対する個人的な適合性の感情は、ブランドへの好感を通してブランド・ロイヤルティーを高めることと、ブランドとイベントの適合性の認識が、ブランド好感とブランド信頼度を高め、それがブランド・ロイヤルティーに影響を与えるという2つのプロセスによって成り立っていることを指摘している。つまり、人々が「自分はイベントの一員である」と認識し、またスポンサーとイベントが「うまく調和している」と感じるとき、「このブランドを今後も購入し続ける」という感情が芽生えてくるのである（Mazodier & Merunka, 2012, p.812）。

　ブランド・アタッチメントやブランド・ロイヤルティーと同様の考え方に、「ブランド・コミットメント」がある。ブランド・コミットメントは、ブランドとの強い感情的な結びつきやブランドへの情熱（Albert et al., 2013）がある場合によく見られる。Cornwell & Coote（2005）は、消費者がスポンサーブランドの購買活動にどれだけ熱心に取り組んでいるかを把握するために、スポンサーシップに連動した購買コミットメントを測定する方法を開発した。この測定尺度は、乳がん研究を支援するスーザン・G・コーメン乳がん財団の「レース・フォー・ザ・キュア・イベント」に参加する個人を対象とした研究で活用され

た。開発された消費者の購買コミットメントを測定する尺度には、以下の4つの項目が含まれる。

1. ブランドや小売店を選ぶときは、私は［イベント］のスポンサーになっているところを選ぶ。
2. ［イベント］のスポンサーの商品を買うために、私はわざわざ車を走らせる。
3. 新しいスポンサーが［イベント］に参加すると、私はそのスポンサーを応援するためにそのスポンサーのブランドの商品購入に切り替える。
4. 競合他社の価格の方が低くても、私は［イベント］のスポンサーのブランドを買うことを選ぶ。

　この研究では、個々の参加者がどのようにイベントに共感しているかを考察し、イベントに強く共感している参加者は、スポンサーの製品に対してより多くの購買コミットメントを示すことが明らかとなった。

◉ブランド経験

　「ブランド経験」とは、顧客がブランドを使用し、ブランドについて他人に話し、ブランドに関する情報やプロモーション、イベントを求める度合いのことを指す。ブランドとスポンサー活動が一体化したスポンサーシップは、ブランド経験の本質ともいえる。世界的な規模で展開していた大型ホテルチェーンのスターウッド（現在はマリオット・インターナショナル傘下となった）社は、英国の音楽フェスティバル「ハードロックコーリング」と「ワイヤレス」への協賛を宣伝するために、ホテルの優待ゲストにいずれかのイベントでの「ロックスター」体験を得る機会を提供した。スターウッド社のマーケティング担当である副社長のスティーブン・テイラーは、このコンテストに9万人が応募し、応募者の宿泊パターンを追跡することで「コンテストのおかげで誰がより多く宿泊したか」を把握することができたと説明している。そして、スポンサーシップ・プログラムによって生み出された価値は、6カ月間で400万ドル（おおよそ4億4,000万円）あったと報告されている。
　スポンサーシップを通じたブランド経験は、（物理的な）ブランドとの直接

的なやり取りを行うことによって、企業と顧客の信頼関係や親密さを示す指標
である顧客エンゲージメントの構築に寄与する可能性を秘めている。そして、
ブランド経験を測定する最終的な目的は、ブランドに対する認知、感情、行動
という活動の変化を捉えることにある。例えば、オーストラリアとフランスの
ワインイベントにおける顧客のブランド経験について比較した研究では
(Altschwager et al., 2014)、オーストラリア人はイベントの認知的要素（例：
産地や品種について学ぶ）、感覚的要素（例：ワインの試飲、料理や音楽との
ペアリング）、関係的要素（例：他の人と一緒にワインを体験する）に影響を
受けたのに対し、フランス人は実用的なイベント体験（例：ワインを踏みしめ
る、自分でブレンドしたワインを作る）に影響を受けたことが明らかとなって
いる。

4.　一致（Congruence）

　「マッチ」や「フィット」とも呼ばれる一致（Congruence）は、スポンサー
シップについて考える上で中心的な考え方であり、歴史的にも大変重要な要素
であることが示されている。例えば、ランニングイベントのスポンサーがラン
ニングシューズを製造している企業である場合、人々の心の中でイベントとス
ポンサーが一致していると認識されることにより、スポンサーシップは受け入
れられ、記憶され、さらにはスポンサーに対する肯定的な態度が生まれると考
えられている。スポンサーシップにおける一致の概念はマーケティングから借
用されたものであり、もともとは心理学におけるパーソナリティー研究から生
まれたものである。一致は、機能的な類似性やイメージの類似性（Gwinner,
1997）、生まれつきの適合性や創造的な適合性（Becker-Olsen & Simmons,
2002）、元来の結びつきや戦略的なリンクなど様々な側面から考えられてきた。
　スポンサーとイベントの一致を測るにあたり、これまで最もよく使われてい
るものに、スポンサーとイベントの組み合わせの可能性に対する反応を測る以
下の短い5項目の尺度がある（Speed & Thompson, 2000）。

1.　イベントとスポンサーの間には、論理的なつながりがあるか？
2.　イベントのイメージとスポンサーのイメージは似ているか？

3. スポンサーとイベントの相性は抜群か？

4. スポンサー企業とイベントは似たようなものを表現しているか？

5. この企業がこのイベントを後援（スポンサード）していることに意味があると思うか？

Speed & Thompson（2000）の研究では、個人がイベントに対して好意的な態度を持っている場合、イベントによく合う（マッチした）スポンサーに対してもポジティブな反応を示すというように、スポンサーとプロパティーの適合性が、他の変数と相互作用してスポンサーシップに対する反応に影響を与えることが示されている。

さらに、社会貢献に関連したスポンサーシップの一致においては、以下の7項目のように、対立する形容詞の対を用いて回答するSD法を用いて適合性が測定されている（Simmons & Becker-Olsen, 2006）。

1. 似ていない（dissimilar）／似ている（similar）

2. 一貫性がない（inconsistent）／一貫性がある（consistent）

3. ぴったりではない（atypical）／ぴったりである（typical）

4. 代表していない（unrepresentative）／代表している（representative）

5. 補完していない(not complementary)／補完している(complementary)

6. 低いフィットである（low fit）／高いフィットである（high fit）

7. 筋が通っていない（does not make sense）／筋が通っている（makes sense）

上記の適合性（フィット）を測定する尺度は、例えば、知的障害のある人たちの様々なスポーツトレーニングとその成果発表の場であるスペシャルオリンピックスという社会的な目的があるイベントや、ドッグフードのブランド、アルポ（Alpo）や小売店のブランド、スポーツオーソリティ（Sports Authority）との間の一致を調べた研究でも活用されている。研究の結果から、たとえスポンサーと商品の間のフィットが低い場合でも、説明や景品を通じて、ペットやペットケアと、子供たちや幸せな子供時代を結びつけることにより、両者の一致を高めることができることが分かっている。

　時代の変化とともに、スポンサーシップも進化し、人々の考え方にも変化が生じてきた。例えば、2000年代初頭には、スポンサーシップは今日ほど広く普及したコミュニケーション・プラットフォームではなかった。それゆえに、例えば保険会社がなぜバレエ団のスポンサーになるのか、一般の人には理解できなかったと思われる。しかし、時が経つにつれて、人々はイベント、ゲーム、フェスティバル、競技の一部としてスポンサーシップを理解し、企業がなぜスポンサーとなっているかについても理解するようになった。したがって、アンケートの回答者が、スポンサーシップの関係は意味を持つかという質問に遭遇したとき、その人は特定のペアリングに対してではなく、スポンサーシップの普遍性に対して回答しているかもしれない。

　しかしながら、適合度の測定がスポンサーシップの評価で中心的な役割を果たすことには問題があるという意見もある。確立された適合性の尺度を利用しているブランド責任者が、スポンサーシップコミュニケーションの有効性について誤った認識を持つ可能性があることが懸念されているのである。これは、この関係が懐疑論や批判を呼び起こす可能性がある場合に、特に問題となる。個人は、企業の社会的責任プログラムに対して、「価値主導型の動機」「ステークホルダー主導型の動機」「戦略主導型の動機」、そして「利己的な動機」の少なくとも4種類の動機を感じていることが研究によって示されている（Ellen et al., 2006）。そして、消費者は、博愛主義のような価値主導型の動機を受け入れるだろうし、責任あるプログラムが期待される場合にはステークホルダー主導型の動機を受け入れ、さらには社会的大義への取り組みがスポンサー企業の事業目標と一致する場合には戦略主導型の動機を受け入れる可能性が高くなる。しかし、最後のグループである利己的な動機の場合は、本当の社会貢献という目的のためではなく、企業イメージの向上のために社会貢献という大義名分を利用するものであると認識されるため、消費者には受け入れられにくくなる。

　例えば、石油会社のシェル（Shell Oil Company）社と湿地帯や高地で生息する野生動物の保護団体であるダックス・アンリミテッド（Ducks Unlimited）との間のスポンサー関係について見てみると、一致度の測定では、この両者の関係に対して「理にかなっている」または「予想される」と回答する人が多いかもしれない。しかし、この企業が自社の環境に対する評判を気にして

いるからこの社会貢献活動に取り組んでいるとおそらく多くの人が認識し、質問に回答していると考えられる。ここで重要なのは、企業と非営利団体が自然環境への志向性などの共通点を持っていても、消費者がその関係を懐疑的であると認識した場合、企業は単にイメージの向上という利己的な動機のために活動に取り組んでいると捉えられかねないのである。つまり、一致度の測定結果で「高いフィット感」という所見が得られても、人々はその企業がスポンサーをしている理由を理解することで、必ずしもそのスポンサー関係に満足しているかは分からないのである（Pappu & Cornwell, 2014）。

　ここまで紹介した先行研究により、スポンサーとプロパティーの間の一致度が重要であることはお分かりいただけただろう。しかし、一致度の評価はあくまで「消費者の解釈」によるものである。消費者の一致度に関する解釈は、「企業がスポンサーシップを行う動機」によっても影響を受ける。消費者は、どのようなスポンサー契約を、どのくらいの期間、どのような料金で行っているかという情報をもとに、企業がスポンサーシップを行う動機を推測する（Woisetschläger et al., 2017）。また、スポンサーとプロパティーの地理的距離も、消費者が推測するスポンサーシップ企業の動機に影響を与えることが分かっている。例えば、ヨーロッパのプロサッカーでスポンサー契約で多額の手数料を支払う遠方の国際的なスポンサー企業は、自社の利益のみを追求するような利己的な動機があると解釈される可能性があることが報告されている。

　つまり、スポンサーシップに一貫性がなく、また利己的な目的が見え隠れすることによりスポンサーシップの動機が疑われる場合は、多くの消費者はスポンサー活動に対して懐疑的になり、結果としてブランド価値に悪影響を及ぼす可能性が出るのである。このことから、ブランドはプロパティーとの関係が消費者にどのように認識されているかを十分に理解する必要がある。そのためには、スポンサーとなる企業はスポンサーシップを行う前に、関係の特性を測定することから始めることが有効であると考えられる。

5.　関係の本物性（Relationship authenticity）

　スポンサーシップ、有名人によるエンドースメント、インフルエンサー・マーケティングなどにおいて、誠実さや信頼性についての懸念があるため、関係の

本物性を測定する尺度が開発された。この尺度は、ブランドの本物性を評価する尺度（Morhart et al., 2015）に基づいており、(1)ブランドが自己と一致していると消費者が感じる程度（連続性）、(2)ブランドが消費者にとって真実であると感じられる程度（信頼性）、(3)ブランドが思いやりと責任に基づいて動機づけられている程度（誠実性）、(4)ブランドが消費者が自分らしくあることを支援できる程度（象徴性）の4つの要素を評価する。

　また、Charlton & Cornwell（2019）では、ブランドの本物性に関する独自の研究を適応させた16項目の尺度を開発し、同様に、下記の4項目の短い尺度を開発した。

1. ［ブランド］と［パートナー］の関係は、トレンドに左右されない。
2. ［ブランド］と［パートナー］の関係は、誠実な組み合わせである。
3. ［ブランド］と［パートナー］の関係は、人々に還元される。
4. ［ブランド］と［パートナー］の関係は、本当に大切なものと人をつなぐ。

　この尺度は、パートナーシップが4つの次元についてどの程度備わっているかを知りたいスポンサーやプロパティーにとって有益であり、パートナーシップを考える際の相性を測定するためだけでなく、時間の経過に伴う認識の変化を測定するためにも利用できる。

6. B to B関係におけるスポンサーシップの影響

　一方で、B to Bのビジネスでは、接触から契約に至るまでに時間がかかるため、B to Cの関係よりもスポンサーシップが企業間の関係に影響を与える要因を追跡することが困難な場合がある。スポンサーシップを通じた企業同士の関係の発展と維持を測定するには、非公式な会合やイベントへの参加など、ホスピタリティーの成果を中間的に測定することが有効かもしれない。

　スポンサーシップやその他の間接的なマーケティング活動では、購入や「行動ファネル」について考えることが一般的となっている。「マーケティングファネル」（図8-1）とは、消費行動の過程において見込み顧客が成約（購買）へ流れる中で段々と少数になっていくことを意味し、初期の広告研究を参考にし

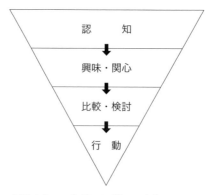

図8-1 ●マーケティングファネル

て、消費者の購買過程における、認知（Awareness）、興味・関心（Interest）、比較・検討（Desire）、行動（Action）といった4つの行動の進行について検討を行う（Lavidge & Steiner, 1961）。多くのファネルでは、スポンサー経由でブランドを知った人の60％が、その後、その企業のウェブサイトを訪問して興味を示しているというように、1つのステージから次のステージへの進行率を、追加情報として検証する。この初期のモデルには多くのバリエーションがあり、例えば、当初の4つのステップに加えて、自社のブランドや商品を熱狂的に支持して使ってくれる心理である"アドボカシー（Advocacy）"を5つ目のステップとして含める場合もある。また、「トライアル」や「初回限定購入」など、業界に関連したステップを含めることもある。

　B to B関係におけるスポンサーシップの成果を測定するために、企業は消費者の購買に至るいくつかの行動を、プロセスに沿った動きとして捉えて考える。消費行動を研究する研究者の多くが、プロセスにおけるこれらのステップを「変数」または「構成要素」という言葉で表現し、例えば、ホスピタリティーイベントに参加してスポンサーのメッセージに触れることで、製品の評価や好みの形成、そして購入につながるという一連の流れを因果関係の連鎖として把握する。B to Cの企業にとっては、消費者との関係を考える上で売上が最も注目される事項であるが、B to Bの関係では、収益性の向上や、新規ビジネスの紹介数なども考慮すべき事項となる。そのために、スポンサーシップはどのような役割を果たせるかについて説明できることは大変重要となる。

7. マーケティング資産に対するスポンサーシップの影響

　個々の顧客、視聴者、イベント参加者の考え方に対するスポンサーシップの影響を測定することに加えて、B to C および B to B スポンサーシップにおける企業やブランドが保有するマーケティング上の価値ある資産であるマーケティング資産への影響を測定することも可能である。ブランド・エクイティやロイヤルティーなどの心理的な変数に対する認知を測定することは、ロイヤルティーの高い消費者による経済的なブランド・エクイティや収益性を測定することとは異なるが、スポンサーシップの効果を判断する暫定的な指標として、またはベンチマーキングのツールとして、知覚データを測定することは非常に有益である。

　マーケティング資産とは、「企業（およびその提供する製品やサービス）の価値に焦点を当てた企業価値を長期的に高めることができる指標」（Rust et al., 2004, p.78）であり、最も研究されている2つのマーケティング資産は、ブランド・エクイティとカスタマー・エクイティである。ブランド・エクイティとカスタマー・エクイティの測定には多くの時間を要するが、スポンサーの製品やサービスのファン、参加者、消費者に質問を行い、知覚的な尺度を得ることで可能となる。

　一例として、国際的な測定を念頭に置いて開発されたブランド・エクイティの一つの測定尺度（Yoo & Donthu, 2001）では、以下の4つの項目がある。

1. たとえ製品やサービスが同じものであっても、他のブランドではなくブランドXを買うことに意味がある。
2. たとえ他のブランドの製品やサービスがブランドXと同じ機能を持っていたとしても、私はブランドXを買いたい。
3. もし、ブランドXと同じくらい良いブランドが他にあっても、私はブランドXを買いたい。
4. 他のブランドがブランドXと何の違いもない場合、ブランドXを購入する方が賢明であると思われる。

上記のブランド・エクイティの測定尺度は、スポーツチームへのスポンサー

シップがスポンサーのブランド・エクイティにどのように貢献しているかを測定するのに利用されている（Wang et al., 2011）。

　スポンサーシップの効果は、マーケティングおよび広告研究の拡大分野として、主にこれらの親分野で用いられている測定尺度を援用して測定が行われている。その中には、スポンサーシップの文脈に適応した測定法もあれば、スポンサーシップのために特別に開発された測定法もある。しかし、スポンサーシップの効果測定の中でも、「一致」という概念については、未だ議論の余地があるといわれている。

8.　モデリングとデータ分析

　先に述べたマーケティング型の測定手法は、特定の目的のために収集され、構造化されたデータを対象としている。例えば、参加者にアンケートを実施し、スポンサー企業の製品やサービスの体験、スポンサーに対する態度、購入意図などについて尋ねる。その調査で得られる数値データは、ブランドに対する経験を評価し、さらに態度や購入意図を反映したものとなっている。これに対して、非構造化データには、テキスト、ビデオ、音声、ソーシャルメディア、地理的位置情報などのデータが含まれる。

　データ分析（データアナリティクス）とは、多くの場合、機械学習を用いて生データを分析し、アルゴリズムや分析ツールを適用して、データセットに含まれる情報についての洞察を得て結論を導くプロセスを指す。"ビッグデータ"分析は、構造化、半構造化、非構造化というようなデータの多様性、分析に用いるデータの量、分析速度などが特徴的なデータ分析として近年注目を集めている（Sagiroglu & Sinanc, 2013）。データ分析のプロセスモデルは数多く存在するが、基本的には、測定目標の設定、データソースの特定、データの抽出と取得、クリーニング、データ分析、結果の解釈といった段階から成り立つ。

　データ分析の一例として、世界中のロッククライミング競技会に参加した200万人以上の記録を集めたデータセットを、データマイニングを用いて探索した研究がある（Huynh et al., 2018）。このデータ分析において、研究者たちは、(1)どの要素によって競技者のパフォーマンスを予測できるか、(2)どの要素が競技者のスポンサーシップにつながりやすいか、(3)競技者の健康状態を予

測することは可能か、といった3つの疑問に答えようとした。そして、分析の結果、スポンサーシップについては、アスリートが出場する競技場が、スポンサーの支援を得る機会に最も大きな影響を与えることが分かった。

　遠くない将来、デジタル化されたスタジアムから観客の情報、スタジアム内での購買履歴、ファンの物理的な動き、エンゲージメント活動といった豊富なデータがもたらされることで、これらの情報がスポンサーとプロパティーの関係に反映される可能性も出てくると思われる。一方で、データ分析を行うにあたっては、注意すべき点も多々ある。ビッグデータを扱うアナリストたちが直面する状況を表す言葉として「Drinking from the Firehose」（処理しきれないほど多すぎる）があるように、仕事の業務量が処理しきれないぐらい多くなり過ぎないようにプロジェクトを管理することは重要である。

ディスカッション

① スポンサーシップ契約がどのように履行されたかを説明するプロパティーからスポンサーへ提供される詳細な報告レポートのメリットとデメリットは何か？

② なぜスポンサーの露出価値を測る広告換算値は、しばしば過大評価されているといわれるのか？

③ 適合性（フィット）と信頼性の測定にはどのような違いがあるか？

④ パートナーシップの本物性（partnership authenticity）を測定することは、スポンサーシップの長期的な発展にどのように役立つか？

■参照文献

Albert, N., Merunka, D., & Valette-Florence, P. (2013). Brand passion: Antecedents and consequences. Journal of Business Research, 66(7), 904-909.

Altschwager, T., Conduit, J., Bouzdine-Chameeva, T., & Goodman, S. (2014). Customer engagement: A comparison between Australian and French wine events. Academy of Wine Business Research, 8th Annual Conference, Geisenheim, Germany, 28-30.

Ambler, T., Bhattacharya, C. B., Edell, J., Keller, K. L., Lemon, K. N., & Mittal, V. (2002). Relating brand and customer perspectives on marketing management. Journal of Services Research, 5(1), 13-25.

Association of National Advertisers (2018). Sponsorship measurement needs improvement: Study. Retrieved from www.ana.net/content/show/id/49541.

Ballouli, K., & Heere, B. (2015). Sonic branding in sport: A model for communicating brand identity through musical fit. Sport Management Review, 18(3), 321-330.

Becker-Olsen, K., & Simmons, C. J. (2002). When do social sponsorships enhance or dilute equity? Fit, message source and the persistence of effects. Advances in Consumer Research, 29, 287-289.

Bergkvist, L. (2012, March). The flipside of the sponsorship coin: Do you still buy the beer when the Brewer underwrites a rival team? Journal of Advertising Research, 52(1), 65-73.

Charlton, A. B., & Cornwell, T. B. (2019). Authenticity in horizontal marketing partnerships: A better measure of brand compatibility. Journal of Business Research, 100, 279-298.

Chen, K. K., & Zhang, J. J. (2012). To name it or not name it: Consumer perspectives on facility naming rights sponsorship in collegiate athletics. Journal of Issues in Intercollegiate Athletics, 2, 119-148.

Cornwell, T. B., & Coote, L. V. (2005). Corporate sponsorship of a cause: The role of identification in purchase intent. Journal of Business Research, 58(3), 268-276.

Cornwell, T. B., Humphreys, M. S., Maguire, A. M., Weeks, C. S., & Tellegen, C. L. (2006). Sponsorship-linked marketing: The role of articulation in memory. Journal of Consumer Research, 33(3), 312-321.

Cornwell, T. B., & Jahn, S. (2017, June). Rethinking sponsorship recognition: An abstract. Academy of Marketing Science World Marketing Congress, 77-78.

Cornwell, T. B., & Kwon, Y. (2019). Sponsorship-linked marketing: Research surpluses and shortages. Journal of the Academy of Marketing Science, 1-23.

Cornwell, T. B., Weeks, C. S., & Roy, D. P. (2005). Sponsorship-linked marketing: Opening the black box. Journal of Advertising, 34(2), 23-45.

Davies, F., Veloutsou, C., & Costa, A. (2006). Investigating the influence of a joint sponsorship of rival teams on supporter attitudes and brand preferences. Journal of Marketing Communications, 12(1), 31-48.

Deloitte (n.d.). 2019 Sports industry game-changers: Sports trends expected to disrupt and dominate. Retrieved from https://www2.deloitte.com/us/en/pages/technology-media-and-telecommunications/articles/sports-business-trends-disruption.html.

Ellen, P. S., Webb, D. J., & Mohr, L. A. (2006). Building corporate associations: Consumer attributions for corporate social responsibility programs. Journal of the Academy of Marketing Science, 34(2), 147-157.

Finkel, R. (2010). Re-imaging arts festivals through a corporate lens: A case study of business sponsorship at the Henley Festival. Managing Leisure, 15, 237-250.

Gwinner, K. (1997). A model of image creation and image transfer in event sponsorship. International Marketing Review, 14, 145-158.

Gwinner, K., & Eaton, J. (1999). Building brand image through event sponsorship: The role of image transfer. Journal of Advertising, 28(4), 47-57.

Hammer, M. (2007). The 7 deadly sins of performance measurement and how to avoid them. MIT Sloan Management Review, 48(3), 19-28.

Hino, Y., & Takeda, F. (2019). Market reactions to sport sponsorship announcements: Comparison between sponsors and their rivals. Sport Management Review. Forthcoming.

Hollebeek, L. D. (2011). Demystifying customer brand engagement: Exploring the loyalty nexus. Journal of Marketing Management, 27(7-8), 785-807.

Huynh, H., Sobek, E., El-Hajj, M., & Atwal, S. (2018, January). An analysis of rock climbing sport regarding performance, sponsorship, and health. 2018 IEEE 8th Annual Computing and Communication Workshop and Conference (CCWC), IEEE, 248-254.

Johar, G. V., & Pham, M. T. (1999). Relatedness, prominence, and constructive sponsor identification. Journal of Marketing Research, 36(3), 299-312.

Joyce Julius & Associates (2019). We are JJ & A. Retrieved from www.joycejulius.com/about/.

Keller, K. L. (1993). Conceptualizing, measuring, and managing customer-based brand equity.

Journal of Marketing, 57(1), 1-22.

Kot, S., & Kucharski, M. (2017). Real value of advertising value equivalent in sport sponsorship. International Review of Management and Marketing, 7(1), 34-42.

Lavidge, R., & Steiner, G. A. (1961, October). A model for predictive measurements of advertising effectiveness. Journal of Marketing, 25, 59-62.

Marketing Week (2012). Brand and bands make music festival experience. Marketing Week, 35(6), 20.

Mazodier, M., & Merunka, D. (2012). Achieving brand loyalty through sponsorship: The role of fit and self-congruity. Journal of the Academy of Marketing Science, 40(6), 807-820.

McDonald, H., & Karg, A. (2015). Quantifying the positive effects of sponsor level, length, prominence and relatedness on recall and residual recall rates over time. Journal of Marketing Communications, 21(5), 372-391.

Morhart, F., Malär, L., Guèvremont, A., Girardin, F., & Grohmann, B. (2015). Brand authenticity: An integrative framework and measurement scale. Journal of Consumer Psychology, 25(2), 200-218.

Mooreman, C. (2016). Ten steps to better use of marketing analytics: The phrase "drinking from the firehose" captures the nature analysts dealing with big data. Retrieved from www.forbes.com/sites/christinemoorman/2016/08/09/ten-steps-to-better-use-of-marketing-analytics/#76d-4cfe3fd87.

Olson, E. L., & Thjømøe, H. M. (2009). Sponsorship effect metric: Assessing the financial value of sponsoring by comparisons to television advertising. Journal of the Academy of Marketing Science, 37(4), 504-515.

Pappu, R., & Cornwell, T. B. (2014). Corporate sponsorship as an image platform: Understanding the roles of relationship fit and sponsor: Sponsee similarity. Journal of the Academy of Marketing Science, 42(5), 490-510.

Pokrywczynski, J., & Brinker, D. L. (2014). Congruency and engagement test in an event marketing sponsorship context. Journal of Promotion Management, 20(3), 345-357.

Rust, R. T., Ambler, T., Carpenter, G. S., Kumar, V., & Srivastava, R. K. (2004). Measuring marketing productivity: Current knowledge and future directions. Journal of Marketing, 28(4), 76-89.

Sagiroglu, S., & Sinanc, D. (2013). Big data: A review, collaboration technologies and systems (CTS). 2013 International Conference on Digital Object Identifier, 42-47.

Simmons, C. J., & Becker-Olsen, K. L. (2006). Achieving marketing objectives through social sponsorships. Journal of Marketing, 70(4), 154-169.

Speed, R., & Thompson, P. (2000). Determinants of sports sponsorship response. Journal of the Academy of Marketing Science, 28, 226-238.

Tripodi, J. A., Hirons, M., Bednall, D., & Sutherland, M. (2003). Cognitive evaluation: Prompts used to measure sponsorship awareness. International Journal of Market Research, 45(4), 435-455.

Vizard, S. (2019). "People asked if I was smoking something": Mastercard's CMO on developing its new sonic branding. Marketing Week. Retrieved from https://advance.lexis.com/api/document?collection=news&id=urn:contentItem:5VG2-R7G1-JDJ4-M2JN-00000-00&context=1516831.

Wang, M. C.-H., Cheng, J. M.-S., Purwanto, B. M., & Erimurti, K. (2011). The determinants of the sports team sponsor's brand equity: A cross-country comparison in Asia. International Journal of Market Research, 53(6), 811-829.

WARC (2019, September 23). Nestlé Waters uses video recognition to track sponsorship ROI. Retrieved from www.warc.com/newsandopinion/news/nestle_waters_uses_video_recognition_ to_track_sponsorship_roi/42673.

Whan Park, C., MacInnis, D. J., Priester, J., Eisingerich, A. B., & Iacobucci, D. (2010). Brand attachment and brand attitude strength: Conceptual and empirical differentiation of two critical brand equity drivers. Journal of Marketing, 74(6), 1-17.

Whitney, T. (2013). Can sponsorship impact brand affinity? Retrieved from www.business2community.com/branding/can-sponsorship-impact-brand-affinity-0630244.

Woisetschläger, D. M., Backhaus, C., & Cornwell, T. B. (2017). Inferring corporate motives: How deal characteristics shape sponsorship perceptions. Journal of Marketing, 81(5), 121-141.

Woisetschläger, D. M., Haselhoff, V., & Backhaus, C. (2014). Fans' resistance to naming right sponsorships: Why stadium names remain the same for fans. European Journal of Marketing, 48(7/8), 1487-1510.

Yoo, B., & Donthu, N. (2001). Developing and validating a multidimensional consumer-based brand equity scale. Journal of Business Research, 52(1), 1-14.

第9章

スポンサーシップの評価

　プロパティーからそれぞれのスポンサー企業に対しては年次報告書が提出されるが、それをどのように理解すればよいのだろうか。個々のスポンサーシップの測定は、包括的な評価システムによって反映されるのが理想である。スポンサーシップの評価には、スポンサーシップポートフォリオに関するフィードバックを提供し、意思決定を支援するための体系的な情報の収集と評価が必要となる。スポンサーシップの評価は、スポンサーシップの効果測定に大きく依存しているが、個々のスポンサーシップの測定だけでなく、スポンサーシップのポートフォリオの測定も含まれる。過去20年間、スポンサーシップの評価にあたっては、スポンサーシップへのマーケティング投資に対するリターンが重視されてきた。また、目的、目標、エンゲージメント、経験、関係性など、その他のリターンも評価に利用されている。ここでは、スポンサーシップの評価モデルについて、評価プロセスと経営上の意思決定の双方に焦点を当てながら詳しく解説する。

　本章では、プログラムの総合的なパフォーマンスの評価を想起、態度、購買行動、ロイヤルティーなどのスポンサーシップによる成果の評価と明確に区別するために、"効果測定"や"マーケティング測定"といった言葉ではなく、"評価"という言葉を用いている。競技においてゴールやタッチダウン、勝敗だけでは、シーズンを通じてのチームの成功の全体像を把握できないように、スポンサーシップに関しても単にスポンサーシップの効果を測定しても、パートナーシップの成功の全体像を把握することはできないのである。

1. 投資に対するリターン

　スポンサーシップの評価では、投資収益率（ROI）が話題になることが多い。この指標は単純で、投資による利益から投資にかかった費用（コスト）を差し

表9-1 ●リターンの種類の概要

リターンの種類	説　　　　明
ROI (Return on investment)	投資収益（利益）率。投資による利益から投資コストを差し引いたものを投資コストで割った財務指標
ROO (Return on objectives)	非財務的（短期的）な目標に向けた測定可能な動き
ROP (Return on purpose)	社会的価値に関するROOの一部分
ROE (Return on engagement)	長期的なエンゲージメント目標に向けた動きを支える、ブランドと顧客との間の感情的・心理的な結びつきの測定可能な変化
ROX (Return on experience)	消費者との接点と、経験文化に不可欠な貢献者としての従業員の両方に基づく多面的な再帰的尺度
ROR (Return on relationships)	組織の人間関係のネットワークの構築と維持によって引き起こされる長期的な純財務的成果

(Ghoneim, 2019, Forbes; Gummesson, 2004, Journal of Business & Industrial Marketing; Stewart, 2009, Journal of Business Research, PricewaterhouseCoopers など)

引いたものを、投資にかかった費用で割ったものになる（この指標やその他のリターン指標の概要については、表9-1を参照）。しかし、ROIは大変便利な指標だが、スポンサーシップとスポンサー製品の購入の間の緩やかなつながりを評価する場合にはそれだけでは十分ではない。スポンサーシップのROIを計算する際の主な課題は、広告の場合と同様に、スポンサーシップの効果を他のものから分離することである。

　この課題については、どのような場合に効果が分離されるのかという例を通して見るのが最も分かりやすいだろう。もしまだ誰も見たことのないまったく新しい製品が発売されるとして、その製品を購入する唯一の方法が、スポンサー関係を通じて伝えられたリンク先でのオンライン注文システムのみである場合を考えてみたい。この状況では、一度も市場に出ていない新製品であるため、過去のマーケティングコミュニケーションによるキャリーオーバー効果はなく、また消費者の過去のブランド経験もないため、スポンサーシップが消費者をオンライン販売に導いたことは確実だろう。また、これは稀なケースだが、スポンサーイベントでのみ提供された製品に関するコミュニケーションでは、同時期に行われた他のメッセージとの混同を考える必要もない。

　複雑で長期的なプログラムにおいて、スポンサーシップからのマーケティング投資のリターンを切り分けるためには、マーケティングの成功（または失敗）に貢献する他の要因を何らかの形で測定することと同様に、何らかの基準が必要となる。全米広告主協会のマーケティング説明責任基準委員会（ANA/MASB）がマネージャーを対象に行った調査によると、スポンサーシップにおけるROI測定の上位は、スポンサーシップ投資総額の財務的リターン（例：市場シェア、利益率）、メディア露出総額の財務的リターン（例：広告の同等性測定に基づく）、製品やサービスの売上であることが明らかとなった。

2. 目標に対する利益率

　評価に関する議論では投資収益率（ROI）に注目が集まることが多いが、それに加えて、場合によっては代替となる指標としてROO（Return on objectives）もスポンサーシップの場合には有効である。ROOは、目標に向かって進む際のインパクトや価値を測定するものであり、ROOを活用する第一の理由は、組織にとっての指標が非財務的なものであることである。全米広告主協会のマーケティング説明責任基準委員会は、スポンサーシップのROOとして、ブランドの認知度、企業やブランドのスポンサーシップの認知度、ブランドに対する態度、メディアへの露出度、ソーシャルメディアへの露出度を挙げている。

　例えば、ニールセンスポーツ社がスポンサーシップの評価に用いているスコアカード（評価手法）は、スポンサーが目標やターゲットを選択した上で、様々なタイプのスポンサーシップ、様々なタイプのアクティベーション、ブランドポートフォリオ、テリトリーにおけるアクティベーションの効果などを評価するのに役立つ（Neilsen Sports, n.d.）。これらの効果を測定するにあたっては、イベントでの対面インタビューや、イベント参加者へのフォローアップとチケットデータベースを用いた調査が行われる。

3. 目的に対する利益率

　スポンサーの大半は営利団体だが、スポンサーシップにおいては非営利団体

も少なくない。実際に、多くの非営利団体や政府機関、省庁、非政府組織（NGO）などがスポンサーシップを行っている。ROP（Return on purpose）とは、ROOの一部であり、スポンサーやプロパティーが社会的・環境的な目的を持っていることを意味する。ROPという用語が広まったきっかけとしては、企業の社会的責任（Ghoneim, 2019）や、ブランドがビジネス戦略の中心的な部分として重要な社会的問題に立ち向かうことに関連している（Baar, 2018）。この点を考慮すると、もし企業が環境の持続可能性を支持するならば、持続可能性を重視したスポンサーシップを行うことでその方針を証明することが可能となる。例えば、自動車メーカーのメルセデス・ベンツは、ジョージア州アトランタにあるメルセデス・ベンツ・スタジアムなどの施設スポンサーを多く抱えている。環境に配慮した建物を評価する認証制度であるLEED（Leadership in Energy and Environmental Design）認証を採用したこれらのスタジアムは、スポーツ施設としては史上最高のLEED評価を受けている（Byrne, 2019）。また、洪水の多いアトランタでは、スタジアムが200万ガロン以上の洪水の水を溜めることができる能力を持っていることが重要となる。このスポンサーシップは、環境にやさしい施設を目指すメルセデス・ベンツの全体的なアプローチと一致しているのである。

4.　エンゲージメントに対するリターン

　ROE（Return on engagement）の考え方は、デジタルメディアの利便性に起因する。デジタルメディア、特にソーシャルメディアは、マーケティングコミュニケーションに対する個人レベルの反応を測定することを可能にした。ある定義では、「ROEは、特定のブランドアクション、戦略、製品から得られる総合的なブランド力である」と説明されている（PowerPost, 2017）。この定義はかなり広く、ROEと、例えば一般的なROOとを区別していないという課題もある。ROEは、ブランドと顧客の間の感情的・心理的な結びつきの測定可能な変化を捉えようとするものであり、ロイヤルティーやブランドへの愛着などのエンゲージメント目標に向けた動きをサポートするものであるともいえる。ROEの取り組みは、例えば、ブランドのモバイルアプリの内容などで測定される（Gill et al., 2017）。

5. 経験に対するリターン

　会計・監査の多国籍企業であるプライスウォーターハウスクーパース（PricewaterhouseCoopers、以下PwC）は、今こそ「経験に対するリターン」（ROX）と呼ばれる消費者中心の指標が必要であると主張している。ROXのフレームワークは、以下の5つの価値を増幅させる好循環であるといわれている。

1. ブランドの目的や戦略に対する感情的なコミットメントである「誇り」。
2. 社内外のブランドアンバサダーとして感情的エネルギーの源となる「インフルエンサー」。
3. 文化を定義し、卓越性を促進し、パフォーマンスマネジメントに組み込まれる必要がある重要でポジティブな習慣と活動である「行動」。
4. 顧客や従業員の目に映る価値の主要な源泉である「バリュードライバー」。
5. より高いROXによって生み出される財務上の結果である「成果」。

(PwC, 2019)

　ROXの考え方は、顧客だけでなく従業員にも焦点を当て、フィードバックのループを認識するシステム思考であることが他の評価フレームワークと異なる点である。正確な定義はないが、ROXは、消費者との接点と、経験文化に不可欠な貢献者としての従業員の両方に基づく、多面的な再帰的尺度であると考えることができる。PwCは、成功の文化は消費者体験と従業員体験を融合させるものであり、スポンサーシップはROXの考え方を発展させることができる機会を提供すると主張している。

6. 関係に対するリターン

　スポンサーシップのもう一つの評価指標であるROR（Return on relationships）は、「組織の関係ネットワークの構築と維持によって引き起こされる長期的な純財務的成果」である（Gummesson, 2004）。RORを測定するという考え方はソーシャルメディアでは浸透しているが、スポンサーシップでは、産業界の関係をベースとした独自の考え方は、未だ発展していない。このアプロー

チでは、関係構築への投資を検証し、共同事業による生産性向上と価値の増分を評価する（Grönroos & Helle, 2012）。

　スポンサーがイベントのイメージを向上させるためにできることは、イベントがスポンサーのイメージをサポートするためにできることと同じであると考えれば、RORがスポンサーシップの評価に適応可能であることは明らかである（Walker et al., 2011）。ユニークな関係を構築する興味深い例として、ウィスコンシン州ミルウォーキーとイリノイ州ダウナーズグローブに本社を置く非営利の医療システムであるオーロラ・ヘルスと野球チームのミルウォーキー・ブリュワーズにおけるファンの情熱と患者のストーリーを活用したパートナーシップがある（Evans, 2019）。腎臓移植を必要とする一人の患者が、ソーシャルメディアやスポーツスポンサーシップの力を借りて支援を探すという双方向の関係が生まれた。オーロラ・ヘルス・グループは、このパートナーシップを通じて、年間に500件の医療機会を提供できるようになった。

　データ分析を活用すれば、オンラインでの関係性を測定することも可能であ

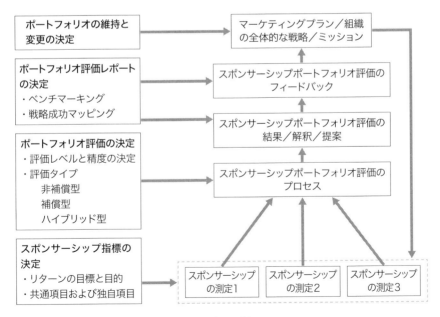

図9-1 ●スポンサーシップポートフォリオ評価モデル

る。例えば、プロパティーにはブランドコミュニティーやファンコミュニティー、パトロンコミュニティーがあり、パートナーシップを組むことで、ブランドは既に確立されたコミュニティーと接点を持つことが可能となる。分析では、プロパティーが有するコミュニティーとの接触の可否に関する情報を得ることができる。しかし、データ分析による評価を行うためには、イベントの前、中、後の各時点でデータを収集しなければならない。パートナーシップの評価を行うにあたっては、金融サービスや旅行、保険など一部の業界を除いては、スポンサーシップを評価できる詳細なデータを手にするのに大きな労力を要する。

　スポンサーシップ投資のリターンを、財務的リターン、目的、エンゲージメント、経験、関係性などに基づいて計算することで、投資を他の支出と比較・評価することができる。とはいえ、スポンサーシップには様々な価値があるので、本当に必要なのは総合的な評価システムである。支出から得られる価値をよりよく評価する方法は、企業の説明責任をサポートすることにもなる。図9-1は、ポートフォリオ内のスポンサーシップを評価する際の判断ポイントを示したモデルである。

7.　スポンサーシップ指標の決定

　ポートフォリオ内のスポンサーシップの効果は、図9-1の左下に示されているように、そのプロパティーによって設定されたリターンの目標と目的に応じて測定されるべきである。これらのリターンの目標は、マーケティング戦略に基づいたものである必要がある（ただし、パブリック・リレーションズやコミュニティー・リレーションズの中にあってもよい）。そして、組織のミッションに沿った全体的な組織戦略の中に位置づけられ、さらに評価アプローチの性質は、状況に応じて変化する。

　フィンランドの研究者たち（Frösén et al., 2013）は、1,000人以上のフィンランド人経営者たちを対象とした調査の結果から、ブランド・エクイティ、市場での地位、財務的地位、長期的企業価値、イノベーション、顧客フィードバック、顧客エクイティ、チャネル活動（流通管理）、販売プロセスからなるマーケティング・パフォーマンスの9つの指標を特定した。そして、これらの指標の組み合わせは、業種や企業のステージによって異なるとしている。

　測定は、リターンの目的に基づいて行われなければならないが、背景や前後関係によっても考え方が変わる。例えば、動きの速い消費財であれば、ROIは売上高であり、テクノロジー製品であれば、ROEはスポンサーの注目製品を実演するオンサイト活動に参加した人の数となる。また、イメージを大切にするスポンサーであれば、ROPはスポンサーが支援する社会貢献プログラムによって助けられた人々の数になるかもしれない。

　スポンサーシップの評価基準を決定する上で重要なことは、評価基準をすべてのプロパティーで比較できるようにすることである。例えば、財務的なROIがポートフォリオ内のすべてのプロパティーの目的であった場合、パートナーシップによって生み出されたビジネスが共通の評価基準となる。また、ブランド認知度の向上（ROO）がポートフォリオ全体の最重要目的である場合は、広報活動によるメディアなどでの取り扱いが注目すべき指標となるだろう。しかし、それぞれのスポンサーシップでは、従業員のエンゲージメントなど、ポートフォリオ全体では容易に入手できない、あるいは開発できないような独自の価値を生み出す場合もある。よって、スポンサーシップを評価する際に、どのような指標を使用するかは、目的やポートフォリオの評価方法によって異なってくる。

8.　ポートフォリオ評価の決定

　個人事業主の場合は別として、どのようなスポンサーであっても、どの程度の精度で評価を行うかを決定しなければならない（図9-1の下から2番目の決定点、「ポートフォリオ評価の決定」）。ここでの最初の疑問は、ポートフォリオ内の関係から得られる企業レベルとブランドレベル双方の価値を考慮することである。特に大企業であれば、多くのブランドが関わっていることが多いため、各ブランドの評価レベルが問われる。例えば、ポートフォリオの中のいくつかのブランドは、スポンサーシップによって伝えられる独自のブランド価値を持っているかもしれない。それらを測定する必要があるのか、また測定した場合、ポートフォリオ全体の評価プロセスの一部とする必要があるのかについて考える必要がある。そして、2つ目の重要なポイントは、ポートフォリオ評価の決定においてどの評価方法を使用するかということである。

　一般的に使用されるポートフォリオ評価は、「非補償型」「補償型」「ハイブリッド型」の3種類である。非補償型の評価アプローチでは、基準値を設定し、プロパティーが基準値を満たさない場合は、更新しないことが推奨される。例えば、基準値として、メディア価値（例：看板、メディアでの言及）がプロパティーへの投資額と同等かそれ以上であることが求められる。あるいは、メディア価値や直接的なビジネス、会場での100人のゲストのためのVIPエンターテインメントの機会がうまく管理されていることなど、いくつかの非補償的な要件が基準値となるかもしれない。このように、非補償型の評価アプローチでは、基準値のみで評価の判断を行う。

　次に、補償型では、ある分野の価値が低くても、別の分野で優れた価値があれば相殺することができる。例えば、大規模なポートフォリオを持つ企業の場合、スポンサーシップポートフォリオの価値を、「直接的なビジネスラインの収益」「外部顧客への露出とエンゲージメント」「内部顧客の従業員の参加と誇り」「企業の評判」の4つのカテゴリーに分類することができる。ポートフォリオ内のすべてのスポンサーシップは、対応する評価基準で測定されるが、あるカテゴリーが基準を満たさないからといって評価しないのではなく、複数の

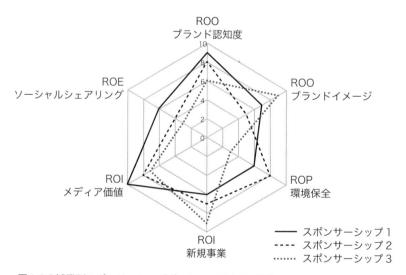

図9-2●補償型スポンサーシップポートフォリオの可視化

基準をミックスして複合的に評価を行う。

　別の例として、図9-2は、補償型スポンサーシップのポートフォリオを視覚化したもので、6つの評価項目（ROO：ブランド認知度、ROO：ブランドイメージ、ROP：環境保全、ROI：新規事業、ROI：メディア価値、ROE：ソーシャルシェアリング）を10点満点で測定し、比較できるようにしたものである。各項目の評価は評価委員会が行い、得点は平均化される。この方法の難点は、ポートフォリオに含まれるスポンサーシップの数が増えてくると、全体を俯瞰することが難しくなることが挙げられる。図9-2によると、スポンサーシップ1は、多くの人々に届いて認知度を高めるのに優れているが、実際にはより多くの新規ビジネスをもたらしているのは、スポンサーシップ2と3であることが分かる。もし他のカテゴリーで相殺できるパフォーマンスがあれば、あるカテゴリーのパフォーマンスが低いからといって、どのスポンサーシップも排除されることはないだろう。

　もちろん、非補償型と補償型を併用したハイブリッド型の評価アプローチを採用することも可能である。図9-2に戻って、もし6つの評価項目のうち5つに対しては補償型の評価アプローチを用いて、環境保全の項目のみ6点以上の基準値が適用されるならば「スポンサーシップ3」は排除されることが推奨されるであろう。

9. ポートフォリオ評価レポートの決定

　どの組織においても、いつ、どのような形式で誰が報告書を受け取るかといったポートフォリオ評価報告書に関する独自の決まりがあるが、すべての報告書には戦略的な目標が達成されたかの評価と指標に基づいて活動を評価し業務効率の向上へとつなげるベンチマーキングが必ず含まれる。

　ベンチマーキングでは、例えば、今年のスポンサー・エンゲージメントの成果を、昨年のスポンサー・エンゲージメントの成果と比較するように、何らかの基準との比較を行うことになる。また、スポンサーシップの評価は、直接の競合他社の成果や業界全体の成果と比較することで行われる。例えば、自動車保険会社が初めてeスポーツのチームスポンサーになったとして、1年目の時点で、関連するeスポーツコミュニティーの観客の間で、自社ブランドの認知

度が23％しかなかったとする。この数字は低いように見えるが、業界平均が13％であれば、喜ばしい結果であると考えられるだろう。

　戦略成功マッピングとは、スポンサーシップのポートフォリオが戦略的な目標や目的をどの程度達成したかを分析する。ポートフォリオには多くのプロパティーがあるため、責任者は、個々のプロパティーの目標に対する達成度と失敗度を評価するとともに、ポートフォリオ全体の目標に対する達成度と失敗度を評価しなければならない。

　スポンサーシップは、想定外の予期せぬ結果をもたらす可能性を秘めている（Cornwell & Kwon, 2019）。また、スポンサーのポートフォリオに含まれるプロパティー群から派生する共通の成果が生まれる可能性（Chien et al., 2011）や、プロパティーが保有する他のブランドから同時進行のスポンサーへの（ポジティブおよびネガティブな）拡散効果を生む可能性も秘めている（Boronczyk & Breuer, 2019; Cobbs et al., 2016）。つまり、戦略成功マッピングでは、投資のポートフォリオから派生する絶対的、相対的、相乗的な価値を探し出すのである。そして、これらの分析は、マーケティングプランや組織全体の戦略に反映され、組織のミッションと一致する必要がある。

10. ポートフォリオの維持と変更の決定

　評価レポートは、図9-1の上部に示されている「ポートフォリオの維持と変更の決定」につながる。ここでは、継続的なコミットメントの調整、スポンサーシップの更新・終了、新規開拓に関する判断が行われる。これらの決定は、評価報告書（企業および／またはブランドレベル）に基づいて行われるが、予算、競合状況、経済的・文化的・社会的トレンド、製品やサービスの導入・削除・変更などの影響も受ける。

11. 出発点と説明責任に対する考え方

　評価のシステムがない場合、何から始めればよいだろうか。一つの出発点は、プロパティーやスポンサー組織で現在行われているもので、評価に役立つと思われるすべての方策を把握することである。その際に頻繁に活用される情報群

には、財務（例：売上、利益、市場シェア）、行動（例：ブランド購入、ロイヤルティー）、知覚（例：ブランド認知、態度）、露出（例：ターゲットへの到達度、露出頻度）といったものが含まれる（Green, 2008）。棚卸しをする（1つ1つ見直す）際に重要なことは、利用可能だからといって手に入る評価尺度を安易に活用するのではなく、その評価尺度が施策を判断するために本当に有効かを見極めることである。手始めに、露出度や認知度の向上といった中間指標と財務的・客観的リターンの相関関係を調べ、因果関係を特定することが有効かもしれない（Stewart, 2009）。

スポンサーシップの説明責任（アカウンタビリティ）に関する議論は、20年前から行われている。しかし、どのようにして説明責任の考え方を身につければよいのだろうか？　一つの視点として、業界に入るための研修を受ける段階からトレーニングを始めることが有効である考えられる。マーケティングの分野では、表計算ソフトを活用したトレーニングを早期に行い、マーケティングにおける説明責任を身につけさせることで、状況が改善されるのではないかと考えられている（Ganesh & Paswan, 2010）。スポンサーシップ業界に従事しているプロパティーやブランドで働く人たちの中で、分析に長けた人材がどれだけいるかは明確に答えられない。しかし、分析に対する流動的な理解は実践的な分析だけでなく、説明責任に対する概念的なスキルを身につけるにあたっても役立つと思われる。

ディスカッション

① 非補償型、補償型、ハイブリッド型の3つの評価アプローチについて考える際、それぞれのメリットとデメリットは何だろうか？

② 図9-2のレーダーチャート（スパイダーウェブ）による視覚化は、複数のスポンサーシップに関する情報を同時に提示する方法の一つだが、他にはどのような方法があるだろうか？

■参照文献

Association of National Advertisers (2018). Sponsorship measurement needs improvement: Study. Retrieved from www.ana.net/content/show/id/49541.

Baar, A. (2018). The case for brands taking a stand. The Wall Street Journal. Retrieved from https://deloitte.wsj.com/cmo/2018/12/12/the-case-for-brands-taking-a-stand/.

Boronczyk, F., & Breuer, C. (2019). The company you keep: Brand image transfer in concurrent event sponsorship. Journal of Business Research. Forthcoming.

Byrne, K. (2019, July 1). How Atlanta's Mercedes-Benz Stadium helps compat the city's flood problems. Retrieved from www.accuweather.com/en/weather-news/how-atlantas-mercedes-benz-stadium-helps-combat-the-citys-flood-problems/70007287.

Chien, P. M., Cornwell, T. B., & Pappu, R. (2011). Sponsorship portfolio as a brand-image creation strategy. Journal of Business Research, 64(2), 142-149.

Cobbs, J., Groza, M., & Rich, G. (2016). Brand spillover effects within a sponsor portfolio: The interaction of image congruence and portfolio size. Marketing Management Journal, 25(2), 107-122.

Cornwell, T. B., & Kwon, Y. (2019). Sponsorship-linked marketing: Research surpluses and shortages. Journal of the Academy of Marketing Science, 1-23.

Evans, P. (2019). Advocate Aurora health partnership strategy drives two-way activation. Retrieved from https://frntofficesport.com/advocate-health-partnerships/.

Frösén, J., Tikkanen, H., Jaakkola, M., & Vassinen, A. (2013). Marketing performance assessment systems and the business context. European Journal of Marketing, 47(5/6), 715-737.

Ganesh, G., & Paswan, A. K. (2010). Teaching basic marketing accountability using spreadsheets: An exploratory perspective. Journal of Business Research, 63, 182-190.

Ghoneim, M. (2019, June 14). Why corporate social responsibility matters. Forbes. Retrieved from www.forbes.com/sites/forbescommunicationscouncil/2019/06/14/why-corporate-social-responsibility-matters/#7cb0b35532e1.

Gill, M., Sridhar, S., & Grewal, R. (2017). Return on engagement initiatives: A study of a business-to-business mobile app. Journal of Marketing, 81(4), 45-66.

Green, A. (2008). Planning for effective evaluation: Are marketers really doing it? Journal of Sponsorship, 1(4), 357-363.

Grönroos, C., & Helle, P. (2012). Return on relationships: Conceptual understanding and measurement of mutual gains from relational business engagements. Journal of Business & Industrial Marketing, 27(5), 344-359.

Gummesson, E. (2004). Return on Relationships (ROR): The value of relationship marketing and CRM in business-to-business contexts. Journal of Business & Industrial Marketing, 19(2), 136-148.

Nielsen Sports (n.d.). Retrieved from https://nielsensports.com/value-of-sponsorship/

PowerPost (2017). Return on engagement: The new ROI. Retrieved from https://www.powerpost.digital/insights/return-engagement-new-roi/.

PriceWaterhouse Cooper (2019). It's time for a consumer-centered metric: Introducing "return on experience." Retrieved from www.pwc.com/gx/en/consumer-markets/consumer-insights-survey/2019/report.pdf.

Stewart, D. W. (2009). Marketing accountability: Linking marketing actions to financial results. Journal of Business Research, 62, 636-643.

Walker, M., Hall, T., Todd, S. Y., & Kent, A. (2011). Does your sponsor affect my perception of the event? The role of event sponsors as a signal. Sport Marketing Quarterly, 20, 138-147.

第10章

アンブッシュマーケティング

　スポンサーシップでアンブッシュが起こるのは、独占性があるからである。あるブランドがイベントの公式スポンサーになると、その興奮や熱狂に加わりたい他のブランドは、法的な一線を越えないように何らかの形でイベントに関わろうとする。例えば、毎年3月に米国テキサス州オースティンで行われる音楽祭・映画祭・交流フェスティバルなどを組み合わせた大規模イベントの「サウス・バイ・サウスウエスト」の期間中、カルバン・クライン（Calvin Klein）とアーバン・アウトフィッターズ（Urban Outfitters）は、イベントが開催されている近くのショッピングセンターとホテルでパーティを開催した。このパーティーの様子は多くの注目を集め、24時間以内にInstagramとTwitterで100万件以上のエンゲージメントを獲得し、多くの人々に両ブランドがサウス・バイ・サウスウエストと関連があるように印象づけることに成功した（Pike, 2016）。

　アンブッシュをめぐる法的問題は、当初のスポンサー活動では想定されていなかった事態であり、損害賠償を求める人々は、相手を訴えるには多くの法律を参照しなければならないため厄介な問題となっている。これまでに行われたアンブッシュの事例と研究を振り返ってみると、特に世間の反発を招く可能性のある分野でのアンブッシュを防止することを目的に投資される資金と労力は膨大なものとなるため、公式スポンサーは、アンブッシュの相手をするよりも公式スポンサーとして強力なメッセージを発信するキャンペーンに力を注ぐ方が賢明だという結論に達している。アンブッシュはしばしば大がかりな仕掛けによって演出されることから、イベントスポンサーの一部になっていると考える見方もあるほどである。

　スウェーデンの家具大手イケア(IKEA)は、2018年の夏に2つの新しいソファの広告を提供した。1つ目の広告では、同社の2つのシートが一方を向いているが、3つ目のシートは逆を向いているのが特徴の3人掛けソファ Delakigが

映し出され、"For all of you who love football. And for those of you who don't.（フットボールを愛するすべての人のために。そして、そうでない人たちにとっても。）"というキャッチコピーが付けられた。2つ目の広告では、2つのシートが隣接し、1つのシートが離れている3人掛けソファ Vallentuna に、"When your friends cheer for the wrong team.（あなたの友人が間違ったチームを応援しているとき）"というコピーの付いた広告を掲載した。この広告については、「イケアはソーシャルメディアで話題性のあるメッセージを投稿することが得意で、今回は多くの人が注目しているサッカーのワールドカップに関連させている」（Jardine, 2018）といったコメントが多く寄せられ、夏の最大のスポーツイベントである2018FIFAワールドカップに関連させた広告として大きな議論を呼んだ。このイケアが行った広告はアンブッシュマーケティングだったのだろうか？　また、この活動は違法なのだろうか？

1. アンブッシュとは何か？

　スポンサーシップに関連する分野で、アンブッシュほど多くの議論と興奮を巻き起こしているものはないだろう。アンブッシュとは何かという考え方は今もなお進化し続けており、市場での現在の動きに合わせて、新しい定義が導入されることも多くある。かつては、アンブッシュは大規模なスポーツイベントで行われることが圧倒的に多かったが、最近では小規模なイベントや草の根レベルのイベントでも頻繁に見られるようになってきた。

　スポンサーにとって最も重要なのは、知的財産権の保護である。商標権、著作権、特許権、営業秘密、パブリシティ権など、スポンサー契約を行うにあたっては、財産権の所有者が保有する様々な法律に関連した法的権利が発生する。これらは、権利の所有者自身が使用することも、特定の他者に使用を許諾することもできるが、重要なことは、スポンサーシップの契約に関係しない特定の他者による使用を禁止することができることである。したがって、知的財産法では、知的財産の使用に関しては、「言論や報道の自由、経済的競争、および他者の過去の努力に基づいて社会に新しいものを提供する創造的な知的活動などの重要な社会的活動を不当に制限することなく、知的財産の創出を最大化するために、財産を使用する権利と他者の使用を排除する権利を十分に付与しよ

うとする」(Phelps, 2013) と示されているように、権利者やライセンサーにも制限があり、特定の権利と、社会の他の人々にもたらされるべき利益とのバランスを取ることが求められる。

　スポンサーシップに関する法律で特に取り上げられる考えは知的財産権であるが、欧米では誤解を招くようなマーケティング手法や、不公正で欺瞞的な広告から権利を保護するための様々な法律も存在する。また、米国ではスポンサーシップにおけるアンブッシュを取り締まるにあたっては、州や地方、地域の法律が適用される場合もある。そして、取り締まりを強化するにあたっては、現行の法律に照らし合わせてスポンサーシップとアンブッシュの定義について考える必要がある。

　アンブッシュについては、当初は真のスポンサーと勘違いされることで、スポンサーとしての地位や利益を奪おうとする意図が強調されていた。しかし、この考え方は時代とともに変化し、現在では「公式（オフィシャル）スポンサーと思われること」が必ずしもアンブッシュを行う目的ではないと認識されている。また、公式スポンサーの権利を重視するために、アンブッシュと呼ばれる活動は違法または非倫理的であるとの認識も広まってきている。Townleyら (1998) の定義では、スポーツの分野におけるアンブッシュマーケティングを「企業が自らの名前やブランド、製品やサービスを、幅広いマーケティング活動のいずれかを通じて、スポーツイベントや競技会と無許可で結びつけること。イベントの商業権の管理者（通常は関連する管理団体）がその結びつきを承認していない場合は、無許可の活動と扱われる」と説明している。

　アンブッシュマーケティングに関する議論は、過去10年の間で進化し、現象をより深く理解するために、どのような活動が行われているかを説明する必要があるほどである。アンブッシュ活動には、イベントや活動に関連したフレーズやイメージの使用、イベントの放送内での広告時間の購入、会場内や周辺での掲示、消費者向けのプロモーションやお祝いのメッセージの使用なども含まれるようになっている (McKelvey & Grady, 2008)。

　アンブッシュマーケティングでは、非スポンサーがいかに世間の注目を自分たちに向けさせ、何らかの形で真のスポンサーから価値を奪う行為について定期的に議論されている (Crow & Hoek, 2003)。例えば、もし先に紹介したイケアのアンブッシュ広告がなければ、2018年のFIFAワールドカップでソファ

に対する世間の注目は集まっただろうか？　アンブッシュに対する様々な定義では、非スポンサーによる不当な利益の取得が前提となっていることから、たとえその行為自体は違法でなくても、活動は非倫理的であるとみなされるのである（Mehrotra, 2019, p.2）。

2.　アンブッシュのタイプ

　ここでは、現在アンブッシュの活動として審議されている行動をまとめるために、意図的であるかと合法性であるかの2つの側面から整理し、以下に示す4つのグループを作成した（図10-1を参照）。

　1.　意図的で違法である：強気なアンブッシュ。
　2.　意図的でありながら合法である：“賢い”アンブッシュ
　3.　意図的ではなく合法である：偶発的なアンブッシュ
　4.　意図的ではないが違法である：無意識のアンブッシュ

◉意図的で違法である：強気なアンブッシュ

　ブランドが何百万ドルものお金を払って、あるプロパティーと独占的な関係を持つことはギャンブルのようなものである。例えば、米国の自動車メーカーであるシボレーは、イギリスのサッカーチームであるマンチェスター・ユナイテッドと2020〜2021年のシーズンまでの7年間のスポンサー関係を結ぶために5億5,900万ドル（おおよそ620億円）を支払った。さらに同時期に、ゼネラルモーターズのトルーカ工場の拡張に2億1,100万ドル（おおよそ234億円）、シラオのトランスミッション新工場に3億4,900万ドル（おおよそ387億円）、サンルイスポトシの次世代トランスミッション工場の拡張に1億3,100万ドル（おおよそ145億円）の計6億9,100万ドル（おおよそ767億円）の投資も行っている（Business Insider, 2013）。スポンサーはイベントを支援するために多額の資金を費やし、その見返りとして、イベントに関連する何らかの独占的な権利を獲得すると考えられている。例えば、スポンサーは通常、自社の製品やサービスに関連したコミュニケーションにプロパティーのロゴを使用することを許可されている。よって、非スポンサー企業がプロパティーのロ

ゴを使用することは、法律上の一線を越えることになる。

　Chadwick & Burton（2011）は、様々なタイプのアンブッシュを分類した中で、最も極端な「市場競争相手を意図的に待ち伏せし、意図的かつ故意にライバルの公式スポンサーを攻撃して市場シェアを獲得し、誰が公式スポンサーなのか消費者を混乱させる」状況を「捕食的なアンブッシュ」（"predatory ambushing"）と表現している。このような状況からスポンサーブランドを保護するために、ほとんどの国で商標法が適用される。例えば、公式スポンサーではない企業が、オリンピックの五輪マークを使用する権利がないにもかかわらず、広告に五輪マークを付けた場合などがこれに該当する。

　近年、ほとんどの国で明らかな違法行為であるアンブッシュは減少傾向にあるといえる。巧妙なアンブッシュを行う企業は、法的な影響を避けようとし、何がアンブッシュとみなされ、何がそうでないかを明確にすることで法的な違反を避けようとしている。意図的で違法なアンブッシュは、アンブッシュを取り締まるための法律の執行が弱い状況下で起こりやすくなる。例えば、中華人民共和国ではアンブッシュに対する認識が高まっているにもかかわらず、アンブッシュの頻度について調査した研究は、「欧米などの先進国と比較して、いくつかの理由から、中華人民共和国はアンブッシュマーケティングが行われやすい国である」と結論づけている（Preuss et al., 2008, p.259）。このような傾向の文化的な理由として、無制限に共有することを重んじる儒教の伝統に基づくものと考えられているが、近年では中国でもスポンサーシップの権利や関

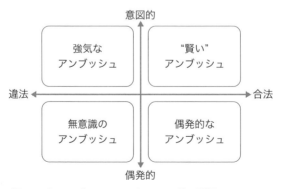

図10-1 ●アンブッシュマーケティングの種類

連する法律に対する理解が進んでいることも指摘されている。しかしながら、国際的なスポンサーシップは複雑で重層的であることから、取り締まりは困難であるため、アンブッシュが創造される可能性は無限大となってしまう危険性をはらんでいる。

　また、明らかにアンブッシュマーケティングが行われている場合でも、なかなか法的措置をとることができないのは、世界的にアンブッシュ活動に対する防止法の整備が遅れていることが挙げられる。例えば、「混同させる意図」がある場合や、標章を明確に識別する能力が損なわれる合理的な可能性（混同を引き起こす可能性）がある場合は、米国では連邦商標希釈化法（Federal Trademark Dilution Act、以下商標希釈化法）に基づき、真のスポンサーが保護されている。しかし、アンブッシュ関連の活動については、「著名な商標の所有者と他の当事者との間の競争において混同、誤認、欺瞞の可能性の有無にかかわらず、商品やサービスを識別・区別するための著名な商標の能力を低下させていることを示さなければならない」と定められており、これには証拠が必要であり、裁判所が認める方法で証拠を提出するのは困難な場合が多くある。またもう一つの難点は、商標希釈化法の適用は、その商標が本当に全国的に有名な場合にのみ限定されるということである。例えば、テキサス大学が大学のロゴマークであるロングホーンのマークの使用について、同様のロゴを使用する電気会社のKST Electric Limited社を訴えたケースでは、大学側の主張では「スポーツにおける部分的な評判であり、ロゴマークは全国的に有名ではない」と判断されKST社に敗訴した（Tushnet, 2008）。

　商標希釈化法では、真のスポンサーは、アンブッシュによって自分たちのブランドが汚されていると主張することも可能であるが、ここでの「ブランドが汚された状態」とは、通常は犯罪に関連した行為など非常に特殊な状況によって、あるブランドが他のブランドからネガティブなイメージを与えられた状態を意味するのであり、アンブッシュの活動のみで適用するのは大変難しいといえる。例えば、高品質のスポーツシューズを製造する真のスポンサー企業が、低品質のシューズを製造する企業からアンブッシュをされた場合、アンブッシュの行為によって消費者が2つのブランドを混乱しただけでなく、その混乱によって真のスポンサー企業が劣悪な製品を販売していると消費者に思われてしまったという状況が生じてはじめて「汚された」という主張が可能となる。

その意味では、アンブッシュによって公式スポンサーの品質イメージが低下したことを証明するのは難しいと思われる。

さらに、意図的なアンブッシュが行われることによりブランドの価値が低下することで、イベントオーナーの知的財産権も侵害される可能性がある。悪用されたシンボル、商標、画像は、ブランドではなくイベントのものである可能性が高いため、イベントがアンブッシュに対して適切な対処ができなければ、その権利の将来的な価値が下がる可能性があるため、アンブッシュはイベントの主催者にとっても重要な問題となる。

⦿意図的でありながら合法である：“賢い”アンブッシュ

アンブッシュ反対派の流れに逆らうように、Tony Meenaghan（1996）は、アンブッシュは合法的なマーケティング活動であると主張した最初の一人である。彼は、多くの国が商業的言論を保護していることも含め、マーケティング担当者は市場で競争するためにあらゆる機会を利用する権利があると主張した。さらに一歩進んで、イベントや会場から正式に認可されたものを除き、すべてのマーケティング担当者が潜在的な消費者とコミュニケーションを取ることを違法とすることは、過剰な制限とみなされる可能性があるとも述べた。

このように、「具体的な言及や公式な関連性を示唆することなく、組織がスポーツイベントやプロパティーとの関連性を示唆するようなイメージや用語を使用すること」（Chadwick & Burton, 2011, p.716）をある人は「連想的アンブッシュ」と呼び、また他の人は「巧妙なマーケティング」と呼ぶことがある。2012年に開催されたロンドン・オリンピックの水泳競技で多くの選手がイギリス国旗柄のヘッドフォンをつけていたのを覚えているだろうか。このヘッドフォンを提供したのはアメリカに本社を置くビーツ・エレクトロニクス社（Beats Electronics、以下ビーツ社）であり、このブランドは公式スポンサーではなく、IOCからはアンブッシュにあたると見られていたが、そのアプローチ方法は法的に一線を越えるものではなかった。

ビーツ社は、2008年の北京大会でも自社の製品を配布したが、2012年のような反応はなかった。一方、2016年のリオ大会では、競泳のマイケル・フェルプス選手がビーツ社のヘッドフォンを装着していたが、このときはブランド名をテープで隠すことを余儀なくされたが（Gaines, 2016）、ヘッドフォンと

ビーツ社ブランドへの注目度がさらに高まる結果となった。これは、会場で製品が使われているのを見ただけで、観客がイベントとブランドを結びつけることができたという格好の例であるといえるだろう。

　前述の例よりもさらに違法性が低いものとして、イベントとの公式なつながりを利用して、イベントの公式スポンサーを揶揄するような戦略も存在する。例えば、タイトルスポンサーなどに比べて契約レベルの低いスポンサー企業がイベントのロゴを徹底的に使い尽くす戦略（Burton & Chadwick, 2009）は、違法性はないもののアンブッシュと捉えられている(Kelly et al., 2012)。また、一度タイトルスポンサーのような高いレベルでイベントを後援し、次の年からはスポンサーレベルとコストを下げる方法もコスト削減のために行われることがある。これも違法な戦略とはいえないが、かつてタイトルスポンサーであったことによるキャリーオーバー効果（消費者は該当スポンサーが引き続きタイトルスポンサーを続けていると勘違いする）を利用したアンブッシュのような効果が期待される。

　スポーツブランドのナイキほど、巧妙な「アンブッシュ」を得意とするマーケターはいないと思われる。1996年のアトランタ・オリンピックのマーケティングコミュニケーションを皮切りに、ナイキ社は合法・非合法の境界線上で、一線を越えないように活動を展開することに長けている。例えば、アディダス社が公式スポンサーを務めた2010年の南アフリカでのFIFAワールドカップに関連して、ナイキ社は"Write the Future（未来を書こう）"と題したテレビCM（口コミ動画）を制作した。Wieden & Kennedyが制作したこの3分間の映像は、クリスティアーノ・ロナウド選手、ウェイン・ルーニー選手、フランク・リベリー選手がまばゆいばかりの活躍をしている様子を映し出し、数々の賞を受けた(Diaz, 2011)。このビデオは何百万人もの人々にダウンロードされ、その他の個人やチームのスポンサー活動と相まって、ナイキは同大会で最も認知されたブランドとなった（Nielsen, 2010）。この関連性の性質と深さについてはさらに議論する必要があるが、ナイキ社がFIFAの公式パートナーでなくてもワールドカップの試合との関連付けに成功したという事実については、異論の余地はない。2014年のFIFAワールドカップでも、ブラジル人は公式スポンサーのアディダスよりもナイキを強く連想したという調査結果も出ている(Sports Business Daily Global Journal, 2012)。世界的なイベントの公式ス

ポンサーになるための投資は、アンブッシュするためのコストよりも明らかに大きいということを私たちは覚えておく必要がある。

◉意図的ではなく合法である：偶発的なアンブッシュ

　ブランドによっては「偶発的な」アンブッシュを起こすこともあるといわざるを得ない（Quester, 1997）。Questerは、1994年にオーストラリアで開催されたアデレードF1グランプリを対象とした研究で、イベントとの関連性を意図していない企業にもかかわらず、スポンサーだと思われているブランドがあることを初めて指摘した。より広くいえば、スポンサーについての記憶や認識をテストする際に、単にイベントにマッチしているという理由で、非スポンサーであるブランドの方が真のスポンサーブランドよりも記憶されるという可能性が生じるのである。また、似たようなイベントをスポンサードしていたり、過去にこのイベントのスポンサーになったことがあったりするため、イベントのスポンサーに関する記憶テストで良いスコアを出すこともある。ラグビー・ニュージーランド代表のオールブラックスチームの長年のスポンサーであるアディダス社、ニュージーランド航空（Air New Zealand）、現代／フォード（Hyundai/Ford）社が、一貫してラグビーワールドカップのイベントスポンサーであると考えられていたことがこの例にあたる（Dickson et al., 2018）。同様に、スポンサーであると思われることで、ポジティブなイメージや態度の価値を獲得できる可能性もある。

◉意図的ではないが違法である：無意識のアンブッシュ

　第4のカテゴリーは、ブランドが保護対象のイベントと何らかの関連性を持って自社製品を販売しようとする際に、意図せずに法律に違反してしまう場合である。このようなケースは少ないと思われるかもしれないが、スポンサーシップに関連する法律が拡大するにつれ、不注意なマーケティング担当者や広告主が、このような無意識のアンブッシュを行ってしまうケースが増えている。商標で保護された用語やシンボルを使用している中小企業が、知らず知らずのうちに法律に抵触してしまっている場合もある。

　ロンドン・オリンピック組織委員会は、スポンサーの権利を保護するために「right of association」と呼ばれる包括的かつ広範な広告に関する規定を制定

した（Scassa, 2011）。この規定の下では、地元の花屋がオリンピックの輪の形や色をした花をウィンドウに飾っていても、アンブッシュマーケティングキャンペーンに参加しているとみなされ違反に該当する可能性があった。

　他にも、ウェブ上の編み物コミュニティー「Raverly」が、「Ravelympics」と題してオリンピックの公式行事が行われる2週間の間に、何千人もの編み物愛好家によって帽子を編んだり、編み物で毛布を完成させたりするプロジェクトを初めて実施しようとしたが、米国オリンピック委員会は、このイベントがオリンピックの本質を否定しているとみなして200万人の愛好家たちに中止命令を出した（Suddath, 2012）。米国オリンピック委員会は、1998年に制定されたオリンピック・アマチュアスポーツ法（Ted Stevens Olympic and Amateur Sports Act）に基づいて特別な権利を有しており、一般的な商標権侵害のように消費者の混乱を証明しなくても、他者によるマークの使用を止めることができるようになっている。

　このような無意識のアンブッシュへの関心は年々高まっており、権利者の保護と言論の自由のバランスを取ることは常に議論されている。スポンサーシップが一般的になる数十年前は、イベントに合わせることは、広告主にとって「ニュースを利用する」戦略として考えられていた。例えば、1980年代にボストンマラソンが開催された後、痛み止めの広告に「昨日レースに出た人は、今日は私たちが必要になるかもしれません」というメッセージを載せても、その広告はアンブッシュに該当するとは思われなかった。しかし、今日では権利保護の観点が強まる中で、スポンサーの権利と他の人の権利がどこで衝突するかという問題が出てきている。

3. 離れた場所からのアンブッシュ

　アンブッシュというと、これまではイベントの周辺での行動が重視されてきたが、広告を使って離れた場所からアンブッシュを行うことも可能だという研究結果がある（Kelly et al., 2012）。さらに、このようなアンブッシュは、イベントに参加している人よりもさらに多くの人にメッセージが届く可能性がある。離れた場所からのアンブッシュの証拠を法廷で検証するのは困難なため、Kellyら（2012）は広告のテーマを検討し、製品カテゴリーに公式スポンサー

が存在すること、そして広告ブランドがスポンサーか非スポンサーかを確定した上で、下記の3つのポイントで企業にアンブッシュの意図があるかについて検証する方法を考案した。

1. 広告掲載のタイミング（イベントに近接していること）。
2. 広告が掲載されている場所や配置。
3. カテゴリー内でのメディアの注目度。

　Kellyら（2012）は何百もの印刷広告を調査した結果、多くの真のスポンサーは、スポンサードするイベントとテーマ的に結びついたスポンサーシップ連動型の広告を出している、あるいは、スポンサーであることを示すロゴを最低限広告にタグ付けしていることが分かった。また、真のスポンサーと同じ製品カテゴリーに属する多くの非スポンサーブランドについて、上記の3つのポイントに照らし合わせて彼らがアンブッシュを行っているかについて調べたところ、多くの非ブランドが、イベントに関連するビジュアルや言葉を使ってアンブッシュの活動を試みており、多くの企業がアンブッシュの意図を持っていることが明らかとなった。ただし、実際にイベントなどのロゴを悪用した例は見当たらなかった。

　その後の広告によるアンブッシュに関する研究（Kelly et al., 2019）では、非スポンサーがアンブッシュの広告を作成し掲載することによって、真のスポンサーによるスポンサー広告の露出のポジティブな効果は減衰することが明らかとなった。アンブッシュ広告の多くが、冬季オリンピックやF1などスポーツをテーマに作成され、企業の製品のビジュアルや名前が掲示されているものであった。このように、アンブッシュを企てる企業やブランドは、必ずしもイベントの会場にいる必要はなく、離れた場所からでもアンブッシュマーケティングを仕掛けることが可能なのである。

4. アンブッシュからの保護

　多くの研究者がアンブッシュを防ぐための方法を提示している（McKelvey & Grady, 2008; Payne, 1998; Pitt et al., 2010）。アンブッシュについての初

期の議論では、独占権の重要性が強調され（Payne, 1998）、IOC元マーケティング部長のマイケル・ペインは、オリンピックの場合、スポンサーシップパッケージにはイベントの権利、国際連盟の権利、ナショナルチームの権利、アスリートの権利など、どのような権利が含まれるかを明確化することが重要であると主張した。

　また、McKelvey & Grady（2008）は、アンブッシュ防止策を以下の4つのグループに分けて説明している。

1. 公式スポンサーと非スポンサーの違いについて理解を深めるために、イベント主催者を対象にイベント前に教育や広報活動を実施する。

2. イベント現場での取り締まりと、イベント会場に他のブランドを排除した「クリーンゾーン」を設置する。

　イベント現場での取り締まりについては、ロゴや看板の隠蔽、エリアのパトロール、空いている広告スペースの買い占め、イベントやホスピタリティーへのアクセス制御などが含まれ、これらの取り組みには自治体やその他の政府などの支援が必要となる。こうした活動の多くは、自分たちの権利が侵害されていると考えるファンや他のマーケターからの反発というリスクを伴う。

　反発を伴うポリシーの取り締まりの顕著な例として、オランダのビール会社ババリアビール（Bavaria NV、以下ババリア社）の公式対応が挙げられる（Datamonitor, 2010）。2010年に南アフリカで開催されたFIFAワールドカップでは、公式ビールのスポンサーはバドワイザーであった。その前回大会である2006年のドイツ大会では、ババリア社はブランドに関連するレーダーホーゼン（男性用肩紐付きの皮製の半ズボン）を着た数百人のファンを派遣し、大きな注目を集めていた。そして、2010年大会のオランダとデンマークの試合にも、オランダ代表のチームカラーであるオレンジ色のシャツを着た30人以上の女性を派遣し、その活動がアンブッシュにあたるとしてFIFAから取り締まりを受けた。ババリア社のマーケティング担当者は、FIFAから2010年の南アフリカ大会ではブランドを使わないように注意を受けていたが、実際に女性が拘束されたことで、さらに世界的にメディアの注目を集

めることになった。

　もう一つの積極的な保護戦略は、クリーンゾーンの設定である。クリーンゾーンでは、公式に許可された業者のみが出店でき、許可されていない看板やバナーの表示が禁止されているため、イベントが開催される現地の法律をはるかに超える規制が可能となった。しかしながら、2013年にニューオーリンズで開催されたスーパーボウルでは、ルイジアナ州のアメリカ自由人権協会 (American Civil Liberties Union of Louisiana) が訴訟を起こした結果、クリーンゾーンの面積が大幅に縮小された事例もある。

3. アンブッシュを制限するための禁止事項を設定し、契約書の中に具体的な文言を記載する。

　McKelvey & Grady (2008) は、他のスポンサーと関係を持つ可能性のあるアスリートと、看板を掲示したり何らかの形で宣伝物を配布したりする可能性のある観客の両方に対する契約上の禁止事項を設定することが新たなアンブッシュの管理対象となっていると指摘している。1996年にアメリカ・ジョージア州アトランタで開催されたオリンピックでは、リーボック社が公式スポンサーであったが、陸上競技のイギリス代表リンフォード・クリスティ選手は、プーマのロゴが入ったコンタクトレンズをつけて記者会見に出席した。いうまでもなく、この会見は大変注目を集め、翌日には会見の写真が世界中に公開された。この出来事は、この数十年間に行われた法律改正に間違いなく貢献した、最も記憶に残るイベント参加者を活用したアンブッシュであると考えられる。

4. イベントに関連する言葉、シンボル、イメージを保護するための商標保護法を制定し、施行する。

　典型的なアプローチは、保護すべきものをリストアップし、イベントの前にマーケティング担当者や小売業者にその内容を伝え、開催地に保護を依頼することである。一例として、IOCは100ページを超える「ブランド保護に関する技術マニュアル」を作成し、その中で開催地やオリンピック・パラリンピック競技大会の広告・取引規則によって保護されるべきものを明確にしている。

　以上のような法的な指導に加えて、いくつかの実践的なアドバイスを加えることも必要となっている。Pittら（2010）は、2008年の北京オリンピックについてスポンサーの立場から分析し、大規模なイベントには膨大な数のスポンサー（北京大会では63社）が存在し、かつプロパティーには他にも重要な役割があるため、通常は忙しいことを明らかにしている。さらに、知的財産権はもともと別の目的のために設計されたものなので、アンブッシュの取り締まりに適用することが困難であることから、アンブッシュの指導や保護をプロパティーや政府、法制度だけに頼ることはできないと指摘している。

　では、スポンサーはアンブッシュへの対策として何ができるのだろうか？Weeksら（2018）はその対策として、人の記憶フレームワークを用いて「イベントとの関連性を強調するメッセージ」と、「スポンサーを強調するメッセージ」の情報の使い分けを提唱している。具体的には、イベントとの整合性が高いスポンサー（明白なスポンサー）に対しては、スポンサーに関する情報の誤認識が起こりにくいことを明らかにしている。

　また、アンブッシュをすることの妥当性や道徳性についても様々な意見がある。前述したように、アンブッシュは非倫理的なビジネス手法であると考える人もいれば、害のない巧妙で楽しいマーケティング手法であると考える人もいる。

　2012年6月に開催されたサッカーのUEFA欧州選手権で、デンマーク代表のニクラス・ベントナー選手がポルトガル戦で得点をあげた際に、ユニフォームをまくり上げ、腰の部分に「Paddy Power（パディー・パワー）」と企業名が入ったアンダーウエアを見せた出来事を覚えている人も多いのではないだろうか。この企業はアイルランドのダブリンにあるオンライン・ブックメーカー（賭け屋）で、以前から大胆なプロモーションを行うことで知られており、このベントナー選手のアンダーウエアについても同社によるアンブッシュが背景にあるのではないかと疑われた。

　ベントナー選手は「ボクサーパンツを履いていただけで、ルールを破っていることを知らなかった」と主張したが、それでも10万ユーロ（おおよそ1,300万円）の罰金と1試合の出場禁止処分を受けた。しかし、Paddy Power社がベントナー選手の罰金を支払ったことはアンブッシュに関して説得力がある事

実として受け取られた。この罰金の大きさとアンブッシュの意味を理解する上で重要なことは、デンマークチームがライバルチームであるアイルランドのオンライン・ブックメーカー Ladbrokes 社と独占スポンサー契約を結んでいたことが背景にあったといわれている（Sharma, 2012）。この出来事は、競合他社のイベント関連の活動によって、プロパティーとの関連性を高めるためにお金を払っている真のスポンサーが脚光を浴びることができなくなってしまうアンブッシュの本質を表している。

　2018年のFIFAワールドカップでも、Paddy Power社は、ロシアのホッキョクグマの胴体にイングランドの国旗が描かれていると思われる動画を流し、これに "England 'til I dye." と書かれた広告を組み合わせるという暴挙に出て物議を醸した。このマーケティング活動は２日間続いたが、Paddy Power社は、このイベントはロシア北極圏のホッキョクグマの窮状に注意を喚起するためのものであり、ホッキョクグマを用いた動画はアンブッシュ法で抑止されるものではなく、むしろ創造的なマーケティング活動であると主張した。

　一部の非倫理的あるいは不適切と思われるマーケティング活動については、社会的規範として何をすべきかにまで踏み込んで考えなければいけない。O'Sullivan & Murphy（1998）は、イベントスポンサーシップのための国際的な行動規範が必要であると主張している。多くの大規模イベントには倫理規定はあるが、現在までのところ、標準的または統一的な行動規範は作成されていない。O'Sullivan & Murphyは、倫理的な決定を下す際には、正義、平等、自由、真実という４つの理想を持ち合わせるべきであると提案している（1998, p.359）。ビジネスの取引において、真実と正義を貫くことは、少なくとも理論的には簡単なことである。一方で社会の出来事や活動に関する言論や表現の自由を、大企業や権力者が制限することはあってはならないため、アンブッシュを考える際に平等と自由に関しては特に注意しなければいけない。オリンピックでは2012年のロンドン大会までは、その振り子はスポンサー保護の方向に振れていたという人もいるが、イベントのための過度に制限されたコミュニケーションポリシーに対する世論の反発を考えると、現在では言論の自由の方向に戻ってきているといえるだろう。

　また、倫理について考えるにあたっては、「企業市民」という考え方についても触れなければならない。企業市民という考え方は、企業が個人の権利を持っ

ているという理解を広げるものであり（Matten & Crane, 2005）、企業は利益を追求する以前に良き市民でなくてはいけないのである。注目を集めるイベントの多くは、特定の国に縛られないグローバルな性質を持っているため、今後スポンサーシップを考えるにあたっても境界を越えた組織や企業の倫理的な行動がより重要となる。

5. アンブッシュに対する対応

　他の企業からアンブッシュをされた場合、どのように対応すればよいだろうか。さらに、アンブッシュに対抗するためのコミュニケーションや戦略の結果はどうなるのだろうか。イベントの主催者は、契約上、スポンサーに対してアンブッシュ対策を講じる責任がある場合が多くなる。しかし、歴史的に見ると、ネガティブ・パブリシティ（マスコミを通じたネガティブな報道）という形での反発を恐れて、スポンサーブランドはアンブッシュに対してあまり攻撃的な対処法を取りたがらない傾向にある（McKelvey & Grady, 2008）。

　また、真のスポンサーがアンブッシュブランドに対して不正を犯していると「名指しで非難」することも可能な対抗策として考えられる。このようなコミュニケーション活動は、アンブッシュ行為に対するある程度の理解と懸念を前提としている。また、あるブランドが真のスポンサーであり、別のブランドがアンブッシュを行っていることを世の中の人々が知っていれば、それが明らかになったときに、ポジティブな連想はスポンサーに、ネガティブな連想はアンブッシュを行っているブランドに流れることも想定している。この議論は、「公式スポンサーにならずにイベントと提携している企業は非倫理的である」や「公式スポンサーではない企業は、公式スポンサーであると誤解させようとしている」というように、アンブッシュについての認識を尋ねた研究でも支持されている（McKelvey et al., 2012, p.12）。アンブッシュに対する反応は、個人の特性（関与度、知識など）によって異なるが、アンブッシュマーケティングを行っている企業やブランドを開示することで、そのブランドに対する人々の態度が低下することが多くの研究で示されている（例えば、Dekhil & Khammassi, 2017; Mazodier & Quester, 2010; Mazodier et al., 2012）。

　一方で、Pitt ら（2010）は、真のスポンサーが公の場で違反をしているブ

ランドの名前を公表し、恥をかかせる戦略は弱い者いじめをしていると誤解される危険性があることを指摘している。また、コミュニケーションの観点からは、反撃することでかえってアンブッシュしている企業やブランドに対して余計な注目が集まる可能性もある。このことにより、イベントとそのスポンサーの記憶という点では、真のスポンサーよりもアンブッシュしていたブランドの方がイベントと関連して記憶されるようになってしまうと、特に不利になる可能性がある。

　Humphreysら（2010）は、いくつかの実験を通じて、アンブッシュの影響について調べた。彼らの研究によると、たとえ数日間であっても、アンブッシュに対抗する戦略が採用された場合、アンブッシュに関する情報は、そのイベントとアンブッシュしたブランドとの関係を消費者の心に定着させることができるという結果が示された。特に、イベントの前後に反アンブッシュのメッセージを含む強引なアプローチをすると、かえってアンブッシュの影響を大きくしてしまう可能性があることを示唆している。

　また、Koenigstorfer & Uhrich（2017）は、「ユーモアのある批判を行う」「名指しで非難する」「消費者を教育する」という3つの異なるタイプのアンブッシュへの対策方法について、その効果を検証した。彼らの研究では、アンブッシュに対するユーモアのある批判広告は、他の2つのタイプに比べて、多くの人々からメッセージに対する好意的な評価を得られることを発見した。また、ユーモアのある批判広告は、人々の適切性の認識という点では、単にアンブッシュを無視するのと同様の効果があると結論づけた。

6.　アンブッシュに関する直感に反した考え方

　奇妙に思えるかもしれないが、アンブッシュを行う企業やブランドがそれほどひどくはない場合もある。ライバル企業やアンブッシュの存在は、特定の条件に当てはまる場合、人々の中で真のスポンサーの記憶を高めてくれることもある。特にスポンサーの記憶に影響を与える条件としては、アンブッシュの存在があることで消費者が真のスポンサーに対する自分の役割を考え、どのブランドが公式スポンサーなのかを考える可能性が高くなり、結果として記憶を高めることにつながることになる。

　ある大学で行われた実験形式での研究では、個人が様々なスポンサーとイベントの関係に触れ、その中に直接の競争相手が含まれている場合、真のスポンサーの記憶を高めることが可能であることが示されている（Cornwell et al., 2012）。これは、人は多くの情報を記憶しているため、アンブッシュしている企業やブランドのことを考えると、本当のスポンサーのことを思い浮かべるということが起こるのである。このようにして、スポンサーや同じカテゴリーの他の商品、あるいはイベントでの何らかの情報によって、人々の記憶のネットワークが活性化されていくのである。情報処理のネットワークにおいて、記憶は他のノード（概念）へのリンクを持つ情報のノードであると考えると（Anderson & Bower, 1974）、あるブランドや企業への思いが、他のブランドや企業への思いを高める仕組みになることが容易に理解できると思われる。

　例えば、コロラド州アスペンで8週間にわたり開催される夏の音楽フェスティバルの参加者が、芝生の上でベルクやバーンスタイン、ブリテンなどの曲を聴いているとする。このイベントのスポンサーは長年フィジーウォーター（FIJI Water）が務めているが、イベント会場の近くでは別の高級ボトルウォーターのブランドであるエビアン（Evian）が販売されていたとする。このような状況では、次の週にイベント会場を離れてみると、どちらのボトルウォーターのブランドがイベントのスポンサーをしていたか多くの人が混乱してしまう恐れがある。あるいは、アスペン音楽フェスティバルの主催者が、イベント参加者にスポンサーではないエビアンについてのアンケートを行った場合、「路上にエビアンのボトルが置いてあったけど、イベントのスポンサーはフィジーウォーターだよね、間違いないよね」と思ってもらえたかもしれない。つまり、「アスペン音楽フェスティバルのスポンサーは誰か」と聞かれたときに、もう1つのブランドの存在が、対比によって真のスポンサーの記憶を増長させることも考えられる。この考えは直感に反するように思えるかもしれないが、スポンサーがアンブッシュの存在を戦略的に利用して、自分たちの特徴的なスポンサーの役割を強調するという明瞭性効果（Weeks et al., 2017）が働くことが研究の結果によって明らかとなっている。

7. アンブッシュにおける卓越性と関連性

　それぞれのブランドが、異なる市場での評判やブランド・エクイティを有している。私たちがどの企業やブランドが何のスポンサーをしているかを推測するとき、有名なブランドがイベントのスポンサーだったのではないかと推測するのは簡単である。あるいは、そのイベントと密接な関係にあるブランドがスポンサーだったと推論するかもしれない。これらの効果はいずれもアンブッシュで多く見られる現象である。つまり、ブランド・エクイティの低いスポンサーや、イベントや活動と自然な関連性を持たないスポンサーは、アンブッシュに遭いやすい可能性がある（Wolfsteiner et al., 2015）。

　では、アンブッシュが行われる際には、どのように卓越性や関連性の影響が生じるだろうか。Johar & Pham（1999）は、「曖昧な記憶によって示唆されたスポンサーを、顕著性などの識別時に利用可能な手がかりと照合する」という仮説検証アプローチに多くの人が依存していることを示唆した。例えば、先の音楽フェスティバルの例で、あなたはフィジーウォーターがアスペン音楽フェスティバルのスポンサーだったという記憶があるとする。ボトルウォーターの複数のブランドのうち、どのブランドがイベントのスポンサーであるかについて調査を行った際、もしあまり有名でないブランドや架空のブランドばかりが選択肢にある場合、あなたは名前がよく知られているフィジーウォーターがイベントのスポンサーであると自信を持って回答することができると思われる。一方で、アンケートの選択肢に挙げられた他のブランドの中にダサニ（Dasani）やエビアンなどの老舗ブランドが含まれていた場合、他に不確かな情報が思い浮かばない限り、あなたはイベントのスポンサーがこれらのブランドのいずれかではないかと立ち止まってしまうかもしれない。

　要約すると、この考え方は、有名でない小さなブランドがアンブッシュをしようとした場合、著名な大きなブランドが有利になる可能性が高いことを示唆している。私たちの記憶の中では、卓越性のバイアスにより大手ブランドの記憶が増長されるのである。市場シェアの高いブランドがアンブッシュをした場合、知名度の低いブランドはより多くの被害を受けることになるが、このようなことはめったに起こらないだろう。また、競合他社やアンブッシュの情報は、記憶を過度に害することはなく、むしろ記憶を増長することもある。しかし、

このような記憶に関する指摘は、スポンサーブランドやアンブッシュを行うブランドに対する態度にはさほど影響は与えないと考えられている。

　記憶と態度は相互に関連しているが決定的に異なるため、積極的なアンブッシュの活動が記憶力の向上につながるとは限らない。大音量で繰り返される広告を見て、嫌悪感を抱く人は多いと思われるが、スポンサーシップでも同じことがいえる。例えば、ある活動やイベントの観客がアンブッシュという行為に否定的な感情を持っていたとしたら、アンブッシュのことは覚えていても、このような行動をとったブランドのことも嫌いになるかもしれない。ブランドがアンブッシュを行っていることを何らかの情報開示によって人々が明確に理解すれば、そのブランドに対して否定的な態度が生じる可能性がある（Mazodier & Quester, 2010）。総合的な金融サービスのINGグループ（以下ING）とそのスポンサーイベントであるニューヨークシティマラソンの事例では、参加者は真のスポンサーであるINGにアンブッシュを行っている企業に対して否定的な態度をとることが分かった（McKelvey et al., 2012）。

　一方、私たちは、アンブッシュをしているかどうかにかかわらず、スポンサーと非スポンサーを見分けるのに苦労しているのも事実である。多くの人がスポンサーを支持する動機は、個人がその企業に共感したり、何らかの互恵性を感じたりしたときに起こりやすくなる。例えば、NASCARでは、何十年にもわたって「ドライバー－ファン－スポンサーの互恵関係モデル」を意思決定に用いてきた（Sutton, 2007）。NASCARのファンは、スポンサーの資金がなければお気に入りのチームがレースに出られないことを知っているので、チームのスポンサーが誰であるかを知り、スポンサーがイベントをサポートしてくれていることに感謝して、スポンサー企業から商品を購入する。

　しかし、アンブッシュに関する考えや感情を尋ねられると、社会的に望ましい反応が得られる場合もある。もしスポンサーが活動やイベントに貢献しているなど、スポンサーを評価する何らかの理由がなければ、私たちは公式スポンサーとアンブッシュする企業を積極的に区別することはしないだろう。つまり、アンブッシュという行為は嫌いだが、多くの人が真のスポンサーを支持したり、アンブッシュをした企業を罰したりするために行動を変えるという確信はない。例えば、米国プロバスケットボールリーグ（NBA）のファイナルで、真のスポンサーであるタコベル（Taco Bell）と非スポンサーであるチポトレ

（Chipotle）の2つのメキシコ料理のファストフード・ブランドが、景品の提供合戦をして戦った。タコベルは「Steal a Game, Steal a Taco」というプロモーションで、勝ったチームのファンにタコスを無料で提供した。一方、チポトレは、男子プロバスケットボールのチャンピオンシリーズの公式中継に関連させて、フリースローのように「フリー」という言葉が出てくるたびに、Twitterで無料（フリー）のブリトーのクーポンコードを配布した（Wohl, 2019）。おそらく多くのファンがチポトレのプロモーションを歓迎したことだろう。チポトレのような巧妙なアンブッシュはメディアに注目され、価格的にも効果的であることから、アンブッシュに対する視聴者の反応を完全に予測することは大変難しい。よって、これまでのアンブッシュの実践と研究を振り返ってみると、アンブッシュを防ぐために資金を投資したり労力を費やすよりも、公式スポンサーとしてメッセージを中心とした強力なキャンペーンの構築に費やした方がよいという結論に達する。

ディスカッション

① アンブッシュマーケティングは、法律に違反しない限り、ただの賢いビジネスなのだろうか？

② アンブッシュマーケティングに対抗するためには、イベントの開催地や主催者とスポンサーブランドのどこが責任を負うべきだろうか？

■参照文献

Anderson, J. R., & Bower, G. H. (1974). A propositional theory of recognition memory. Memory & Cognition, 2(3), 406-412.

Burton, N., & Chadwick, S. (2009). Ambush marketing in sport: An analysis of sponsorship protection means and counter-ambush measures. Journal of Sponsorship, 2(4), 303-315.

Business Insider (2013, June 26). GM is spending a lot of money to expand its production in Mexico. Business Insider. Retrieved from www.businessinsider.com/gm-invests-691-million-in-mexico-plants-2013-6.

Chadwick, S., & Burton, N. (2011). The evolving sophistication of ambush marketing: A typology of strategies. Thunderbird International Business Review, 53(6), 709-719.

Cornwell, T. B., Humphreys, M. S., Quinn, E., & McAlister, A. R. (2012, October-December). Memory of sponsorship-linked communications: The effect of competitor mentions. SAGE Open, 1-14.

Crow, D., & Hoek, J. (2003). Ambush marketing: A critical review and some practical advice. Marketing Bulletin, 14(1), 1-14.

Datamonitor (2010, July). Ambush marketing case study: Successfully leveraging high-profile events to raise brand profile. Datamonitor, 1-12.

Dekhil, F., & Khammassi, S. (2017). The efficiency of sponsoring vs. ambush-marketing disclosure in terms of attitude and purchasing intention: Football-the African Nations Cup 2010. International Journal of Sport Management and Marketing, 17(3), 200-219.

Diaz, A.-C. (2011, June 25). Nike's "Write the Future" scores Cannes film Grand Prix. Ad Age. Retrieved from http://adage.com/article/special-report-cannes/cannes-film-grand-prix-nike-s-write-future/228432/.

Dickson, G., Naylor, M., & Hedlund, D. (2018). Memorisation of Rugby World Cup sponsors: The home team sponsor's advantage. Journal of Global Sport Management, 3(3), 237-249.

Gaines, C. (2016). Michael Phelps was forced to cover the logo of his Beats headphones and he did a lackluster job with the tape. Retrieved from www.businessinsider.com/michael-phelps-beats-olympics-headphones-2016-8.

Humphreys, M. S., Cornwell, T. B., McAlister, A. R., Kelly, S. J., Quinn, E. A., & Murray, K. L. (2010). Sponsorship, ambushing and counter-strategy: Effects upon memory for sponsor and event. Journal of Experimental Psychology: Applied, 16(1), 96-108.

Jardine, A. (2018, June 19). Not into the World Cup? Ikea has "flexible" sofa ideas for you. Retrieved from https://adage.com/creativity/work/world-cup-flexible-sofas/54824?

Johar, G. V., & Pham, M. T. (1999). Relatedness, prominence, and constructive sponsor identification. Journal of Marketing Research, 36(3), 299-312.

Kelly, S. J., Cornwell, T. B., Coote, L. V., & McAlister, A. R. (2012). Event-related advertising and the special case of sponsorship-linked advertising. International Journal of Advertising, 31(1), 15-37.

Kelly, S. J., Cornwell, B., & Singh, K. (2019). The gladiatorial sponsorship arena: How ambushing impacts memory. Marketing Intelligence & Planning, 37(4), 417-432.

Koenigstorfer, J., & Uhrich, S. (2017). Consumer attitudes toward sponsors' counter-ambush marketing ads. Psychology & Marketing, 34(6), 631-647.

Matten, D., & Crane, A. (2005). Corporate citizenship: Toward an extended theoretical conceptualization. Academy of Management Review, 30(1), 166-179.

Mazodier, M., & Quester, P. (2010). Ambush marketing disclosure impact on attitudes toward the ambusher's brand. Recherche et Applications en Marketing, 25(2), 51-67.

Mazodier, M., Quester, P., & Chandon, J. L. (2012). Unmasking the ambushers: Conceptual framework and empirical evidence. European Journal of Marketing, 46(1/2), 192-214.

McKelvey, S., & Grady, J. (2008). Sponsorship program protection strategies for special sports events: Are event organizers outmaneuvering ambush marketers? Journal of Sport Management, 22, 550-586.

McKelvey, S., Sandler, D., & Snyder, K. (2012). Sport participant attitudes toward ambush marketing: An exploratory study of ING New York City Marathon runners. Sport Marketing Quarterly, 21, 7-18.

Meenaghan, T. (1996). Ambush marketing: A threat to corporate sponsorship? Sloan Management Review, 38(1), 103-113.

Mehrotra, S. (2019). Ambush marketing: A sport of underdogs. Journal of Intellectual Property Rights Law, 2(1), 1-8.

Nielsen (2010, June 11). Nike ambushes official World Cup sponsors. Media and Entertainment. Retrieved from www.nielsen.com/us/en/newswire/2010/nike-ambushes-official-world-cup-sponsors.html.

O'Sullivan, P., & Murphy, P. (1998). Ambush marketing: The ethical issues. Journal of Public

Policy & Marketing, 14(4), 349-366.

Payne, M. (1998). Ambush marketing: The undeserved advantage. Psychology & Marketing, 14(4), 323-331. Phelps, M. (2013, December 5). Personal communication.

Pike, H. (2016). At festivals, fashion taps currency of cool. Retrieved from www.businessoffashion.com/articles/intelligence/at-festivals-fashion-taps-the-currency-of-cool-coachella-alice-and-olivia-calvin-klein-tag-heuer-h-and-m.

Pitt, L., Parent, M., Berthon, P., & Steyn, P. G. (2010). Event sponsorship and ambush marketing: Lessons from the Beijing Olympics. Business Horizons, 53, 281-290.

Preuss, H., Gemeinder, K., & Séguin, B. (2008). Ambush marketing in China: Counterbalancing Olympic sponsorship efforts. Asian Business & Management, 7, 243-263.

Quester, P. (1997). Awareness as a measure of sponsorship effectiveness: The Adelaide Formula One Grand Prix and evidence of incidental ambush effects. Journal of Marketing Communications, 3(2), 1-20.

Scassa, T. (2011). Ambush marketing and the right of association: Clamping down on references to that big event with all the athletes in a couple of years. Journal of Sport Management, 25, 354-370.

Sharma, R. (2012, June 18). Pants Joker Bendtner banned and fined £ 80k (that's £ 64,000 more than Porto faced for racism against Balotelli). MailOnline. Retrieved from www.dailymail.co.uk/sport/euro2012/article-2161082/Euro-2012-Nicklas-Bendtner-fined-80k-banned-UEFA-showing-pants.html.

Sports Business Daily Global Journal (2012, June 22). Nike is brand most associated with 2014 World Cup amongst Brazilians. Sports Business Daily Global Journal. Retrieved from www.sportsbusinessdaily.com/Global/Issues/2012/06/22/Marketing-and-Sponsorship/Nike.aspx.

Suddath, C. (2012, June 22). Why the U.S. Olympic committee cracked down on a knitting group. Bloomberg Businessweek. Retrieved from www.businessweek.com/articles/2012-06-22/why-the-u-dot-s-dot-olympic-committee-cracked-down-on-a-knitting-group.

Sutton, B. (2007). NASCAR model uses driver-fan-sponsor reciprocity for success. Retrieved from https://www.sportsbusinessdaily.com/Journal/Issues/2007/09/24/From-The-Field-Of/NASCAR-Model-Uses-Driver-Fan-Sponsor-Reciprocity-For-Success.aspx.

Townley, S., Harrington, D., & Couchman, N. (1998). The legal and practical prevention of ambush marketing in sports. Psychology and Marketing, 15, 333-348.

Tushnet, R. (2008). Longhorn is long shot for federal fame. Retrieved from http://tushnet.blogspot.com/2008/03/longhorn-is-long-shot-for-federal-fame.html.

Weeks, C. S., Humphreys, M. S., & Cornwell, T. B. (2018). Why consumers misattribute sponsorships to non-sponsor brands: Differential roles of item and relational communications. Journal of Experimental Psychology: Applied, 24(2), 125-144.

Weeks, C. S., O'Connor, P. J., & Martin, B. A. (2017). When ambush marketing is beneficial to sponsorship awareness: Creating sponsor distinctiveness using exclusivity and brand juxtaposition. Journal of Marketing Management, 33(15-16), 1256-1280.

Wohl, J. (2019, May 29). In the game of marketing, the NBA finals matchup is Taco Bell vs Chipotle. Retrieved from https://adage.com/article/cmo-strategy/game-marketing-nba-finals-matchup-taco-bell-vs-chipotle/2174431.

Wolfsteiner, E., Grohs, R., & Wagner, U. (2015). What drives ambush marketer misidentification? Journal of Sport Management, 29(2), 137-154.

第11章

スポンサーシップ関係の始まり、管理、終了

　"F1イギリスGPが行われていた頃、飲料スポンサーのリッチ・エナジー社のアカウントから、(ハース・モータースポーツはすぐに否定したが)スポンサー契約の終了を発表したり、マシンをミルクフロートに例えたりするなど、一連の奇妙なTwitterメッセージが発信されたことで、ビジネスの舞台裏がうまくいっていないことが明るみとなった"(Williams-Smith, 2019)。ほとんどのスポンサーシップ関係はドラマチックに終わらず、このリッチ・エナジー社とハース・モータースポーツの関係でさえ、円満ではあったがすぐに終了したといわれている。歴史的に、スポンサーシップ契約はプロパティーよりもブランドに重点が置かれていたが、最近では、ブランド構築のために強力なリーダーシップへのコミットメントやブランドを活用したレバレッジを期待するプロパティーも増えてきている。スポンサーシップのエコシステムには自然な境界線があるため、1つのパートナーシップが終了すると、次のパートナーシップが始まる可能性があることを理解することが重要である。パートナーシップの継続と終了のマネジメントは、明確で思慮深い頻繁なコミュニケーションによって達成される。

　スポンサーシップ関係を始めるにあたっては、プロパティー側が求める効果やスポンサー側の提案評価についてなど、多くの事項について検討がなされる。しかし、スポンサーシップ関係を管理する上での課題についてはあまり触れられず、スポンサーシップ関係をどのように終了するかについても多くの場合は提案書に書かれていない。

1.　スポンサーシップ関係のあり方

　マーケティングにおける多くの関係は垂直的である。つまり、生産者、卸売業者、小売業者を含む関係の連鎖を経て、最終製品が店頭に並ぶ。垂直的なマー

ケティング・システムは、自動車部品と自動車のように、同じ産業であること
が多い。これに対して、水平的マーケティング・システムは、同じレベル、時
には業界を越えて主体を結合させる。例えば、航空会社が旅行先と協力して、
消費者に提供するパッケージ商品を作ることがある。スポンサーシップの関係
も、垂直型と水平型といった両方の構造を持つことがある。スポーツのスタジ
アムが飲料のスポンサーにスタジアム内で飲料を販売する権利を売るのは垂直
的な関係である。一方で、スポンサーシップの分野における水平的な関係とは、
ゲームの実施内容とプログラム開発を組み合わせて、共同で商品を提供するこ
とである。スポンサーシップの関係は「共生」という言葉に代表されるように、
「2 つ以上の独立した組織の間で資源やプログラムを提携し、それぞれの市場
の潜在力を高めることを目的とする」（Adler, 1966, p.60）ことを意味し、す
なわち非伝統的なマーケティングの関係を捉えるために使われる。共生型マー
ケティングに関する当初の考え方では、主にフランチャイズやライセンス取引
を対象としていたため、現在のような全範囲の関係タイプを想像していたわけ
ではなかった。さらに、共生関係は、社会的または地域的な価値を提供し、シ
ステムの潜在能力を増大させる可能性を秘めている。

　スポンサーシップにおいてこの共生型マーケティングを採用することは、そ
の関係が両者にとって有益であるとみなされることが前提である。共生型マー
ケティングの結びつきは、時間軸、近接性（ほどよい距離を保つのか寄り添う
のか）、数、レベル（組織全体か特定の機能のみか）、焦点（一方に対しての働
きかけか両方への働きかけか）、マーケティング機能レベル（共同マーケティ
ング戦略から個別に策定された戦略に基づくプログラムの具体的な側面まで）
によって変化する（Varadarajan & Rajaratnam, 1986）。スポンサーシップ
におけるこれらの共生関係の特徴を見ることは容易であり、スポンサーシップ
契約への合意による相互利益への動きとともに、これらの関係の性質に何らか
の進化を見出すことができる。

　近接性は、人や組織、その目的によって常に変化してきたが、より緊密な関
係を築くことで、両組織にとってより良い結果が得られるという考え方がある。
歴史的に見ても、スポンサーシップで見られるようなビジネス・ネットワーク
を支えるには、地理的な近接性が重要であった（Pieters et al., 2012）。技術
的に発達した通信手段が物理的な距離をどこまで克服できるかは分からないが、

スポーツ、アート、運動、コミュニティーなどの結びつきは、論理的には密接であればあるほど、より強くなる。また、スポンサーシップの範囲も、認知度向上やイメージチェンジに特化したものから、より共同マーケティングや互恵的なプラットフォームの構築に進化している。

2012年にイギリスで開催された音楽フェスティバルである「バークレイ・カード・ワイヤレス・フェスティバル (Barclaycard Wireless Festival)」は、その好例といえるだろう。毎年ロンドンのハイドパークで開催されるこのフェスティバルの2012年のイベントは、完全な非接触型、つまり通貨を使わない初めての音楽イベントと銘打たれた。これは、フェスティバルの参加者が各個人の詳細情報が保存されたBarclay PayBandという製品を身につけることにより、近距離無線決済システムを通じて会場内でのすべての支払いを行えるようになった（Lowe, 2012）。この製品は、フェスティバルの出店者には単一の決済システムを提供し、参加者にはユニークな製品体験を提供した。非接触型決済は現在、USオープンテニスでのアメリカン・エキスプレス・カード・サービスのように、構造がしっかりした施設で行われる大規模イベントにおいて標準になっている（Smith, 2019）。

2.　新しいスポンサーシップ関係の始まり

スポンサーシップにおいて繰り返し議論されるテーマは、取引ベースの思考から、関係 (Farrelly, 2010; Nufer & Bühler, 2010)、ネットワーク (Cobbs 2011; Ryan & Fahy, 2012)、そして現在はエコシステム思考 (Corn-well & Kwon, 2019) への動きである。スポンサーシップ関係の健全性は、信頼、相互理解、長期的なコミットメント、コミュニケーション、協力など、他のタイプの関係にも共通する側面に依存している (Nufer & Bühler, 2010)。しかし、スポンサーシップには、その状況や前後関係に特有の関係性が存在する場合が多い。例えば、スウェーデンのホッケーリーグのスポンサーシップに関する研究 (Hessling et al., 2018) を見ると、スポンサーシップでは感情的（好感）コミットメントと価値創造コミットメントの両方が重要であり、感情的コミットメントは価値ベースのコミットメントの前提条件であることが明らかにされている。つまり、"スポンサーは、スポンサーシップ関係の将来的なビジネス

価値を、利益などの観点から理解、認識、計算するために、スポンサードする対象（スポンシー）と感情的な関係を持つ必要がある"（Hessling et al., 2018, p.137）ということである。

スポンサードする側とスポンサードされる側を結びつけるためのデジタルツールも数多く生まれている。SponsorPitch は、潜在的なパートナーがシステムにデータを入力し、フィルターを通して検索することで、スポンサーブランドとスポンサーシップの機会を結びつける、ちょっとした出会い系アプリのようなものである。OpenSponsor も機能的には似ているが、よりアスリート向けの製品となる。このように様々な便利なツールが登場しているが、新たに始まるスポンサーシップの基礎となるのは、やはり信頼と理解を築くための個人的な接触と初期の対話となる。パートナーシップの形成期には、目標、目的、組織の価値観に関する情報の共有は不可欠である。

新しいスポンサーシップを始めるにあたり、既に得られている情報に加えて、もう一つ考慮すべきことは、新しいパートナーシップを始めるということは、以前他のスポンサーが持っていた関係を引き継ぐことが多くなるということである。現在の主要なプロパティーには必ずと言っていいほど前スポンサーが存在し、新スポンサーはその関係を記憶し、イメージや「のれん」などの価値を獲得することが課題となっている。

3. 新しいスポンサーへ（New to you）

他のスポンサーからスポンサーシップ関係を引き継ぐ場合、特に以前の関係が同じ業界のものであれば、そのプロパティーに対する過去のパートナーへの配慮が必要となる。フィールドワークや実験（McAlister et al., 2012）を通じて、新しいスポンサーが何年もスポンサーシップを継続していても、前のスポンサーが自然に記憶から思い起こされる場合があることが明らかになっている。このような現象はどのようにして起こるのだろうか。

南アフリカのたばこブランド、ガンストン（Gunston cigarettes）がスポンサードした大会の事例が、その一例である。ガンストンは30年間にわたりガンストン500サーフィン大会のスポンサーを務めたが、反たばこ法が施行されたことによりスポンサーシップ関係は終了し、この大会のスポンサーは南アフ

リカを拠点とする衣料品小売企業のミスタープライス（Mr. Price）に引き継がれて、大会名も「ミスタープライス・プロ大会（Mr. Price Pro）」と改名された(Mason & Cochetel, 2006)。Mr. Priceブランドもサーフィン専用のウェアを販売するなど以前からサーフィンに関連し、またガンストンによるスポンサーシップは調査研究の2年前に終了していたにもかかわらず、調査に参加した208人の回答者のうち87%が以前のタイトルイベントのスポンサーであるガンストンをはっきりと記憶していた。この結果を受けて、研究者は「新しいスポンサーは、長く続いているスポンサーシップを引き継ぐ場合、古いつながりを断ち切り、新しいスポンサーとイベントの間に新しく強いつながりを確立する必要がある」と結論づけた（Mason & Cochetel, 2006, p.138）。

4. 既存の関係性の管理

　スポーツの分野では、Farrelly（2010）が、オーストラリアで4年間に実施した24の詳細なインタビューを通じて、スポンサーシップの終了に関係する理由を調査している。その調査では、オーストラリアン・ルール・フットボール、バスケットボール、ラグビーのリーグやクラブのマネージャー、そしてナイキ、ホンダ、コカ・コーラ、マクドナルド、ボーダフォンといったスポンサーシップ・ブランドのマネージャーを対象にインタビューを行っている。これらのインタビュー回答を分析した結果、以下の5つの重要なテーマが浮かび上がった（Farrelly, 2010）。

1. 戦略的意図と戦術的意図――スポンサーとプロパティーのスポンサーシップへの投資に関する考え方の違いである。スポンサーはその投資を広範な企業目標やマーケティング目標と結びつけて戦略的に考えるのに対して、プロパティーはどのようにスポンサーシップを実施するかなど具体的な戦術に重点を置く傾向がある。

2. 進化する関係性と適応の失敗――ブランドは市場機会に合わせて目標を再定義する傾向があるため、プロパティーは常に新しい目標に迅速に対応する必要がある。プロパティーは「スポンサーシップを販売し、ただサー

ビスを提供する」だけのアプローチでは、ブランドが求める市場環境の変化に対応することが難しい。

3. 貢献度に対する認識の相違と証明の必要性——プロパティーは、自分たちは協力的で、スポンサーに対する適切なサポートや効果の測定を行っていると考えることが多い。スポンサーシップの責任者は、上層部に対してデータという形でスポンサーシップの価値を証明する必要がある。しかしながら、上層部は、プロパティーが提供する価値について、しばしば納得していないのである。

4. コミットメントの不均衡——コミットメントに関する対立は、一方の当事者(通常はスポンサー)がプロパティーに関連するレバレッジやアクティベーションを拡大する際に発生する。スポンサーのみがスポンサーシップの活動に熱心であり、プロパティーのコミットメントが高まらない場合、両者のバランスが乱れて関係が悪化する恐れがある。

5. 能力の格差——最も根源的なテーマとして、スポンサーとプロパティーの能力の格差が挙げられる。Farrelly (2010) では、「我々がインタビューしたスポンサー企業の何人かは、スポンサー関係を終了した理由として、プロパティーには、リソースの融合を通じて競争優位を生み出すための能力がないと判断した」(p.328) と書かれている。さらに、「我々が調査した多くのプロパティーでは、スポンサーシップを管理するよりも、新しいスポンサーを確保することに重きを置く文化があるため、コラボレーションを通じての新たな価値の創造が難しくなっている。」(p.328) とも書かれている。

これらの結果を振り返ると、プロパティーとスポンサー双方の歴史や、それぞれの組織で働く人々が、関係維持に影響を与えていることが分かる。特に、プロパティーが権利を有料で販売することを重視するのに対し、スポンサー企業がブランド育成を志向することは対照的である。また、スポーツに関連したプロパティーで働く人々は、一般的にスポーツ、教育、レクリエーション、運

動学などのような仕事や学術的なバックグラウンドを持っているのに対し、ブランドの責任者は、一般的にビジネスやマーケティングのバックグラウンドを持っていることも特筆すべき点である。

　スポンサーシップ関係の管理について、パフォーマンス・リサーチ社の創設者であるジェド・ピアソールは、スポンサーとプロパティーの協力が鍵になると提言している（Pearsall, 2009）。彼は、スポンサーシップの評価のための指標を共同で早期に確立することが、プログラム成功の確率を高めると述べている。さらに、指標に焦点を当て合意することによって、問題が発生したときに対応が可能となり、より広い範囲の経営陣を巻き込み、最終的にパートナーシップを存続させるためのツールになると考えている。また、パートナーシップの双方の経営陣が関与することもとても重要なことである。

5.　ネガティブな事象への対応

　メルボルンに本社を置く電力・ガス事業者のエナジーオーストラリア（Energy Australia）社は、2012年2月にオーストラリアの競泳の最高統括機関であるスイミング・オーストラリアの主要パートナーとなる5年間のスポンサー契約を締結したが、2013年6月にその契約を終了した（Balym, 2013）。2012年のオリンピックでのオーストラリア代表チームの成績不振は契約解除の理由の一部に過ぎず、給与問題、ヘッドコーチの不祥事に関する文書の流出、水泳選手たちの不謹慎な行動などにより、オーストラリア・スポーツ委員会の独立審査員は、チームの文化に対して「有害である」とのレッテルを貼った（Balym, 2013）。

　スポンサーシップは最良の状態でも管理が難しいものであるが、選手や有名人のネガティブな行動などの事象が発生すると、関係の管理・継続が脅かされることがある。オーストラリアの研究者たちは、詳細なインタビューを行い、サッカー、ラグビー、バスケットボール、クリケットなどのスポーツで、選手にネガティブな出来事が起こると、スポンサー関係に悪い影響を与え、スポンサーシップ契約の早期終了につながる恐れがあることを発見した（Westberg et al., 2011）。他の研究者は、トリガー（誘因）となる出来事が起こった際のスポンサーの意思決定プロセスの中心は、そのリスクに対する許容度と、両者

の関係の中に埋め込まれたリスクと脆弱性の評価であることを発見した（Roberts & Burton, 2018）。また、選手によるネガティブな出来事によって引き起こされる影響の強さは、特定の当事者への責任の帰属、事件の重大性、その出来事に関するメディアの注目度合いによっても異なる。危機管理の研究でも見られるように、スポンサーリスクに関する研究者は、オープンで信頼できるコミュニケーションと慎重なメディアの管理と同様に、ネガティブな出来事に対して常に備えることが不可欠であると提案している。対照的な例として、ゴルフのタイガー・ウッズ選手は、妻以外の女性との浮気というネガティブなニュースから立ち直ったが、自転車選手のランス・アームストロング選手は、薬物を使ってパフォーマンスを向上させたことで、スポーツを冒瀆したとみなされた。両選手ともメディアから多大な注目を浴びたが、結局、ランス・アームストロング選手の場合はスポーツでの失敗を乗り越えられないままだった。

6.　スポンサーシップ関係の終了

　スポンサーシップ関係の終了について検討した最初の研究として、フィンランドで実施された Olkkonen & Tuominen（2008）がある。この研究では、メディア企業である MTV3 と現代美術館（キアズマ）との間で結ばれた文化的スポンサーシップを対象に、ネガティブおよびポジティブな構造的・状況的トリガー（誘因）の両方について調査が行われた。マクロ経済環境のような構造的トリガーは比較的永続的であるが、人間関係の崩壊のような状況的トリガーはより一過性のものであることが明らかになった。

　興味深いことに、どのスポンサーシップにおいても、関係が弱まり、衰退していくようなときに、関係が終わる前兆となりうる「フェージング」という概念が存在することを著者は述べている（p.204）。これは、スポンサーシップの初期の段階で何らかの困難に直面し、数年の契約期間であるにもかかわらず、投資が早々に終了する場合によく見られる現象である。この文化的スポンサーシップのケーススタディでは、多層的な分析により、構造的なトリガーと状況的なトリガーの両方がスポンサー関係の衰退と終了に関与していることが明らかとなった。経済状況の変化で終了を余儀なくされる場合とともに、パートナーの目的の変化もスポンサー関係を終了する要因となる。

　van Rijn et al.（2019）は、24のケースと19のインタビューに基づく研究から、スポンサーシップ中止の理由を、「スポンサー関連要因」「スポンシー関連要因」「相互関係要因」「外部要因」の4つの論理カテゴリーに分類している。さらにこの4つのカテゴリーを深く掘り下げ、スポンサーシップ中断要因として、「不十分な価値創造」「目的が達成されていない」「スポーツの結果が期待通りでない」「社会への注目が好ましくない」「独占性の欠如」「協会における否定的な意見」「個人関係」「マーケティング戦略の変更」「財務状況」「法律や規制」の10項目を抽出している。

7.　スポンサーシップ関係の終了によるネガティブな影響

　スポンサーシップ関係の終了がもたらすネガティブな影響に関する研究は限られている。その中で、チームがスポンサーに大きく依存している場合や、スポーツとスポンサーの相性がよいと思われる場合、贔屓のチームとの契約を打ち切ったスポンサーに対するファンの態度はネガティブになることが実験的に示されている（Grohs et al., 2013）。さらに、サッカーのスポンサーを対象に行われたこの研究では、スポンサーシップが長期的で適合性が高く、容易に代替手段が見つからない関係性である場合、関係の終了においてスポンサーは最もネガティブな態度を心配する必要があると述べられている。つまり、この状況では、ファンはスポンサー契約を解約するスポンサー企業に対してより強い憤りを感じることになる。

　掲示板やウェブログを通じて行われたエスノグラフィー（Delia, 2017）では、スペインのバスク地方のプロサイクリングチームを対象に、スポンサーがチームとのスポンサーシップ関係を終了させたことに対するファンの反応を捉えている。この研究の対象となったスペインのこの地域のファンたちは、パートナーシップの終了がチームの解散につながったにもかかわらず、スポンサーであるエウスカルテル（Euskaltel）社を高く評価していた。これは、スポンサーであるエウスカルテル社が20年来のスポンサーであり、その貢献度をファンが理解していたからであった。

　文化的なスポンサーシップの検討では、スポンサーシップ関係の終了がスポンサー企業の従業員に悪影響を及ぼすことも示されている。ある劇団と小売店

のケーススタディを見ていた研究者は、スポンサー関係が終了する際には、スポンサー企業の従業員とスポンサードされる組織のメンバーとの間に築かれた関係を考慮する必要があることを発見した（Ryan & Blois, 2010）。このケースのように、スポンサーシップの責任者は、企業とプロパティーの境界をまたぐ役割を担い、また心理的契約や社会的結合を伴う関係を構築する2つの組織間の橋渡し役を担うのである。スポンサー企業の従業員は、自分の会社が支援する劇場、交響楽団、美術館に対して責任感を持つことがあり、関係が強いと同一視する気持ちや「私たち」という意識が生まれ、もしスポンサーシップ関係を終わらせる事態に直面すると心苦しく感じることもある。しかしながら、スポンサーシップの関係を構築し、実行し、終了させなければならない橋渡し役の社員の精神的な負担は十分に認識されていないといわれている（Ryan & Blois, 2010）。

　Ruth & Strizhakova（2012）は、調和のとれた心理状態を維持するために個人が認知関係のバランスを保とうとするバランス理論を用いて、多くの状況において、スポンサーシップの終了が人々の態度にネガティブな影響を与えることを発見した。彼らは、スポンサーの表明した動機（通常は販売志向）、スポンサーシップの期間、イベント領域への関与がどのように人々の態度に影響を与えるかについて実験的に検討を行った。その結果から、「スポンサー企業が、スポンサーシップがブランドの売上目標を満たさなくなったことを露骨に示すことは、消費者のイベント領域への関与にかかわらず、既存のブランドに対する態度にマイナスの影響を与える」と報告している（Ruth & Strizhakova, 2012, p.48）。つまり、消費者はスポンサー関係終了後の不安定な感情を、より販売志向の強いブランドに対してネガティブな感情を持つことによって解消しているのである。しかし、スポンサーブランドが販売志向の強いブランドでなかった場合、関係終了後の消費者の失望感はブランドに対する感謝の気持ちへと変化することもある。その際、消費者はたとえ関係が終わったとしても、スポンサー関係を搾取的でなく、より純粋な関係であったと認識するようである。一方、スポンサーシップにあまり関与していない消費者は、スポンサーシップにそれほど関心がなかったため、これらの効果は小さくなる。

　また、スポンサーが徐々に関係を終了していく場合も、ファンに受け入れられやすいと考えられる。ドイツブンデスリーガ2部のサッカーファンを対象と

した研究によると、パートナーシップを終了する必要性を早期に発表することで、人々はよりポジティブな態度になることが分かった（Dick, 2018）。

　大きなマイナスに遭遇することなく、スポンサーシップ契約を直ちに終了できる可能性は、契約書の書き方に大きく関係する。契約終了に関する具体的な条項が書かれることで、プロパティーが十分なパフォーマンスや成果を上げられない場合、イベントに関連するネガティブなパブリシティ、広告やプロモーションに関する規則の変更、イベントのキャンセルなどによるリスクから回避することができる（Reed et al., 2010）。

　スポンサー企業とプロパティーの双方にスポンサー契約を終了させなければならない理由が生じる可能性がある。契約書に終了条項がなかったり、急激な景気の変動などの状況が契約書に書かれている範囲を超えていたりすることにより、ブランドがスポンサー契約を終了しなければならない場合は、まずはプロパティーと交渉することが推奨される。このような場合、プロパティーはすべてのスポンサー関係を終わらせるのではなく、契約期間の短縮など、何も得られないよりも何かを得る方がよいということを理解することが重要である。

　スポンサーシップに関する研究の中で最も強調されていることは、スポンサーとプロパティー間で十分なコミュニケーションを取ることと、スポンサーシップ関係における共通の目標を明確に設定することである。すなわちスポンサー関係を成功させるために、それぞれの側が、スタッフのトレーニング、それぞれのブランドの歴史、過去の関係性など、相手を理解するためにもっと投資する必要があるということである。

　スポンサーシップは人と人とのビジネスである。しかし、長期的な関係を築けるような、より良いサービスを提供する関係は、徐々に少なくなる傾向にある。質の高い関係の出発点は、適切な期待値の基礎となる相互理解である。また、スポンサー契約を終了することでパートナーシップは終了するが、組織間の関係は継続し、また別の機会で再開する可能性があることを忘れてはいけない。

ディスカッション

①スポンサーシップの衰退を示すサインは何だろうか？

②パートナーシップの終了要因のうち、あらゆるタイプのスポンサーシップに共通する
のは何だろうか？

■参照文献

Adler, L. (1966, November-December). Symbiotic marketing. Harvard Business Review, 59-71.

Balym, T. (2013, June 6). Sponsor bails in wake of new low. The Cairns Post, 34.

Cobbs, J. B. (2011). The dynamics of relationship marketing in international sponsorship networks. Journal of Business & Industrial Marketing, 26(8), 590-601.

Cornwell, T. B., & Kwon, Y. (2019). Sponsorship-linked marketing: Research surpluses and shortages. Journal of the Academy of Marketing Science, 1-23.

Delia, E. B. (2017). A digital ethnography of fan reaction to sponsorship termination. European Sport Management Quarterly, 17(3), 392-412.

Dick, C. (2018). Gradual vs entire sponsorship termination: How to manage the ending of a sponsorship engagement. International Journal of Sports Marketing and Sponsorship, 19(4), 433-449.

Farrelly, F. J. (2010). Not playing the game: Why sport sponsorship relationships break down. Journal of Sport Management, 24, 319-337.

Grohs, R., Kopfer, K., & Woisetschläger, D. M. (2013). An examination of conditions that moderate negative effects of sponsorship terminations on fan attitudes toward the former sponsor. Proceedings of the 2013 AMS World Marketing Congress, Melbourne, Australia.

Heider, F. (1958). The Psychology of Interpersonal Relations. New York: Wiley.

Hessling, V., Åsberg, M., & Roxenhall, T. (2018). Relationship commitment and value creation in sponsorship relationships. Journal of Business-to-Business Marketing, 25(2), 137-160.

Lowe, M. (2012). Barclaycard PayBand at wireless 2012: We test the "cashless festival" concept. Retrieved from www.pocket-lint.com/news/116200-barclaycard-payband-cashless-festival-concept-at-wireless-2012-using-nfc-mastercard-paypass-contactless-payments.

Mason, R. B., & Cochetel, F. (2006). Residual brand awareness following the termination of a long-term event sponsorship and the appointment of a new sponsor. Journal of Marketing Communications, 12(2), 125-144.

McAlister, A. R., Kelly, S. J., Humphreys, M. S., & Cornwell, T. B. (2012). Change in a sponsorship alliance and the communication implications of spontaneous recovery. Journal of Advertising, 41(1), 5-16.

Nufer, G., & Bühler, A. (2010). Establishing and maintaining win-win relationships in the sports sponsorship business. Journal of Sponsorship, 3(2), 157-168.

Olkkonen, R., & Tuominen, P. (2008). Fading configurations in interorganizational relationships: A case study in the context of cultural sponsorship. Journal of Business & Industrial Marketing, 23(3), 203-212.

Pearsall, J. (2009). Sponsorship performance: What is the role of sponsorship metrics in proactively managing the sponsor: Property relationship? Journal of Sponsorship, 3(2), 115-123.

Pieters, M., Knoben, J., & Pouwels, M. (2012). A social network perspective on sport management: The effect of network embeddedness on commercial performance of sport organizations. Journal of Sport Management, 26, 433-444.

Reed, M. H., Bhargava, M. N., Gordon, J., & Kjaer, M. (2010). Terminating a sponsorship relationship: Conditions and clauses. Sponsorship Journal, 4(1), 79-92.

Roberts, S., & Burton, N. (2018). Should I stay or should I go? Managing sponsor relations through athlete transgressions. Journal of Global Sport Management, 3(2), 170-188.

Ruth, J. A., & Strizhakova, Y. (2012). And now, goodbye: Consumer response to sponsor exit. International Journal of Advertising, 31(1), 39-62.

Ryan, A., & Blois, K. (2010). The emotional dimension of organizational work when cultural sponsorship relationships are dissolved. Journal of Marketing Management, 26(7-8), 612-634.

Ryan, A., & Fahy, J. (2012). Evolving priorities in sponsorship: From media management to network management. Journal of Marketing Management, 29(9/10), 1132-1158.

Smith, C. (2019). American Express, Visa and Mastercard use sponsorship to promote contactless cards. Retrieved from www.business2community.com/native-advertising/american-express-visa-and-mastercard-use-sponsorships-to-promote-contactless-cards-02179542.

van Rijn, M., Kristal, S., & Henseler, J. (2019). Why do all good things come to an end? An inquiry into the discontinuation of sport sponsor: Sponsee relationships. International Journal of Sports Marketing and Sponsorship, 20(2), 224-241.

Varadarajan, P. R., & Rajaratnam, D. (1986). Symbiotic marketing revisited. Journal of Marketing, 50(1), 7-17.

Westberg, K., Stavros, C., & Wilson, B. (2011). The impact of degenerative episodes on the sponsorship B2B relationship: Implications for brand management. Industrial Marketing Management, 40, 603-611.

Williams-Smith, J. (2019). Hass Rich Energy sponsorship deal ends immediately. Retrieved from www.motorsportmagazine.com/news/f1/haas-rich-energy-sponsorship-deal-ends-immediately.

第 3 部

スポンサーシップの科学と新しい視点

Advanced and specialized topics

第12章

スポンサーシップにおける記憶

　多くの人は「よく覚えていないスポンサーブランドは、人々の消費行動にあまり影響力がない」と思うかもれないが、この点は注意深く考える必要がある。「スポンサーの記憶」は、スポンサーシップにおける成功指標と考えられているが、実は包括的な検証が行われることは少ない。スポンサー自体の記憶やスポンサーが持つパートナーシップ関係に関する記憶は、スポンサーシップにおける典型的な効果測定の対象である。しかし、実際にスポンサーシップの記憶を測定する際に用いられる「ブランド想起」と「ブランド認識」には、高いハードルがある。行動を促す可能性のある潜在記憶が考慮されないからである。さらに、スポンサーシップの研究では、記憶がもたらす長期的な影響の検証が少ない。長期的な検証の不十分さは、ブランドの戦略に大きな影響を与える。

　インドで最も愛されているスポーツであるクリケットには、インドの通信会社であるリライアンス・ジオ（Ruliance Jio、以下ジオ）社という強烈なスポンサーがついている。ジオ社は、インドの8都市にある8つのクリケットチームすべてのスポンサーであるだけでなく、すべてのチームのプロモーション・スポンサーであり、放送スポンサーでもある。これほどまでにクリケットと積極的な関わりを持つジオ社は、クリケットリーグに関連するブランドの中で、最も消費者に想起されたブランドであることが報告されている（Laghate, 2018）。

　スポンサーシップの成功において、記憶が重要な役割を担うことは間違いない。記憶は、ブランドの知識や認知の重要な基盤として認識されている（DeGaris et al., 2017）。消費者がブランドとの経験や交流を重ねることで、ブランド知識が身につく。実際、ブランド研究の第一人者であるケラー博士も「消費者にブランドを『体験』させたり、ブランドに触れさせたりすることで、親近感や認知度を高めることができる」としている（Keller, 1993, p.10）。スポンサーシップは、ブランドイメージを創るために重要な複合的かつ強いブラ

ンド連想（ブランド同士の関わり）を構築することにも役立ち、この強いブランドイメージこそが他社とのブランド差別化を支えるのである。

1. スポンサーシップにおける記憶の種類

スポンサーシップを体験するとき、私たちが行うスポンサーシップ体験を含めたすべての活動に、様々な種類の記憶が関わっている。図12-1は、スポンサーシップの例を挙げて、記憶の基本的な構造を図式化したものである。

ミュージックイベントでの音やスタジアムでのホットドッグの匂いなどの人間の感覚に関連する記憶は、私たちの経験をより豊かに研ぎ澄ましてくれる。これらの感覚的な記憶は、見て、聞いて、味わって、嗅いで、触ることで得られるものであるが、その体験自体は一瞬の出来事である。研究者は、感覚的な側面がスポンサーシップにおいてどのような効果をもたらすかについて、まだ検討を始めたばかりである（Breuer & Rumpf, 2015）。

図12-1に示す短期記憶は、ワーキングメモリーや作業記憶という言葉でも認識されている。スポンサーによっては、短期記憶だけに焦点を当てることも

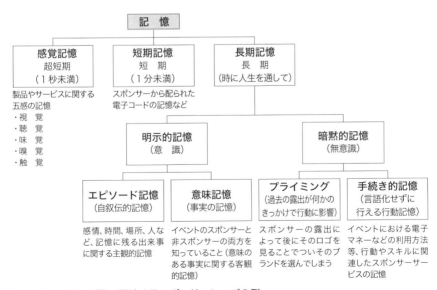

図12-1 ●記憶の種類に関連するスポンサーシップの例

ある。例えば、スポンサーが消費者に割引コードや、ブランド名や簡単なブランドスローガンの入ったWi-Fiコードを提供したりする場合である。しかし、基本的なスポンサー活動の中心となるのは、短期記憶ではなく長期記憶である。

　長期記憶には、明示的な記憶（意識的な記憶）と暗黙的な記憶（無意識的な記憶）がある。明示的記憶は宣言的記憶とも呼ばれ、自分が何を理解したか、何を経験したかを認知的に理解していることである一方、暗黙的記憶は記憶しなくても何かを知っていたり、ある特定の「手段」を自動的に理解していることを意味する。「無意識」という言葉は広く使われているものの、やや誤解を招く恐れがある。暗黙の記憶は、個人がある特定の出来事をもとに何かを思い出すようなメカニズムを有していないが、学習したことを思い出していることを「意識していない程度に無意識である」ことを指す。つまり、特定の情報源から何かを取り出そうと考えなくても答えが出てくるという意味で、「自動記憶」と呼ぶこともある（Lewandowsky et al., 1989）。

　スポンサーシップの研究では、主に出来事の記憶（エピソード記憶）や事実の記憶（意味記憶）という2つの明示的記憶を対象としてきた。イベントに参加した消費者が、スポンサーのブースにおいて見たブランドスローガンを覚えているか、イベントのスポンサーがどのブランドか思い出すことができるかなどを測定することが多い。これらは、それぞれ「露出度」と「想起度」として一般的に用いられる尺度である。

　一方、暗黙的な記憶はあまり注目されていない。プライミングは、意味的な知識にはつながらなくても、行動や選択に影響を与える。例えば、好きなスポーツ選手がイベントでハイドロフラスク（Hydro Flask）社の再利用可能タンブラーを使っていたとしよう。その翌日にたまたまタンブラーを買おうとしたら、このハイドロフラスク社のブランドに、何か覚えていないが親しみを感じるかもしれない。

　最後に、手続き的記憶についてである。手続き的記憶は、自転車の乗り方など頭ではなく身体が覚えている暗黙的な記憶の一つとして理解されることが多い。消費者がどのように記憶を形成し使用するのか考える上で、手続き的記憶についての研究はあまり進んでいない。しかし、例えばイベントにおける電子マネーなどの非接触支払いシステムの利用方法など、行動やスキルに関連したサービスをスポンサーが提供する場合には、手続き的記憶の理解は有益なもの

となる。

2. スポンサーシップにおける記憶の測定

　記憶の測定で最もよく使われるのは、認識と想起である。消費者の立場で考えると、認識は想起よりも簡単だと考えられている（Humphreys & Bain, 1983）。認識は主に継続的な情報源に基づいているのに対し、想起は目の前にない特定の情報に基づいている。認識は記憶から情報を取り出す点においては想起と同様であるが、記憶の詳細やそれに伴う反応にまで踏み込むことはない（Humphreys et al., 1994）。つまり、アンケートの回答者は、バナーの色や有名人の顔、あるいはイベント中のアリーナの温度など、断片的な事柄を記憶から取り出して認識の構築を行っている可能性がある。認識とは、取得した情報を記憶と照らし合わせて、過去に経験したことがあることを発見したときに、一見自動的に得られる意識とも解釈できる。スポンサーシップの調査において消費者の認識の程度を調べる場合、真のスポンサーと架空スポンサーのリストを用意し、その中からイベントのスポンサーを特定してもらうという認識テストが典型的に行われる。このプロセスでは、消費者は「もっともらしい」スポンサー候補者を選択することになる。

　2012年のロンドンオリンピック後に米国で1,000人以上を対象に行われたオンライン調査では、真のオリンピックパートナーであるコカ・コーラが、ライバルのペプシよりも多く認識されていた（47％対28％）。重要なのは、スポンサーの定義として、(1)オリンピックに資金や支援を提供する組織であること、また(2)IOCが公式に認め、オリンピックのシンボルやロゴを使用する許可を与えていることを回答者に伝えた点にある。スポンサーは、オリンピックとの契約により、その製品カテゴリーにおいて、そのイベントに関連する唯一のブランドであることを意味する独占性について強い理解を持っているかもしれないが、消費者は意外にそうともいえない。

　同一データを用いた別の分析では、回答者の37％がオリンピックのスポンサーとしてナイキを認識していたが、スポーツウェアとシューズのカテゴリーで真のスポンサーであるアディダスを認識していたのは24％に過ぎなかった（Wentz, 2012）。これは、ナイキがスポンサーとなっているチームやアスリー

トが多数大会に参加していたことを考慮すると腑に落ちる。しかし、メディア
の注目は、ナイキがオリンピック・パートナー・プログラムのスポンサーメン
バーでなくても、イベントから利益を得ることができた点にある。

　「インターネットユーザーの日常生活にGoogleが浸透していることが影響し
ているのかという調査で、回答者の16％がGoogleをオリンピックのスポンサー
だと誤って認識していた」ことは最も奇妙な調査結果であった（Wentz,
2012）。さらに、Googleがスポンサーであると回答した人の60％は、Google
がスポンサーであることに好感すら抱いていた。認知度調査においては、回答
者が選択肢の中からもっともらしい答えを選択する形式が取られるため、彼ら
が個人的に正しいと感じる選択肢を選ぶことになる。これは、想起のテストと
は明らかに異なるのである。

　想起とは、記憶から情報を取り出すプロセスであり、関連する情報を探すこ
とと、頭の中に取り出した情報の中から何が正しいのか、何が役に立つのかと
いう選択や意思決定の両方が必要であり、認識のプロセスよりも詳細な情報処
理が行われると考えられている。この想起のテストには、「自由想起」と「補
助想起」がある。

　1つ目の想起テストの形式である「自由想起」では、回答者に「今年度のチー
ムスポンサーを5社まで、思い出すことができる順に挙げてください」などの
ように尋ねるのが一般的である（McDonald & Karg, 2015）。自由想起は、回
答者にとって考えるという労力が伴う「大きなお願い」であるため、平均想起
率は低くなりがちである。例えば、McDonaldとKarg（2015）は、オースト
ラリアン・フットボール・リーグのスポンサー 309社を対象とした複数年に
わたる調査では、マイナーなスポンサーの想起率が平均20％程度だった。し
かし、それらのスポンサーのチームとの付き合いが5年以上になると、38％に
まで上昇することが分かった。さらに、メジャースポンサーに関しては、チー
ムとの付き合いが長くなると想起率が100％に達した例も存在する。スポン
サーとの関係の長さと関与の度合いが、スポンサー想起の主な決定要因になる
というエビデンスが示された研究といえる。米国で行われたチャリティー・ラ
ンニング・イベントの参加者を対象とした複数年にわたる自由想起調査では、
自由想起率が0％から68％の範囲であり（Smith et al., 2016）、87社のスポ
ンサーを対象としたこの研究では、参加者とスポンサーのエンゲージメントが

想起を最大化するための重要な要素であることも分かっている。

　2つ目の「補助想起」では、回答者に何かしらの手がかりとなる情報が与えられた上で、イベント、スポンサーの名前、またはその両方を回答するように求める形式をとる。このようなテストでは、回答者は研究者の質問に対して正確な回答を求められる。もしカナダのホッケーイベントの特定のビールスポンサーが求められているのであれば、正解はモルソン（Molson）社だけになる。

　質問の仕方は、回答に大きく影響を与える。記憶の研究では、手がかりとなる情報が与えられるか否かが重要な違いを生むと考えられている。「キューイング」と呼ばれる手がかり情報の影響を具体的に検討したものにTripodiら（2003）の研究がある。彼らは、2000年のシドニーオリンピック開催時に収集した電話調査データを用いて、記憶を測定するための3つのアプローチと1つの補足質問を用いて検証した。以下に示したのが3つのアプローチと補足質問の例である。

(1)イベント・スポンサーシップ・プロンプト
　　⇨「イベントZ」といえば、どのスポンサーが思い浮かぶか？
(2)ブランド・スポンサーシップ・プロンプト
　　⇨「ブランドX」といえば、何のスポンサーシップが思い浮かぶか？
(3)カテゴリー・スポンサーシップ・プロント
　　⇨「カテゴリーY、例となるブランド」といえば、何のスポンサーシップが
　　思い浮かぶか？
〈補足質問〉ブランド認知・想起（ブランドXの最近のスポンサーシップ活動
　　をいくつか紹介するので、ブランドXによるそれぞれのスポンサー活動を、
　　今日以前に知っていたかどうかを教えてください）

　Tripodiら（2003）は、これらの異なる測定方法によって、記憶の程度が異なることを発見した。この研究ではシドニーオリンピックを対象イベントとし、金融カテゴリーに属するウェストパック（Westpac）銀行が対象スポンサーに設定された。「イベント・スポンサーシップ・プロンプト」グループでは、32％の人が対象となる銀行のスポンサーであるウェストパック銀行を思い出したのに対し、「ブランド・スポンサーシップ・プロンプト」グループでは、

16％の人しかシドニーオリンピックを想起できなかった。補足質問の回答結果は、正しいスポンサーの記憶をさらにサポートすることが示された。具体的には、「ブランド・スポンサー・プロンプト」グループの人々によるブランドのスポンサー想起率が49％と比較的高い数値を示した。この研究で対象となった銀行であるウェストパック銀行には、スポーツのスポンサーを積極的に行う大規模な競合企業が複数存在したため、結果に何かしらの影響を与えた可能性があり、興味深い研究結果といえる。

3.　スポンサーシップにおける記憶の役割

　スポンサーシップにおける認識と想起は、高いハードルがあると考えられている（Cornwell & Humphreys, 2013）。一般的に、イベントに参加するアンケート回答者は、プロパティーとスポンサーとの関連性を明確に思い出すよう求められる。さて、「明確に求められる」というアンケート調査を、広告に適用した場合にはどうなるか想像してほしい。「あなたは新しいiPhoneのことをオンラインで知りましたか？」「それともテクノロジーに関するオンラインニュースの記事の中で知りましたか？」などの質問が投げかけられる。重要なポイントは、上記の質問で消費者の単純なブランドの認識や想起を調べるだけではなく、それが消費者にとって重要かどうかを考察することにある。

　ブランドと、そのブランドを知った背景の両方を覚えていることが重要なケースは以下のような状況である。ブランドが企業の社会的責任を果たすために慈善事業などの活動自体と関連を深めようとしている場合、スポンサーと慈善活動を啓蒙するイベントとの関係を明確に記憶することが重要になる。つまりブランドは、単なる認識や想起だけでなく、特定のイベントのスポンサーとして、関係性や活動も含めて知られることを目標にしているのである。

　マーケティング関連の研究では、このようなレベルの記憶が必要以上に求められる場合がある。例えば、店頭での商品の陳列は、消費者が最近経験したイベントにおけるスポンサーの認識や想起にかかわらず、消費行動のきっかけとなることがある。前述のように、スポンサーシップにおける記憶の研究では、スポンサーを認識したり思い出したりする明示的な記憶に焦点が当てられてきた。しかし、店舗内の背景や状況、商品のパッケージ、商品を勧めるインフル

エンサー、色やデザインなどの微妙な要素によって引き起こされる記憶については、あまり研究がなされていない。つまり、暗黙的な記憶の役割については多くの課題が残っているのである。

4. 明示的記憶と暗黙的記憶の測定

　明示的記憶と暗黙的記憶の検証における大きな違いは、特定の学習エピソードを参照するか否かにある。明示的記憶の検証には、あるクリケットのイベントの後に「クリケットの試合中にスポーツドリンクのロゴを見たことを覚えていますか?」などの質問が用いられ、暗黙的記憶の検証では、スポンサーブランドであるスポーツドリンク企業のゲータレードや通信企業のボーダフォンにちなんで、「ゲ＿＿＿＿」や「ボ＿＿＿＿」といった様々な単語の語幹を完成させるよう回答者に尋ねる形式がとられる。実際、このような暗黙的な測定方法は、一般的なマーケティングの分野では特に目新しいものではないものの、スポンサーシップ研究においてはあまり活用されていない。

　スポンサーシップの暗黙的記憶として、テニスの研究で導き出されたエビデンスがある。プロテニス協会のイベントが7日間開催されている間、参加者は(イベント前とイベント中に)「ミネラルウォーターが欲しい場合に、どのブランドを選択するか」という暗黙的記憶に関する質問を投げかけられた(Herrmann et al., 2014, p.792)。その結果、あるブランドがスポンサーであることを明示的に記憶していなくても、消費者の商品購買検討リストに含まれる可能性があることが分かった。つまり、スポンサーに対する暗黙的記憶が、スポンサーに対する消費行動を促進した可能性を示唆している。

　スポンサーとイベントの関係についての記憶が強くなくても、記憶には戦略的な価値がある。イベントを観たり、参加したりしているときに構築された関係が、その後の行動に影響を与える可能性がある。例えば、デル(Dell computers)社のハードウェア子会社でゲーミングPCで有名なエイリアンウェア(Alienware)社は、ライアットゲームズ(Riot Games)社との提携により、北米や欧州で行われるイベントにコンピューターを提供している(Asarch, 2019)。これらのeスポーツイベントの参加者や観戦者は、そのスポンサーで

あるエイリアンウェア社に触れる機会があり、イベントの様々な会場でデル社のコンピューターが使われているのを垣間見る可能性もある。その消費者は、イベントにおけるコンピューターのパフォーマンスを直接覚えているわけではないかもしれない。しかし、どのブランドのコンピューターを買うかを決めるようなときには、ブランド選択が促進される可能性がある。

　スポンサーが求める成果は、消費者の明示的な記憶が乏しい状況下においては「単なる露出効果」によっても促進される（Zajonc, 1968）。このトピックに関しては、「露出の繰り返し」が消費者の好感度を刺激することが立証されている。この現象をさらに詳しく調べると、2段階のプロセスが存在することが報告されている。まず1つ目のプロセスでは、露出が繰り返されることによって対象の想起がよりなめらかになる。そして次のプロセスでは、最初の段階で構築された想起のなめらかさが、対象への好感度につながるというものである（Reber et al., 1998）。このように、意識的に思い出すことなく、消費者の行動が促進されることも、暗黙的記憶の効果である。しかし、この暗黙的記憶の効果は追跡が難しく、多くのスポンサーシップ研究で十分な取り組みがなされていないのも事実である（Cornwell & Humphreys, 2013）。

5.　競合他社の干渉

　スポンサーの意図するコミュニケーションは、様々な要因に邪魔される可能性がある。ここでは、露出の状況下における他のブランドの記憶の影響を理解することが重要である。過去に行われた研究によると、消費者は一般的に非スポンサーをスポンサーとして認識している可能性がある（例：Cornwell & Jahn, 2017; Quester, 1997）。これはイベントとの関係性を構築するために多額のお金を払っている真のスポンサーにとっては非常に不都合な真実である。

　しかし、スポンサーだと思われている競合他社に利益があったとしても、真のスポンサーがイベントとの強い関連性を築いている場合には、真のスポンサーにダメージを与えることは考えにくい。例えば、実在のブランド名と架空のイベントを組み合わせた実験では、真のスポンサーが競合ブランドよりも頻繁に言及されている場合、競合他社からの影響はごく小さいものであることが報告されている（Cornwell et al., 2006）。このように、真のスポンサーとイ

ベントとの関係がしっかりと構築されている場合、競合他社である非スポンサーが存在していてもポジティブな効果を享受できる可能性がある。

6. 現在の文脈と事前知識

　記憶の効果を測定する際の大きな懸念は、実際の観客やイベント参加者が被験者となる研究における「文脈」の影響である。例えば、試合の前後にスタジアムで行われる研究を考えてみよう。スポンサー情報などを消費者が学習する際、「学習文脈」と「テスト文脈」が同じであれば、より正確に記憶を構築できることが分かっている。スタジアムでアンケートに答えるときに、研究者が最大限の配慮をしたとしても、研究参加者は、音、匂い、さらには仲間の服装など、その文脈に存在する様々な手がかりを含めて記憶を構築する。つまり、スポンサーを学習した状況と同じ状況下で消費者の記憶を検証すれば、強い想起が得られることを意味する。しかし、学習文脈（例えばスタジアム）とテスト文脈（例えば家、オンライン、店舗など）が異なる場合、スポンサーに対する記憶は非常に異なると測定されるかもしれない。

　カナダのホッケーファンを対象に、このような「参加」と「遠隔視聴」の違いを検証した興味深い研究がある。合計88人の参加者を2つのグループ（会場と遠隔地）に分けて試合観戦するよう指示し、その後スポンサーの想起や認識について検証を行った（Carrillat et al., 2015）。また、視聴文脈が、適合性の高いスポンサーとそうでないスポンサーにどの程度異なる影響を与えるかについても調査した。その結果、会場にいる参加者は、遠隔地からの観戦グループに比べて、興奮度が高まるにつれて、スポンサーの認識と想起が高まることが分かった。

　文脈が、記憶に与えうる影響は他にもある。例えば、ある国際的な陸上競技のイベントで消費者の感情とスポンサーの記憶の両方を検証したアンケート調査では、(1)イベントの雰囲気、(2)興奮や退屈などの感情、そして(3)グループの一員であるという経験が、スポンサーに関する記憶に影響を与えていた（Cornwell et al., 2018）。興奮を感じていたり、グループの一員であるという気持ちを抱いた消費者は、スポンサーをより強く想起することができたのである。

　また、スポンサーの記憶に関する一連の研究では、一般的に消費者の事前知識を考慮することが少ない。スポンサーブランドとプロパティーに対する、消費者の過去の露出に関する情報がなければ、彼らが現在の経験や以前の経験を、スポンサー認識や想起にどのように利用するか正確に記述することは難しいのである。端的にいうと、スポンサーの記憶の検証は、事前知識に依存するのである。例えば、研究対象となるイベントのスポンサーとして、市場に参入したばかりのブランドと、もともと定評のあるブランドの2社に着目したイギリスのフィールド調査がある（Donlan, 2013）。この調査では、両ブランドの認知度、ブランド連想、品質の知覚、ブランド・ロイヤルティーが検証された。市場に参入したばかりの新ブランドは、イベント参加者からは40％以上もの認知度を得たものの、一般的な消費者からの認知度は5％にとどまった。一方、もともと知名度の高いブランドは、イベント参加者と一般的な消費者の2つのグループにおいて90％以上の認知度を得られている。これらはもともと消費者が持つ事前知識による影響が大きいことが想定されるが、重要な点は、ブランド連想や品質の知覚も向上したことにある。つまり、スポンサーブランドに関する事前知識のレベルによって、スポンサーシップから得られる便益が異なるのである。

　事前知識の役割を示すもう一つの例として、オリンピック、ゴルフ、バスケットボールなどのスポーツイベントに関する消費者の知識によって、スポンサーとスポーツイベントの間の整合性の認識が異なることが挙げられる（Roy & Cornwell, 2004）。スポンサーとイベントの整合性は、様々な消費行動を促進することが既に分かっているが、イベントに関する知識が豊富な消費者は、あまり知識のない消費者に比べて、スポンサーとイベントの整合性を感じにくいことが報告されている。彼らは、プロゴルフのようなイベントに関する事前知識によって、イベントにふさわしいスポンサーブランドのイメージを構築していた可能性がある。

　事前知識の影響を理解するもう一つの方法は、個人が環境を理解する際に使用するヒューリスティック（メンタルショートカット）にある。消費者は自分の世界のあらゆるものを識別するために、それらの特徴や性質をもとに典型的イメージを作り出して判断する「代表性ヒューリスティック」（Kahneman & Tversky, 1973）を自然に使用すると主張されている。これはスポンサーシッ

プにも当てはまる。消費者がイベントのスポンサーを特定しようとするとき、イベントの特徴とスポンサー候補の特徴の重なりに部分的に依存するのである。つまり、重なりが大きいほど、そのイベントのスポンサーを真のスポンサーと認識する可能性が高くなる。当然のことながら、スポンサーブランドやプロパティーに関する事前知識が豊富な消費者は、そうでない消費者に比べて、より多くの、より多様な特徴を記憶している可能性がある。例えば、ナイキがスポンサーでなくても、多くのスポーツイベントでナイキが人々の心に強く結びついているのはこのためである。

　文脈を考慮した別の例では、項目情報（項目の識別性の処理をサポートする情報）や関係情報（項目間の情報の処理をサポートする情報）が記憶に与える影響が検証されている（Weeks et al., 2018）。実験結果によると、スポンサーと対象となる活動の一致が明確な場合、項目情報が最も記憶を促進するが、上記の一致度が低い場合、関係情報が強く記憶を促進することが分かっている。ウィンタースポーツとの関連が深い The North Face とスケートボードシューズのメーカーとして知られる VANS が、ウィンタースポーツイベントのスポンサーになるケースを使って説明してみよう。The North Face とウィンタースポーツイベントの関係性は明確であるため、スポンサーとなった際には、登山用品を作っていた歴史など、具体的な項目情報を伝えた方が消費者の記憶をより促進することができる。一方、VANS とウィンタースポーツイベントの関係性は上記に比べて不明確であるため、スキーやスノーボードを楽しんだ後に履くのに適したかっこいいブランドといったように、ウィンタースポーツとの関係性を強調する情報を伝えることが効果的であることを示唆している。

　すべての記憶研究に共通することであるが、研究者が使用するカテゴリーやラベルは、一般の消費者には「意味がないかもしれない」と認識することが重要である。例えば、オリンピックを見ている人が、あるスポンサーが特定の製品カテゴリーで独占権を持っているという事実を認識したり、あるいは気にしたりする必要があるだろうか？　倫理観を度外視すれば、アンブッシュマーケティングは、クリエイティブな事業活動なのに、なぜ直接利害が及ばない個人がアンブッシュに怒ったり憤ったりしなければならないのだろうか？　さらに、あるブランドがスポンサーなのかアンブッシュなのかを判断するために、すべての消費者が認知的努力を払わなければならないのだろうか？　スポンサー

シップ研究を進める上では、「消費者が気にしていると思ってはいけない」といわれている (Pitt et al., 2010)。

　研究の世界で利用されているカテゴリーや定義は、参加者や消費者にとって意味のないものかもしれない。スポンサーのために記憶を調査する研究者やコンサルティング会社にとっては有用なカテゴリーが、実際には真実の回答を歪める可能性があるかもしれない。例えば、スポンサーのレベル（トップスポンサーなど）について回答者に手がかりを与えることは、回答者の記憶の仕方に影響を与えることが示されている。つまり、回答者にとって適切でないと思われる人工的な手がかりを与えたり、スポンサーのレベルについてより注意深く考えさせたりなどは、回答者の本当の記憶を歪める可能性があることも理解しなければならない (Wakefield et al., 2007)。

　スポンサーとプロパティーの関係を認識することは、スポンサーの大きな目標である。このパートナーシップに関する記憶を、私たちは消費者に求めすぎているかもしれない。実際、スポンサーシップが店頭やオンラインでの行動にポジティブな影響を与えるか否かのみを検証するだけでも十分かもしれない。スポンサーシップのブランド価値への貢献をより豊かに理解しようとするならば、認識と想起という記憶の測定のみを強調しすぎてはならないし、仮に認識と想起に関して望ましい成果が得られなかったとしてもスポンサーシップマーケティングの失敗と結論づけるのは危険である。スポンサーシップの記憶の測定をより洗練させ、記憶と実際の消費者行動の関係を測定する方法の開発に投資する必要がある。

7.　スポンサーシップにおける記憶の長期的視点

　心理学の分野でよく研究されている現象に「自然的回復」というものがある (Brown, 1976; Wheeler, 1995)。自然的回復を理解する上で、有名な古典的実験である「パブロフの犬」を考えてみたい。餌と鐘の音を繰り返し条件づけることで、犬は餌と鐘の音がセットであると学習する。学習によって構築された記憶により、たとえそこに餌がなくても鐘の音のみを聞くことで、犬の唾液の分泌量が増えるという実験結果である。ここまでは有名な話であるが、餌と鐘の音の条件づけを繰り返し行わないと、犬は再び学習する。つまり、鐘の音

のみでは唾液の分泌が増えなくなるのである。これを心理学では「消去」と呼ぶ。興味深いのは、消去が起こった後に一定期間の休息を犬に与えると、鐘の音によってまた唾液の分泌量が増える。この条件反応の回復を「自然的回復」と呼ぶ。自然的回復は、人間は経験した文脈を利用して物事を記憶するという事実に基づいている。スポンサーシップのコンテクストに落とし込むと、旧スポンサーは（特に長年スポンサー関係を維持していた場合）、プロパティーが関連している様々なモノや活動と強いつながりを持っている。会場を訪れる人々の心の中、選手のイメージや広告の中など様々な場所に、かつてのスポンサーの記憶が焼き付いている可能性がある。スポンサー関係を断ち切った場合でも、旧スポンサーが消費者の記憶に思い浮かぶ理由は、自然的回復である可能性がある。

　自然的回復を示唆する興味深い研究結果がある。McAlisterら（2012）は、4つのイベント（テニストーナメント、オートレースイベント、競馬イベント、オリンピック）を対象とした一連のフィールド調査で、イベント開催時と6カ月後で、消費者が「新しいスポンサー」をどの程度覚えているか調査した。その結果、旧スポンサーを誤って想起するケースはあったものの、イベント開催時における消費者の新しいスポンサーに対する想起は素晴らしいものであった。

　しかし、時間の経過とともに、想起パターンは変化する（この研究の場合は6カ月後。図12-2）。例えば、オートレースの研究では、2008年に新スポンサー

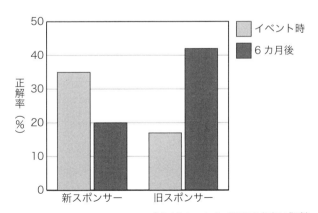

(McAlister et al., 2012を参考に作成)

図12-2●新・旧スポンサーの記憶の自然的回復の比較

が契約を結ぶまで、旧スポンサーが2003年から2007年までの5年間契約を結んでいた。2008年のデータ収集時には、新しいスポンサーの想起率は20%程度あったのに対し、旧スポンサーの想起率は23%であった。これは、旧スポンサーが5年間続いていたことからも腑に落ちるし、スポンサーとプロパティー両者も納得せざるを得ないだろう。しかし、メディアの注目がほとんどなくなったイベント半年後、新しいスポンサーの想起度は12%に下がり、旧スポンサーの誤想起度は40%に上昇していた。図12-2は、イベント開催時と6カ月後に記憶を測定した結果で、旧スポンサーに関する想起の劇的な回復を示している。イベントの時点では、最新のスポンサーに関する情報が正しく想起されるものの、6カ月後には旧スポンサーが頭に浮かび、現在のスポンサーとして報告される。興味深いことに、数年前に交代したスポンサーですらも消費者の頭の中に記憶されていたという事実である。

　上記の研究結果は、イベントを引き継ぐ新規スポンサーは、自然的回復を意識する必要があることを示唆している。イベントが新規スポンサーにとって新しいものであっても、そのイベントのスポンサーシップに関する歴史にも注意する必要がある。ここで紹介した調査では、競合他社からのスポンサーシップ引き継ぎなど、引き継ぐスポンサーの特性に重点が置かれていない。しかし、直接の競合相手からスポンサーを引き継いだ場合、その競合相手の名前がスポンサーとして定着していることが想像される。価値のあるプロパティーとのスポンサー関係を手に入れるため、競合他社を阻止するためなど、直接の競合他社からスポンサーを引き継ぐ理由は様々あるが、競合他社が長年保有しているスポンサー関係に割り込む場合は、自然的回復の程度を考慮しながら戦略的にスポンサーシップ活動を遂行する必要がある。

　自然的回復を避けるための戦略の一つは、相殺できるほどの大きなメリットがない限り、直接の競合相手からイベントのスポンサー権を引き継ぐことを避けることである。また、イベントが開催されていない期間のコミュニケーションが有効な場合もある。長い準備期間とイベント後の巧妙なコミュニケーションにより、イベントとスポンサーの関係性が強化され、前のスポンサーの自然的回復を抑えることができるかもしれない。自然的回復現象から得られる重要な示唆は、スポンサーシップにおいて自社の企業色（コーポレートカラー）やロゴを使用するだけという、単純に既存のアクティベーション戦略を実施して

はいけないということである。例えば、テニスの試合でのネット側の広告、バスケットボールの試合でのハーフタイム観客サービス、文化的なイベントでのアーティストを使ったレセプション、野球の試合での企業が作るファン・ゾーンなど、アクティベーションには様々な形がある。新しいスポンサーがこれらの戦略を、以前のスポンサー（特に直接の競争相手）と同じように利用すれば、消費者の記憶に混乱を招く可能性が高まる。

　新しいスポンサーがついてから数年経っても、消費者が過去のスポンサーを想起するという自発的回復現象は、ドイツのサッカーにおける研究でも裏付けられている（McAlister et al., 2012）。さらに、多くの異なるスポンサーを持つことは、過去のスポンサーの想起を減少させる傾向があるが、時間の経過による単純な記憶の消去は、過去のスポンサーの想起に大きな影響を与えないことも発見されている（Edeling et al., 2017）。

　これらの結果から、研究者はスポンサーシップ研究における新しいコンストラクトである「シェアード・ブランド・エクイティ」にたどり着いた（Cornwell et al., 2019）。シェアード・ブランド・エクイティとは、ブランド間の意味的・連想的な知識がリンクしている程度を表し、ステークホルダーの反応に影響を与える。スポンサーブランドは、この記憶のつながりを利用して、メインスポンサーの役割を離れたときに、負担の少ない下位レベルのスポンサーを行うことで、時間をかけて作られたシェアード・ブランド・エクイティを消費者に思い出させるようにしている。その一方で、新しいスポンサーは、シェアード・ブランド・エクイティは何年もかけて構築されると妥協する必要があるかもしれない。シェアード・ブランド・エクイティは、ブランドがパートナーシップを解消した後も存在することは事実であり、スポンサーシップ契約やレバレッジ戦略において考慮されるべきものである。結局のところ、新しい（これまで名前のなかった）アリーナやスタジアムが、これまでスポンサーがついていたものよりも高い価格で取引されるのには理由があるのである。

ディスカッション

① スポンサーシップの暗黙的記憶は、プライミングや手続き的記憶を活用したレバレッジによって、どのような影響を受けるだろうか？

② 競合他社のスポンサーシップを引き継ぐブランド・マネージャーとして、旧スポンサーの自然的回復の影響を軽減するためにはどうすればよいか？

■参照文献

Asarch, S. (2019, August 1). "League of Legends" partners with Alienware for esports events. Retrieved from www.newsweek.com/league-legends-alienware-dell-partnership-deal-1283888.

Breuer, C., & Rumpf, C. (2015). The impact of color and animation on sports viewers' attention to televised sponsorship signage. Journal of Sport Management, 29(2), 170-183.

Brown, A. S. (1976). Spontaneous recovery in human learning. Psychological Bulletin, 83(2), 321-328.

Carrillat, F. A., d'Astous, A., Bellavance, F., & Eid, F. (2015). On "being there" a comparison of the effectiveness of sporting event sponsorship among direct and indirect audiences. European Journal of Marketing, 49(3/4), 621-642.

Cornwell, T. B., & Humphreys, M. S. (2013). Memory for sponsorship relationship: A critical juncture in thinking. Psychology & Marketing, 30(5), 394-407.

Cornwell, T. B., Humphreys, M. S., & Kwon, Y. (2019). Shared equity. Working paper, the University of Oregon, Eugene, Oregon, USA.

Cornwell, T. B., Humphreys, M. S., Maguire, A. M., Weeks, C. S., & Tellegen, C. L. (2006). Sponsorship-linked marketing: The role of articulation in memory. Journal of Consumer Research, 33(3), 312-321.

Cornwell, T. B., & Jahn, S. (2017, June). Rethinking sponsorship recognition: An abstract. In Marketing Transformation: Marketing Practice in an Ever Changing World, Academy of Marketing Science World Marketing Congress (pp.77-78). Switzerland: Springer.

Cornwell, T. B., Jahn, S., Xie, H., & Suh, W. S. (2018). Feeling that in-group feeling at a sponsored sporting event: Links to memory and future attendance. Journal of Sport Management, 32(5), 426-437.

DeGaris, L., Kwak, D. H., & McDaniel, S. R. (2017). Modeling the effects of sponsorship-linked marketing: When does memory matter? Journal of Promotion Management, 23(2), 320-339.

Donlan, L. K. (2013). The role of brand knowledge in determining sponsorship effectiveness. Journal of Promotion Management, 19(2), 241-264.

Edeling, A., Hattula, S., & Bornemann, T. (2017). Over, out, but present: Recalling former sponsorships. European Journal of Marketing, 51(7/8), 1286-1307.

Herrmann, J. L., Corneille, O., Derbaix, C., Kacha, M., & Walliser, B. (2014). Implicit sponsorship effects for a prominent brand. European Journal of Marketing, 48(3/4), 785-804.

Humphreys, M. S., & Bain, J. D. (1983). Recognition memory: A cue and information analysis. Memory and Cognition, 11, 583-600.

Humphreys, M. S., Wiles, J., & Dennis, S. (1994). Toward a theory of human memory data structures and access processes. Behavioral and Brain Sciences, 17, 655-692.

Kahneman, D., & Tversky, A. (1973). Availability: A heuristic for judging frequency and probability. Cognitive Psychology, 5(2), 207-232.

Keller, K. L. (1993). Conceptualizing, measuring, and managing customer-based brand equity. Journal of Marketing, 57(1), 1-22.

Laghate, G. (2018, May 29). Jio tops brand recall charts for IPL for second straight year. Retrieved from https://economictimes.indiatimes.com/news/company/corporate-trends/jio-tops-brand-recall-charts-for-ipl-for-second-straight-year/articleshow/64375391.cms.

Lewandowsky, S., Kirsner, K., & Bainbridge, J. V. (1989). Context effects in implicit memory: A sense-specific account. In Implicit Memory: Theoretical Issues (pp.185-198). Hillsdale, NJ: Erlbaum.

McAlister, A. R., Kelly, S. J., Humphreys, M. S., & Cornwell, T. B. (2012). Change in a sponsorship alliance and the communication implications of spontaneous recovery. Journal of Advertising, 41(1), 5-16.

McDonald, H., & Karg, A. (2015). Quantifying the positive effects of sponsor level, length, prominence and relatedness on recall and residual recall rates over time. Journal of Marketing Communications, 21(5), 372-391.

Pitt, L., Parent, M., Berthon, P., & Steyn, P. G. (2010). Event sponsorship and ambush marketing: Lessons from the Beijing Olympics. Business Horizons, 53, 281-290.

Quester, P. G. (1997). Awareness as a measure of sponsorship effectiveness: The Adelaide Formula One Grand Prix and evidence of incidental ambush effects. Journal of Marketing Communications, 3, 1-20.

Reber, R., Winkielman, P., & Schwarz, N. (1998). Effects of perceptual fluency on affective judgements. Psychological Science, 9(1), 45-48.

Roy, D. P., & Cornwell, T. B. (2004). The effects of consumer knowledge on responses to event sponsorships. Psychology & Marketing, 21(3), 185-207.

Schacter, D. L. (1987). Implicit memory: History and current status. Journal of Experimental Psychology: Learning, Memory, and Cognition, 13(3), 501-518.

Smith, W. W., Pitts, R. E., Mack, R. W., & Smith, J. T. (2016). Don't be one more logo on the back of the T-shirt: Optimizing sponsorship recall. Journal of Convention & Event Tourism, 17(2), 75-94. Oxon, UK: Routledge.

Tripodi, J. A., Hirons, M., Bednall, D., & Sutherland, M. (2003). Cognitive evaluation: Prompts used to measure sponsorship awareness. International Journal of Market Research, 45(4), 435-455.

Wakefield, K. L., Becker-Olsen, K., & Cornwell, T. B. (2007). The effects of sponsorship level, prominence, relatedness, and cueing on recall accuracy. Journal of Advertising, 36(4), 61-74.

Weeks, C. S., Humphreys, M. S., & Cornwell, T. B. (2018). Why consumers misattribute sponsorships to non-sponsor brands: Differential roles of item and relational communications. Journal of Experimental Psychology: Applied, 24(2), 125-144.

Wentz, L. (2012). Consumers don't really know who sponsors the Olympics. Ad Age. Retrieved from http://adage.com/article/global-news/consumers-sponsors-olympics/236367.

Wheeler, M. A. (1995). Improvement in recall over time without repeated testing: Spontaneous recovery revisited. Journal of Experimental Psychology: Learning, Memory, and Cognition, 21(1), 173-184.

Zajonc, R. B. (1968). Attitudinal effects of mere exposure. Journal of Personality and Social Psychology, Monograph Supplement, 9(2), 1-27.

第13章

スポンサーシップと社内オーディエンス

　途上国の貧困や住居の改善を手助けする国際協力NGO団体である「ハビタット・フォー・ヒューマニティ（Habitat for Humanity）」に着目してみよう。以下は、ハビタット・フォー・ヒューマニティとのパートナーシップ関係から得られる可能性のある価値をリスト化したものである。

- 従業員をより個人的なレベルで理解する。
- 伝統的な企業構造の上下関係の壁を打ち破る。
- 人々により良い未来を提供するプロジェクトを支援する。
- 自分の周りの地域とより深いつながりを持つ。
- 困っている人のために、より安定した環境を整える。
- 会社に還元できる経験を共有する。

　これらはいうまでもなく、慈善活動のイメージから派生するチャリティースポンサーとしての外部価値でもある。ハビタット・フォー・ヒューマニティとの長期的なパートナーの例として、ウェスティングハウス・マニュファクチャリング（Westinghouse manufacturing）社は、新しい住宅に物品を寄付し、従業員には建設作業にも参加する機会を設けている。パートナーシップが従業員にもたらす価値について、企業やプロパティーの認識は未だ遅れている。企業や組織が外部の顧客でなく、内部の従業員に対して行うマーケティングを指す「インターナル・マーケティング」においては、組織のアイデアや製品を従業員に売り込む必要があることは明らかだが、組織の様々な側面を向上させる経験文化をスポンサーシップによってどれだけ促進できるかは見落とされている価値である。従業員の声を汲み取らず、彼らが違和感を覚えるようなスポンサーシップ活動をしたりすると、逆効果になることすらある。

　社内オーディエンスへの対応は、スポンサーシップが大きく貢献できる可能性があるものの、認識されていない分野の一つである。従業員は通常、自社の

スポンサーシップについては知っているものの、彼らがスポンサーシップの価値を理解しているか否かは、しばしばおろそかにされる。従業員が自分の会社の広告が効果的であり、自分の個人的な価値観と一致していると信じている場合、自社に対して誇りを感じる。その結果、顧客を重視し、顧客のニーズを満たそうとする意欲を高めることは、過去に行われた広告学の研究で明らかになっている (Celsi & Gilly, 2010)。広告よりも関与が強いと考えられるスポーツやチャリティのスポンサーになり、従業員が実際にイベントに参加することで誇りを醸成することができれば、広告よりも大きなインパクトを期待できる可能性がある。

　1998年に発表されたケーススタディでは（Grimes & Meenaghan, 1998）、アイルランド銀行（the Bank of Ireland）のスポンサーシップ・ポートフォリオに対する従業員の認識が検討されている。当時のスポンサーシップ・ポートフォリオには、美術、音楽、フットボールイベントなどが含まれていた。スポンサーシップは組織への誇りとアイルランド人としての自覚を醸成するのに有効であるという研究結果が得られたものの、従業員はスポンサーシップがスタッフに焦点を当てているとは感じていなかった。つまり、スポンサーシップによって、銀行がより望ましい雇用主になったと従業員は感じていなかったということである。この結果について著者は、従業員個々人が抱く様々な期待や経験によって結果が変わる可能性もあるし、企業の魅力には多くの要因が影響するため、企業のスポンサーシップ・ポートフォリオのみが従業員の認識に大きな影響を与えると結論づけるのは乱暴であると、さらなる研究の必要性を説いている。

　例えばある銀行員が、自社が行う地元の交響楽団へのスポンサーシップについて話しているところを想像してほしい。もしこの銀行員が、スポンサーイベントに参加していると感じていないならば、そのイベントについて肯定的な意見をいうことは想像し難い。当然であるが、もし彼らがコンサートの無料チケットをもらっていたり、ボランティア活動に参加していたりしたら、もっとポジティブな気持ちでスポンサーシップを捉えることができるだろう。社内オーディエンスにとって、スポンサーシップが企業の目的に合致していると感じられれば、それもまた価値観の共有やエンゲージメントを育むことになる。このように、スポンサーシップは組織内で企業のアイデンティティーを構築する可

能性があると認識されている（Hickman et al., 2005）。しかし、アイデンティティー構築を育むためには、スポンサーシップを活用した綿密なインターナル・マーケティングが必要なのである。

1.　従業員エンゲージメント

　従業員エンゲージメントは、従業員の離職率の低下、生産性、収益性、顧客ロイヤルティーの向上を促し、結果として株主利益を促進すると考えられている。この点についてRogan（2008）は、スポンサーシップから生じる2つの重要な価値の流れを特定した。1つ目は、マーケティング活動・成果に関連する「マーケティングの流れ」である。スポンサーシップによって従業員のエンゲージメントが向上すると、顧客サービス（品質）も向上し、消費者のブランド認知や嗜好、そして売上や顧客解約の減少へとつながる。この流れにおいては、従業員エンゲージメントを消費者の体験を後押しする要因と捉えている。2つ目は、「人材開発の流れ」である。スポンサーシップにより従業員エンゲージメントが向上すると、従業員の態度や信念が向上し、生産性などの行動にも好影響がもたらされる。この流れでは、従業員の離職率が低下するだけでなく、彼らのリーダーシップの向上にもつながると考えられている。つまり、スポンサーシップによる従業員エンゲージメントを仕事の満足度の中心に捉えている。これらの2つの価値の流れは、いずれもビジネスにおけるパフォーマンスに影響を与えることは間違いないだろう。

　スポンサーシップがマーケティングの成果や人材開発にポジティブな影響を与える可能性があることは既に支持されているが、それらが起こる具体的なメカニズムの説明は十分ではない。また、スポンサーシップが従業員にマイナスの影響を与える場合はあるのだろうか？　従業員が自分の会社のスポンサーシップ活動について、どのように考えているかを把握するためには、「組織への帰属意識」について理解することが重要である。

2.　従業員の帰属意識とスポンサーシップ

　社会的アイデンティティー理論は、「個人が組織に深く帰属するようになると、

その組織の成功や失敗に深く関わるようになる」と説明する（Ashforth & Mael, 1989）。帰属意識は、価値観の共有や価値観の一致（Hall & Schneider, 1972）に加えて、組織と自分との間のつながり（Dutton et al., 1994）によって構築される。これらの要因は、スポンサーシップによって強化できる。さらに、従業員の企業への帰属意識は、経営陣がスポンサーシップ活動を効果的であるとみなし、それらの活動への積極的関与やサポートがある場合に、さらに促進されることが分かっている（Coote & Cornwell, 2004）。従業員の企業への帰属意識が高まれば、結果として顧客満足度が向上したり、企業とスポンサーシップの関わりについてポジティブな口コミを広めたりするなど、従業員が事業活動に重要な行動をするようになるのである。

大手トラック会社とカーレースイベントであるNASCARとのパートナーシップに着目して、スポンサーシップがもたらす従業員の帰属意識への影響を検証した研究がある（Hickman et al., 2005）。具体的には、企業がカーレースチームのスポンサーになることで、(1)従業員の企業への帰属意識が高まるかどうか、そして(2)その帰属意識が組織へのコミットメントや顧客満足度向上への意欲につながるかを検証した。500人以上の従業員がこの調査に参加し、企業によるNASCARのスポンサーシップは、上記の要因（従業員の帰属意識、企業へのコミットメント、顧客満足度）と確かに関連していることが立証されている。

スポンサーシップによる企業への帰属意識を高めるメカニズムには、プレステージ（威信、名声）の構築が重要であると考えられている（Khan & Stanton, 2010）。このプレステージという概念は、経営学に端を発し（Mael & Ashforth, 1992）、消費者行動研究でも検証が行われている（Cornwell & Coote, 2005）。しかしプレステージは、帰属意識を表現するには少し狭すぎる言葉かもしれない。かっこいい製品を持つブランド（例：Apple）、業界で強烈なリーダーシップを発揮するブランド（例：Tesla）、ポジティブなイメージを持つブランド（例：Disney）などは、プレステージとは異なる要因によって従業員の帰属意識を高めることもできるかもしれない。しかし重要な点は、スポンサーシップは従業員の帰属意識を構築するための活動を促進する可能性があるということである。

組織への帰属意識とは、人々が自分自身を組織の一員と感じている程度を意

味し、この自己定義によって、人々は何かしらの価値を得ている（Ashforth et al., 2008）。人々が組織への帰属意識を考える際、(1)自分のアイデンティティーは組織のアイデンティティーと比べてどうなのか、そして、(2)それらのアイデンティティーは将来的にどうなるのか、という2つの比較を行う（Brickson, 2013）。つまり人々は、「自分はこの組織においてありのままの自分でいられるか」という問いと、「今後、組織の期待に応え続けることはできるか」という2つの問いを定期的に再考しているのである。図13-1は、組織が（スポンサーやプロパティーとして）多くの水平的な関係を持つ可能性があることを考慮した上で、スポンサーシップがどのように帰属意識の向上または低下に関わるかを示している。

　図13-1の2つ目のセクションでは、従業員がパートナーシップ・イベントを評価する際に自分自身に投げかけるであろう2つの質問を明記した。それらは、(1)パートナーのイベントは、私のアイデンティティーと何かしらの関連性があるか、(2)私の組織とこのパートナーのイベントとの間には、何かしらの整合性があるか、である。そして、これらの質問への回答が、次のセクションで

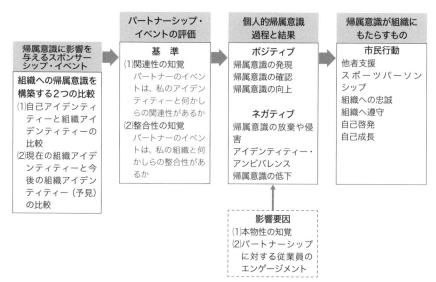

（Cornwell et al., 2018 と Podsakoff et al., 2000 を参考に作成）

図13-1●従業員の帰属意識とスポンサーシップ・エンゲージメント・モデル

従業員の組織への帰属意識に影響を与える（このプロセスの詳細については、Cornwell et al., 2018を参照されたい）。3つ目のセクションでは、帰属意識にプラスまたはマイナスの結果が生じる可能性を示しており、帰属意識の発現（私たちは地域のゴミ拾いイベントを支援しているんだ。自分の会社がこのような活動に参加していることを知って嬉しい！）や、帰属意識の確認（そうだ、私たちは地域のゴミ拾いに継続的に参加しているんだ。これが私たちなんだ！）を経験するかもしれない。いずれの場合においても、組織の帰属意識が高まる可能性がある。

　一方で、従業員が会社に合わないと考えるスポンサーシップに対して帰属意識の放棄（これが私たちだけど、特に気にしていない）、あるいは帰属意識の侵害（私たちがやっていることは的外れだと思う）を経験する可能性もある。前者の場合は、会社に対して複雑な感情を持つ「アイデンティティー・アンビバレンス」を経験するかもしれないし、後者の場合は、分裂（自分の会社はいろいろな意味で好きだが、スポンサーという意味では好きではない）や帰属意識の低下（私の会社は自分が思っていたものと違うし、これはいけないことだ）を経験するかもしれない。従業員のスポンサーシップ評価で特に重要なのは、「スポンサーシップがどれだけ信憑性のあるものかという信念」と、「パートナーシップにどれだけ関与しているか」の2点である。あなたの会社が冒頭で紹介したNGO組織であるハビタット・フォー・ヒューマニティとのパートナーシップを通じて手頃な価格の住宅建設を支援していることを知れば、その信憑性が一役買って、あなたは会社が地域社会を大切にしているという印象を持つかもしれない。さらに、もしあなたが個人的に家を建てる作業に関わっているとしたら、その強い関与が一役買って、このパートナーシップをさらに肯定的に捉えるかもしれない。

　図13-1の最後のセクションでは、組織の帰属意識の結果としての市民行動を促進する可能性を示している。つまり、従業員の組織への帰属意識が高まれば高まるほど、彼らは自分の役割以外のタスクにも積極的に関わる傾向があることを示している。市民行動は、他者援助、スポーツパーソンシップ、組織への忠誠やコンプライアンス（遵守）、自己啓発活動など様々であるが（Podsakoff et al., 2000参照）、スポンサーシップがもたらす可能性のあるポジティブな要因として議論が行われてきた（Coote & Cornwell, 2004; Edwards, 2016）。

上記の要因だけでなく、組織への帰属意識は、様々な批判から会社を守る従業員の擁護行動を促進したり、新入社員教育に自ら積極的に関わるなどの、多くの市民行動を助長する可能性がある。

3. インターナル・マーケティング

　従業員のエンゲージメントを高めたいと考える企業がほとんどだろう。エンゲージメントを高める方法の一つとして、「インターナル・マーケティング」がある。インターナル・マーケティングには、企業の目標や目的を明確に説明し、新しい製品やプロセス、適切な人材を整えるなどが包括的に含まれる。6カ国から集められたマーケティングおよびスポンサーシップ管理職への22回もの詳細なインタビューをもとに行われたインターナル・マーケティングの調査では（Farrelly & Greyser, 2012）、多くの企業文化やアイデンティティーがスポーツのスポンサーシップを中心に構築されたことが明らかになった。これらのスポンサーシップ活動の多くは、自己ベストを目指すことや強いチームを作ることなど、スポーツを一般の事業活動と類似するものとして捉えていた。つまり、スポーツと事業活動はパートナーシップとして相性が良いのである。研究者たちは、様々なスポンサーシッププログラムのタイプを大きく5つに分類し、「アイデンティティーとパフォーマンスの向上」「戦略と計画の策定」「組織のエンゲージメント開発」「リーダーシップ開発」「報酬と目標設定」のいずれか、または複数の特徴を組み合わせる傾向があると報告している。

　大規模な組織における従業員エンゲージメントはどのようにして育まれるのだろうか。サッカークラブのマンチェスター・ユナイテッドのスポンサーになったエーオン（Aon）社のスポンサーシッププログラムを例に考えてみよう。エーオン社は、リスクマネジメント、保険・保険仲介、人事コンサルティングなどに従事する世界有数の企業である。フォーチュン500社にも選ばれたこの企業は、過去25年間に450件近くの買収を経て成長してきた。ゲール語で「一体感」を意味する社名にふさわしく、同社は買収した様々な企業をつなぐ共通点をいつも模索していた。2009年には、世界で最も価値のあるスポーツフランチャイズの一つであるマンチェスター・ユナイテッドとのパートナーシップを発表し、2010年から実際のスポンサーシップ活動を開始した。同社は、ブランド

認知度やビジネスチャンスの拡大に関心があったのはもちろんであるが、特に関心があったのは120カ国、65,000人以上の従業員を団結させることができるマンチェスター・ユナイテッドの可能性であった。この目的のために、彼らはまず、エーオンのスポンサーロゴがデザインされたマンチェスター・ユナイテッドのユニフォームを社員一人ひとりにプレゼントしている。

　しかし、有名なサッカーチームのユニフォームであっても、それだけではエンゲージメントを高めることはできない。そこでエーオン社は、翌年の2011年に社員を対象としたプログラム「Pass It On」を開始した。このプログラムでは、アジア太平洋、ヨーロッパ、中東、アフリカ、南北アメリカのチームが、マンチェスター・ユナイテッドのサッカーボールを街から街へと「パス」し、従業員たちのエーオン・コミュニティーでの経験が共有された。その過程で、チャリティ・パートナーとの社会貢献活動や、お客様との交流、従業員同士のエンゲージメントが高まっていったのである。以下は、エーオン社とマンチェスター・ユナイテッドとのパートナーシップの成果の一部をまとめたものである（Eckert, 2012, 2013）。

- エーオン社イギリス支部の従業員の誇りが、2008年に比べてパートナーシップが始まった2010年には24％上昇した。
- エーオン社従業員の10人に7人が、パートナーシップが会社の結束に役立っていると考えていた。
- マンチェスター・ユナイテッドとのパートナーシップからスタートしたエーオン・グローバル・サービス・デーでは、280以上のチャリティ・パートナーとの280の活動を通じて、27,000時間以上の奉仕活動が行われた。この活動では46カ国で8,000人以上の従業員が参加した。
- グローバル・エンゲージメント・プログラムである「Pass It On」では、525以上のローカル・イベントを開催し、エーオン社の全オフィスの88％、45,000人以上の社員が参加した。

　マンチェスター・ユナイテッドのスポンサーシップの成功を受けて、エーオン社はイギリスのキャリントンにあるクラブのトレーニング施設を「エーオン・トレーニング・コンプレックス」と改名する8年間の命名権パートナーシップ

に移行した。この関係は2021年まで続き、BBCによると、1シーズンあたり1,500万ポンド（おおよそ25億円）の価値があると推定された（Burnett, 2013）。

　スポンサーシップと従業員の帰属意識の関係は、オーストリアでも調査が行われている（Hofer & Grohs, 2018）。この調査では、製パン材料メーカーであるバックアルドリン（Backaldrin）社とオーストリアのバイアスロンのナショナルチームのスポンサーシップを対象に行われた。その結果、スポンサーシップ自体に対して好意的な態度を示す従業員は一般的にスポンサー企業に対する帰属意識が高いのに対し、特定のプロパティー（ここではバイアスロンのナショナルチーム）に対する態度はそれほど重要ではないことが報告されている。つまり、スポンサーシップに関連するインターナル・マーケティングにおいては、従業員のスポンサーシップ自体に対する「オープンさ」も重要な意味を持つことが推察される。

4.　従業員ブランディング

　さて、ここまではスポンサーシップを活用して現在の従業員のエンゲージメントをどのようにして向上させるかについて議論を進めたが、「将来の従業員」についても考えてみよう。人々は、スポンサーシップ活動をする企業を、雇用主として魅力的に感じる可能性がある。「エンプロイヤー・ブランド」とは、「雇用主の企業による雇用によってもたらされる機能的、経済的、心理的な利益のパッケージ」と定義される（Ambler & Barrow, 1996, p.187）。エンプロイヤー・ブランドは、潜在的な従業員の頭の中で企業と関連を持つすべての事柄によって構築され、もちろんその中にはスポンサーシップも含まれている。スポンサーシップは、新入社員を惹きつける上で小さな役割しか果たしていないかもしれないと考える人もいるかもしれないが、その可能性は科学的にほとんど解明されていない。消費者、現在の従業員、そして将来の従業員候補の心に響くようなスポンサーシップに関するコミュニケーションを行うことができれば、強いエンプロイヤー・ブランドを構築することは可能である。

　カナディアン・タイヤ（Canadian Tire）社とカナダオリンピック委員会のパートナーシップを例として考えてみよう。彼らの8年間（2012〜2020年）

のパートナーシップは、消費者や従業員など、社内と社外両方のオーディエンスに対して、同社がカナダの誇りであるというプライドを構築することを目的としている。さらに、このパートナーシップは、アスリートの活動をサポートし、彼らの雇用も一つの狙いであった。仕事をしながらトレーニングを行うアスリートは、時間と場所の制約を受けることが多いため、カナディアン・タイヤ社は全国のネットワークと物理的環境を活用して、将来のアスリート従業員を受け入れることができると考えている。

5. パートナーのインターナル・オーディエンス

　ここまでの議論では、スポンサー企業の従業員に焦点を当ててきたが、スポンサードされるパートナー企業にも従業員がいることを忘れてはならない。スタッフ、チーム、リーグはスポンサーについてどう感じているだろうか？　その関係を誇りに思っているのか、それとも単なるお金のためだと認識しているのだろうか？　防水防寒服を中心に活躍するスポーツアパレルのヘリー・ハンセン（Helly Hansen）社がイギリスのロイヤル・ヨット協会（Royal Yachting Association）とのパートナーシップを発表した際、ヨット体験などの様々なプログラムに従事するボランティアやスタッフに、最高レベルのウェアを提供することを発表した（Royal Yachting Association, 2019）。ボランティアやスタッフに最高級のスポーツウェアを提供することで、彼らが相手の従業員を大切に思っていることを伝えた好例である。このような活動は、スポンサーとロイヤル・ヨット協会への帰属意識を高める可能性がある。

　近年、インフルエンサーの役割も注目を集めている。彼らの口が滑ったコメントや思いも寄らないツイートは、パートナーシップに関する消費者や従業員の信頼性に悪影響を与える恐れがある。口コミマーケティング協会（The Word of Mouth Marketing Association）のガイドラインによれば、スポンサーのツイート（投稿）には「#spon」というハッシュタグを付けることになっているので、消費者側も投稿の真偽をある程度判断できるようになっている。しかし、パートナーシップは目まぐるしく進化している。例えば、女優のオクタビア・スペンサーとダイエット関連事業を行うセンサ・ウェイト・ロス・システム（Sensa weight loss systems）社のパートナーシップを見てみよう。彼

女のパートナーシップ契約では、月に2回のソーシャルメディア投稿をガイドラインに遵守して行うことになっていた。しかし、彼女が提出した訴状によると、センサ・ウェイト・ロス・システム社は彼女の投稿から「#spon」というハッシュタグを削除するよう要求したと主張している（Manatt Phelps & Phillips LLP, 2013）。スポンサーとしての同社によるハッシュタグの削除要求は、近年の消費者の動向を鑑みると納得できるかもしれないが、プロパティーである女優のオクタビア・スペンサーへの尊敬を欠いた要求であったことは間違いない。これは、パートナーのインターナル・オーディエンス（すなわち彼女のファン）の感情を害する可能性のある、尊敬の念を欠いたパートナーシップ関係の例といえるだろう。

　ほとんどのアスリートは、スポンサーからのサポートを認識し、賞賛するように綿密な研修が行われる。しかし、パートナーシップ関係はいつも教科書通りに伝わるものではなく、プロパティーによるスポンサーに対する否定的と捉えられる言動は、パートナーシップにダメージを与える。小さなミスであっても、パートナーシップ関係が終わってしまうこともある。コカ・コーラがスポンサーを務めたブラジルの元サッカー選手であるロナウジーニョは、2012年の記者会見でペプシを一口飲んでしまったことで、年間75万ドル（おおよそ8,300万円）のスポンサー契約を失った（Tasch, 2012）。また、モデルのケンダル・ジェナーとその母親は、肌荒れに悩んでいることを「勇気を持って」発表したが、それがスキンケアブランドであるプロアクティブ（Proactiv）社とのパートナーシップ契約に基づくものであることが判明し、ネット上で多くの批判を浴びた（Jowett, 2019）。マーケティング装置として「生」の情報を大々的に公開しようとした試みは、同社のブランドの信憑性向上にはつながらなかったのである。

6. インターナルな価値を捉える

　スポンサーシップを通じた従業員エンゲージメントや雇用主ブランディングの価値をどのように測定するかは、非常に難しい課題といえる。この分野の研究が極めて希薄である理由は、測定方法の難しさにあると考えられる。従業員エンゲージメントの成果を測定するのは特に難しい。例えば、スポンサーシッ

プによって従業員が誇りを持って仕事に取り組んだ結果、売上や製品の問い合わせが増加したかなどの因果関係を正確に示すことは困難である。従業員の態度やアイデンティティーは、ビジネス上の成果と同様に測定可能である（Farrelly & Greyser, 2012）。しかし、「スポンサーシップによって得られた」従業員のエンゲージメントとブランドの将来的な成果との間の因果関係を検証するには、企業が時系列を追ったデータ分析に取り組んでいない限り難しい。現在の最良のアプローチとしては、特定のプログラムの目標のみを成果変数として設定し、ある程度簡易化したデータ分析をすることであろう。例えば、FarrellyとGreyser（2012）がある企業を対象に行った研究では、スポンサーシップに関連した研修プログラムに参加した従業員は、同様のトレーニングを受けなかった従業員と比較して、より多くの顧客の苦情を解決したという実験結果を報告している。

　スポンサーシップに関連した雇用主ブランディングの成果は、オンラインを活用すれば比較的追跡可能かもしれない。例えば、エーオン社がマンチェスター・ユナイテッドのスポンサーになったことで、試合当日のAon.comへのインターネット・トラフィックが55％も増加したことが報告されている。さらに、Aon.comへのトラフィックのうち、3.1％が最初に同社の採用情報ページをクリックしたというデータも示されている（Eckert, 2013）。人材獲得コストの削減は、スポンサーシップの一つの価値かもしれない。ある人物が興味のあるスポーツを通してスポンサー企業とつながった場合、この企業を将来的な雇用主として考える可能性があるかという問いに対しては、縦断的データを追跡することで、インターナル・マーケティングにおけるスポンサーシップの価値をより詳細に説明できるようになるだろう。

ディスカッション

① 従業員の雇用主への帰属意識を高めるには、どのようなスポンサーシップ活動が最適だろうか？
② どのような市民行動がスポンサーシップによって促進されやすいだろうか？
③ スポンサーシップから生じる従業員の帰属意識を測定するために、ソーシャルメディアをどのように活用できるだろうか？

■参照文献

Ambler, T., & Barrow, S. (1996). The employer brand. The Journal of Brand Management, 4(3), 185-206.

Ashforth, B. E., Harrison, S. H., & Corley, K. G. (2008). Identification in organizations: An examination of four fundamental questions. Journal of Management, 34(3), 325-374.

Ashforth, B. E., & Mael, F. (1989). Social identity theory and the organization. Academy of Management, 14(1), 20-39.

Brickson, S. L. (2013). Athletes, best friends, and social activists: An integrative model accounting for the role of identity in organizational identification. Organization Science, 24(1), 226-245.

Burnett, R. (2013). Ground control: Manchester United to rename Carrington "Aon Training Complex" in £150m sponsorship deal. Mirror Online. Retrieved from www.mirror.co.uk/sport/football/news/manchester-united-rename-carrington-aon-1817815.

Celsi, M. W., & Gilly, M. C. (2010). Employees as internal audience: How advertising affects employees' customer focus. Journal of the Academy of Marketing Science, 38, 520-529.

Coote, L. V., & Cornwell, T. B. (2004). Employee identification with sponsorship programs: A conceptual framework of antecedents and outcomes. American Marketing Association Winter Educators' Conference Proceedings, 15, 305-306.

Cornwell, T. B., & Coote, L. V. (2005). Corporate sponsorship of a cause: The role of identification in purchase intent. Journal of Business Research, 58(3), 268-276.

Cornwell, T. B., Howard-Grenville, J., & Hampel, C. E. (2018). The company you keep: How an organization's horizontal partnerships affect employee organizational identification. Academy of Management Review, 43(4), 772-791.

Dutton, J. E., Dukerich, J. M., & Harquail, C. V. (1994). Organizational images and member identification. Administrative Science Quarterly, 39, 239-263.

Eckert, B. (2012, March 14). Personal communication.

Eckert, B. (2013, December). Personal communication.

Edwards, M. R. (2016). The Olympic effect: Employee reactions to their employer's sponsorship of a high-profile global sporting event. Human Resource Management, 55(4), 721-740.

Farrelly, F., & Greyser, S. (2012). Sponsorship Linked Internal Marketing (SLIM): A strategic platform for employee engagement and business performance. Journal of Sport Management, 26, 506-520.

Grimes, E., & Meenaghan, T. (1998). Focusing commercial sponsorship on the internal audience. International Journal of Advertising, 17, 51-74.

Habitat for Humanity (n.d.). https://www.habitat.org/.

Hall, D. T., & Schneider, B. (1972). Correlations of organizational identification as a function of career pattern and organizational type. Administrative Science Quarterly, 17, 340-350.

Hickman, T. M., Lawrence, K. E., & Ward, J. C. (2005). A social perspective on the effects of corporate sport sponsorship on employees. Sport Marketing Quarterly, 14(3), 148-157.

Hofer, K. M., & Grohs, R. (2018). Sponsorship as an internal branding tool and its effects on employees' identification with the brand. Journal of Brand Management, 25(3), 266-275.

Jowett, V. (2019, January 9). Twitter is not happy that Kendall Jenner's "brave" announcement is about a sponsorship deal with Proactiv. Retrieved from www.cosmopolitan.com/uk/beauty-hair/a25772257/kendall-jenner-proactiv-commercial-twitter/.

Khan, A. M., & Stanton, J. (2010). A model of sponsorship effects on the sponsor's employees. Journal of Promotion Management, 16, 188-200.

Mael, F., & Ashforth, B. E. (1992). Alumni and their Alma Mater: A partial test of the reformulated model of organizational identification. Journal of Organizational Behavior, 13, 103-123.

Manatt Phelps & Phillips LLP (2013, September 12). Actress claims sponsorship deal sour over "#spon". Lexology. Retrieved from www.lexology.com/library/detail.aspx?g=236fb04f-686b-42c2-86a7-8afe95ffc906.

Podsakoff, P. M., MacKenzie, S. B., Paine, J. B., & Bachrach, D. G. (2000). Organizational citizenship behaviors: A critical review of the theoretical and empirical literature and suggestions for future research. Journal of Management, 26(3), 513-563.

Rogan, M. (2008). Building the business case for internal sponsorship activation. Journal of Sponsorship, 1(3), 267-273.

RYA (2019). Helly Hansen becomes official clothing sponsor to RYA sailability and OnBoard Programmes. Retrieved from www.rya.org.uk/newsevents/news/Pages/hellyhansenbecomesofficialclothingsponsortoryasailabilityandonboardprogrammes-.aspx.

Tasch, J. (2012). Brazilian soccer legend Ronaldinho loses lucrative Coca-Cola sponsorship deal … for sipping a Pepsi. Daily News. Retrieved from www.nydailynews.com/sports/more-sports/brazilian-soccer-legend-ronaldinho-loses-lucrative-coca-cola-sponsorship-deal-sipping-pepsi-article-1.1112211.

第14章
スポンサーシップにおける
公共政策と社会的責任

　スポーツアパレル大手のナイキ(Nike)社は「Believe in something, even if it means sacrifice everything（すべてを犠牲にしても何かを信じよう）」というメッセージとともに、NFLで活躍した元選手のコリン・カーパーニックをスポークスパーソンに大抜擢した。当時米国では、白人警官による黒人市民への行き過ぎた行為が大きな波紋を呼んでいた。そのような中、ナイキ社は、NFLの試合で国歌斉唱時に膝をついて警察の非道な行為に反対するデモを行ったアスリートの彼の決断を支持しただけでなく、それを軸に広告キャンペーンを展開した（Draper & Creswell, 2019）。「ブランド・アクティビズム」（企業やブランドがそれぞれの信念に基づいて社会課題解決へのスタンスを示す動き）の例示的なケースである。

　スポンサーシップを検討する際に、公共政策と企業の社会的責任（Corporate Social Responsibility、以下CSR）を並行して考える理由が、少なくとも2つある。両者は同じ問題を対象とし、関わり合っていることが多い。公共政策とは、公共の関心事を解決するための政府の活動と定義される。一方CSRとは、企業が社会に与える影響や社会へ貢献する方法をまとめたものである。ブランドが持つ発言力や、消費者として個人が持つ力は、今や公共政策を進化させるきっかけにもなるのである。

1.　公共政策

　公共政策は、市区町村や都道府県といった地方自治体、全国、または国際的なレベルで行われる。これらの公共政策は、法律として制定されることもあれば、規制や制度などの形をとることもある。公共政策では、様々な問題に関連するグループが議論に参加する。つまり、法案が作成され、法律などの形で公共政策が認められる前に、様々な立場を支持するエビデンスが求められる。例

えば、カリフォルニア州の「フェア・ペイ・トゥ・プレイ法（Fair Pay to Play Act）」は、学生アスリートに「自分の名前、イメージ、肖像権を持つ権利を与え、スポンサーシップ、エンドースメント、その他の活動から収入を得られるようにする」ことを目的としていた（East Bay Times, 2019）。これ自体は学生アスリートの立場を支持するエビデンスに基づくものであるが、「学生アスリートが学校の既存のエンドースメント契約を損なうようなスポンサーシップ契約を結ぶことを禁じている」ことにも留意する必要がある。

　企業の関心事は、公共政策と関係していることが多いが、彼らは社会貢献に向けた行動に積極的に関与するようになってきている。ある場合には、自主的な行動規範に基づいて自然に行われている場合もあるが、社会的課題の解決に貢献する機会を積極的に求めているケースもある。

2. 企業の社会的責任（CSR）

　CSRとは、企業が事業活動、戦略的な慈善活動や地域社会への関与、公共政策の制度構築や提言などを通じて、社会への総合的な影響や貢献を行う方法

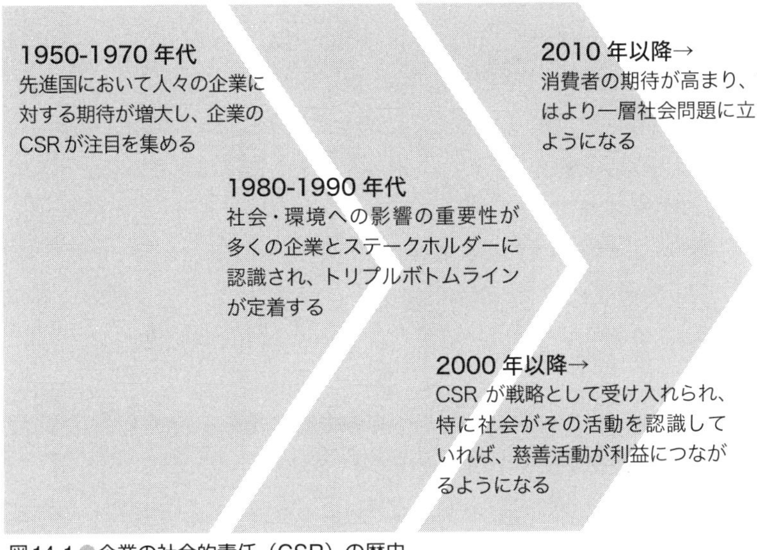

1950-1970年代
先進国において人々の企業に対する期待が増大し、企業のCSRが注目を集める

1980-1990年代
社会・環境への影響の重要性が多くの企業とステークホルダーに認識され、トリプルボトムラインが定着する

2000年以降→
CSRが戦略として受け入れられ、特に社会がその活動を認識していれば、慈善活動が利益につながるようになる

2010年以降→
消費者の期待が高まり、ブランドはより一層社会問題に立ち向かうようになる

図14-1 ●企業の社会的責任（CSR）の歴史

を意味する（Nelson, 2008）。図14-1に示すように、社会におけるビジネスの役割を問う初期の考え方は1950年代に始まった。しかし、現代のCSRの始まりは「トリプルボトムライン」にあると主張される（Elkington, 1997）。このフレームワークは、ビジネスは社会・環境・財務の3つの方向性を持つべきであると主張し、「人・利益・地球モデル」と呼ばれるようになった。2000年代初頭には、「良いことをしている」企業が成功しているかどうかを調べるために、多くの研究が行われた。52の研究プロジェクトの結果を統合したメタ分析によると、企業の社会的パフォーマンスと企業の財務的パフォーマンスの間には、確かに正の相関関係があることが報告されている（Orlitzky et al., 2003）。

　企業の社会的責任に関する考え方は、この10年で新たな展開を見せている。「ブランドが立ち上がる」という動きの背景には、ブランドが社会的な目的を持っているという消費者の期待がある（Vila & Bharadwaj, 2017）。社会貢献は、スポンサーシップによる既存の慈善活動プログラムの支援、環境に配慮するなどの製品やサービスの再構築、あるいは多様性を支持する広告などの企業行動によって頻繁に実施されている。

　米国では、目に見える形でCSRプログラムを実施する企業と、実施しない企業とが混在しており、CSRに対する考え方は様々である。一方、他の多くの国では、CSRは企業の重要な責任であると考えられている。2011年、欧州委員会は、CSRを「社会への影響に対する企業の責任」と定義した。さらに欧州委員会は、企業が社会的責任を十分に果たすためには、「社会、環境、倫理的人権、消費者への配慮を、ステークホルダーとの密接な協力のもと、事業運営や戦略に統合するべきである」とも述べている（European Commission, 2011）。

　企業のCSRのアプローチは、政治的なもの、統合的なもの、倫理的なもの、手段的なものの4つのグループに分類される（Garriga & Melé, 2004）。

1. 政治的アプローチのCSRは、ビジネスの力を責任ある形で活用し、しばしば社会的な義務や権利と捉えられる。
2. 統合的アプローチのCSRは、社会的利益とビジネスの利益を組み合わせ、ビジネスと社会の間の統合的な共依存を認識する。

3.　倫理的アプローチのCSRは、企業は社会に対して倫理的義務を負うという考え方が基盤になっている。
4.　手段的アプローチのCSRは、ビジネスを富の創造のためだけの道具と考え、CSRを営利目的達成のための手段と考える。

　企業のスポンサーシップは、CSRという形で政策的・法的に議論されることがある。上記の4つのカテゴリーのそれぞれにおけるCSRのアプローチは、スポンサーシップにおいても見ることができる。例えば統合的なCSRのアプローチによるスポンサーシップに関しては、スポンサーが社会的利益を追求するという利他的な動機がある消費者に認識された場合、スポーツのスポンサーシップがスポンサーのCSRイメージを向上させることを発見している（Plewa et al., 2016）。オーストラリア住民を対象とした研究結果によると、地域社会と関わりのあるスポーツクラブや草の根レベルのクラブのスポンサーシップは、より強く利他的動機を認識してもらえることが報告されている。
　ガバナンスの観点から手が回らない社会課題や制度の不備は、企業が公共政策に影響を与えることができる機会と捉えることもできる。政府の政策や財政支援によって、社会が求めるものと現在供給されているものとの間に溝が生じた場合、民間企業がその溝を埋めることができるかもしれない。マーケターに残された課題は、どのようにCSR活動を進めるのが的確か見定めることにある。

3.　溝を埋めるための課題

　2006年、ルイジアナ州ニューオーリンズ市は、伝統的な祝祭であるマルディグラのパレードに企業のスポンサーシップを認めるよう条例を改正した。2005年のハリケーン・カトリーナによる壊滅的な被害の後、市と企業のリーダーたちは、このイベントを開催するための財政的な課題は、地元の有権者にとって負担が大きすぎると認識していた。これを受けて、全国規模の企業である、ゴミ袋やプラスチック製のタッパーで有名なグラッド・プロダクツ（Glad Products）社は、2006年にマルディグラのパレードのスポンサーとなった。全国規模の企業がスポンサーとなった場合、地元住民はどのような反応を示すのだろうか？　研究者たちは、スポンサーシップが締結された後、パレードの

観衆にインタビューを行った(Weinberger & Wallendorf, 2012)。観衆たちは、企業がスポンサーとなることは、「微妙で複雑なもの」であると述べている。地元の人々も、その背景にある経済的な必要性を認識しながらも、地元以外の企業がスポンサーになることを不安視していた。全国規模の企業が地域のイベントのスポンサーになることに、人々は戸惑いを示す。反対に、国内企業や国際的な企業が地域で強い存在感を示すと、地元の企業として受け入れられることもあると報告されている。

　スポンサーシップのCSRに対する認識は、メッセージの発信者によって影響を受ける。ドイツの大学生を対象に、FIFAワールドカップのスポンサーとCSRに対する反応を、スポンサー、プロパティー、ニュースメディアという3つのメッセージ発信者に着目して調査したところ、スポンサーとプロパティーが情報源として同一のものと捉えられ、消費者を戦略的に説得しようとしていると認識されていた (Flöter et al., 2016)。「独立した第三者」としてのニュースメディアこそが、スポンサーブランドに対するよりポジティブな認知をもたらしていたのである。つまり消費者は、スポンサーとプロパティーが発信するCSR活動に関する情報はバイアスがかかっていると考えているのである。さらに、CSRの認知はメッセージのフレーミングにも影響を受ける。フレーミング効果とは、同一情報であっても「伝え方」で人々の反応が変わる現象を意味する（例：あるサービスの満足度は95％である vs. 不満足度は5％である）。環境CSRに関する研究においても、推進フレーミングと防止フレーミングでは消費者の認識が変わることが報告されている (Habitzreuter & Koenigstorfer, 2018)。どちらのアプローチもメリットがあり、それぞれの状況におけるターゲットの特性に合わせて効果的に使う必要がある。

　社会的意義や慈善活動プログラムのスポンサーシップは、しばしば疑いの目で見られることがある。教育界の状況を見てみよう。財政難に直面している米国の州政府は、スポンサー付き教育プログラムや補助教材にますます目を向けるようになっており、学校内でのあらゆるスポンサーシップや広告が記録・分析されている（詳細なレポートはThe Annual Report on Schoolhouse Commercializing Trendsを参照、Molnar et al., 2013）。ネスレ（Nestle）社の「Healthy Steps for Healthy Lives」プログラムは、子供たちに必要な学業上の条件は満たしているものの、同社に有利な方法で教育プログラムが遂行され

ていると報告されている。例えば、ネスレ社の「My Hydration Communication」という授業では、ブランド名を伏せた上で、生徒に食品を食品群ごとに分類してもらい、様々な食品と水の必要性を学ぶ。この授業では単なる水だけでなく、ジュース、食品に含まれる水分、さらに「ゼロカロリー飲料」などについても説明される。生徒たちに「1日に5杯の水を摂るためには、どのような飲み物がカウントされるか考えてみよう」と議論してもらうと、「どれもカウントされます。飲料水、ジュース、食品に含まれる水、これらすべてが水の総摂取量としてカウントされます。カロリーを気にせずに飲めるものもあります」と回答するのである（Molnar et al., 2013, p.12）。つまり、企業が製造するジュースや人工甘味料を使ったゼロカロリー飲料だけでも、人間に必要な水分を補うことができるというアイデアを、生徒に与えてしまう危険を孕んでいるのである。この報告書から導き出された提言は、「政策立案者は、スポンサーによる教育プログラムが子供に害を与えないという説得力のあるエビデンスを提示しない限り、学校現場でのスポンサーシップを禁止すべきである」というものであった（Molnar et al., 2013, p.26）。

4.　物議を醸す製品

　たばこ、アルコール、銃器、ゲーム、ファストフードなどの業界の企業は、特にスポーツや音楽のスポンサーシップに関わることに多くの批判を受けてきた。これらのカテゴリーで最も懸念されているのは、スポンサー活動が与える青少年への影響である。成人向け製品がスポンサーシップを通じて容易に未成年者に届くことは深刻な懸念材料である。また、オートレースとアルコール、格闘技と銃器などの組み合わせには、より具体的な懸念がある。このような物議を醸している製品の中でも、たばこのスポンサーシップ規制に関する研究と議論は最も進んでいるといえる。それと同時に、規制や禁止の抜け道を見つけようとするたばこ会社の努力も精巧なものであるといわざるをえない。

5.　たばこ

　たばこの広告やスポンサーシップの法的な制限は多くの国で行われているが、

発展途上国ではそのような法律が施行されていなかったり、そもそも整備されていないケースも多い。たばこ会社は、たばこの広告を減らすための法律を回避しながら事業活動を続けている。たばこ業界の人気ブランドであるマルボロのようにブランドやイメージが既によく知られている場合、法的な制限を回避するために、無関係な業界に名目的なペーパーカンパニーまで設立し、服や靴の広告を通して合法的にブランドロゴを露出させるという戦略を行うまでに執念深い。このようにブランド認知が進んでいる企業であれば、ブランドの見た目と目的の製品を伝えるためのシンプルな文字だけで、消費者のたばこ製品への想起を容易に促進できるのである。このような「ブランド・ストレッチング」という手法や、たばこ以外の商品名をたばこ商品に使用する「ブランド・シェアリング」（World Health Organization, 2013）といった戦略は、たばこを青少年に間接的に宣伝する方法として認識されている。

　たばこ製造業大手として知られるフィリップ・モリス（Phillip Morris）社は、「Mission Winnow（価値あるものを選ぶミッション）」のキャンペーンのために、2018 ～ 2019年のフェラーリF1カーのスポンサーになった際、広告規制に反していると非難を受けた（Doward, 2019）。同社が製造するマルボロブランドに使われるお馴染みの赤と白を使った「Mission Winnow」のロゴの本当の目的は、たばこを吸う人のための「新しい科学的解決策」をテーマにし、電子たばこや加熱式たばこの宣伝をすることにあった。このように、たばこの商品名を使わずにたばこ関連商品を宣伝するブランド・シェアリング戦略も、スポーツや地域プロジェクト、科学研究の支援をすることでCSRの本質と結びつき、まるで良き企業市民としての姿を完成させるケースもある。

6. ギャンブルとアルコール

　ギャンブル・賭博は、未成年者の参加やサービスの提供に対する規制がしっかりしているため、たばこやアルコールほどスポンサーシップが問題になることは少なかった。しかし、オンライン賭博の拡大により、ヨーロッパ、特にイギリスでは、上位2つのディビジョンに属するクラブの60％がギャンブル関連のスポンサーと契約を結んでいるため、そういったサービスに未成年者がアクセスできてしまうことや、それに付随する悪影響が新たな心配事として懸念

されている（The Guardian, 2018）。早期に賭博に触れることが将来の問題につながると考える人も多いが、一方で、将来の行動にまで影響を与えるという懸念は過大評価されていると考える論者もいる。

　ゲームやアルコールの影響に関する研究の多くは、これらの刺激に触れることや学習することの影響を捉えているだけで、長期的な行動の変化までは調査されていないのが現状である。例えば、ウェールズで14 〜 15歳の学生294人を対象に行われた研究では、アルコール関連企業のスポンサー認識率と、彼らの飲酒行動ならびに酩酊経験との間に正の相関関係があることが報告されている（Davies, 2009）。しかし前述の通り、長期的な行動の変化を捉えるまでには至らないため、研究者たちの結論は、アルコールのスポンサーシップが飲酒行動を直接引き起こすというよりも、既に持っているアルコールへの好意的態度がアルコールのスポンサーシップによって「強化」されるというものであった。このようなアルコールのスポンサーシップに触れた若者が、時間の経過とともに異なる行動パターンを取るようになるという因果仮説を説明する縦断的研究から導かれたエビデンスは、政策決定をより明確に手助けすることは間違いない。

　一方、オーストラリアの研究者たちは、ギャンブルのスポンサーシップが、ギャンブル問題を誘発する可能性があるという見解を疑問視している。212人の大学生を対象としたオンライン調査によると、回答者の63％がスポンサーシップを通じて11社のスポーツギャンブル企業のいずれかを知っていると報告した。しかし、この研究では逆の因果の可能性が示されている。個人のギャンブル問題の深刻度を測定する指標であるProblem Gambling Severity Indexのスコアが高い人は、もともとギャンブルの意向も高く、ギャンブルスポンサーがついているスポーツの頻繁な視聴者であり、ギャンブルスポンサーのメッセージをより好意的に受け取る傾向があった（Hing et al., 2013）。

　同様に、オーストラリアの別の研究では、アルコールメーカーからスポンサーシップを受けているスポーツ選手は、問題となる飲酒行動傾向を示す指標のスコアが高い傾向にあることが報告されている（O'Brien et al., 2011）。一方、アルコール以外のスポンサーシップを受けているスポーツ選手からは、同じような問題となる飲酒行動を示すエビデンスは得られなかった。さらに、これらのエビデンスは、16歳以前に飲酒したことがあるという早期の飲酒行動を統

計的に統制して分析されたため、既に問題飲酒行動の傾向を持っている人たちが、自分からアルコールメーカーのスポンサーを選んだという結論は導かれない。つまり、アルコールメーカーからのスポンサーシップは選手の問題となる飲酒行動を助長する恐れがあるのである。

　オーストラリアの他の研究では、8つのスポーツにおいて、アルコールメーカーからのスポンサーシップとアルコール消費との間に関連性があることを示している (Kelly & Ireland, 2019)。このメカニズムに関しては、(1)スポーツからアルコールブランドへのポジティブなイメージが移転することと、(2)チームやアスリートがブランドを好んでいるという認識ができあがることの2つの要因を通じて機能することが分かっている。

　ドイツ、イタリア、オランダ、ポーランドの思春期の若者に対する調査では、オンラインやテレビ、スポーツや音楽のスポンサーシップ、販促品、サンプルや割引などを含むアルコールマーケティングが及ぼす影響に関する追跡調査が行われている。その結果、彼らの過去の飲酒行動などの要因を統計的に統制しても、アルコールマーケティングによるアルコール情報への接触が、思春期の若者の飲酒行動に影響することが示された (de Bruijn et al., 2016)。

---

7. 食品とノンアルコール飲料

　医学雑誌「ランセット (The Lancet)」は、2012年のロンドンオリンピック開幕の1週間前に、身体活動不足に関する5つの論文シリーズを次のような社説とともに発表した。

> 「オリンピックは、身体活動を奨励し、健康的な生活を促進し、次世代の人々の運動習慣を促すものでなければならない。しかし、このビジョンに水を差しているのが、マクドナルド、コカ・コーラ、キャドバリーといったジャンクフードや清涼飲料水の大手企業が、大会の主要スポンサーになっていることである」(The Lancet, 2012, p.188)

　2018年、マクドナルド社はオリンピックとのパートナーシップを3年前倒しで終了し、1976年から始まった関係に終止符を打った。アナリストの間では、

マクドナルドの競争力低下が理由であると議論が集中していたが、「健康と競技性を重視するIOCは、ジャンクフードを販売する企業から多額の協賛金を得ることで、その姿勢を損なう」という公衆衛生団体からの悪評の嵐が影響を及ぼしたと考えられる（Dewey, 2018）。

　スポンサーシップに関連して、たばこ産業と「ジャンクフード」産業と呼ばれるものとの類似点を見つけるのは比較的容易である。1970年代、訴訟の脅威とその後世界中で制定された法律によって、たばこは放送広告から追放された。これを受けてたばこ業界はスポンサーシップに投資するようになる。同じような状況がファストフード産業にも見られ、カロリーは高いが栄養価の低い食品や飲料の広告やマーケティングの禁止が各国で提案されている。歴史的な流れを考えると、ファストフード産業によるスポンサーシップが加速するのかもしれない。

　現在、たばこ産業が様々な公共政策と社会的な反発によって、スポンサーシップから追いやられている中、ジャンクフード産業がその座を奪っている。例えば、若い視聴者（2〜17歳）を多く獲得しているスポーツを選び、2006〜2016年のテレビ、YouTube、ウェブサイトでのスポンサー露出を調査したところ、合計で4億1,200万回の視聴がカウントされ、それらのほとんどが不健康な食品（76%）と砂糖入り清涼飲料水（52%）に関する広告であった（Bragg et al., 2018）。広告自体が禁止されていても、スポンサーシップを通してであれば、彼らの放送メディアにおける活動は今のところ認められていることが多い。

　いずれにせよ、たばことジャンクフードが公衆衛生において重要な問題となる。しかし、この2つのカテゴリーは実際には異なる。たばこはどのような状況でも医学的に不健康であるものの、ジャンクフードの場合はその影響の指標が明確でない。何をもってジャンクフードとするのか？　摂取量が制限されていれば問題ないのか？　アスリートの健康的な行動と不健康な食品の組み合わせは、消費者に誤解を招くものなのか？　研究者たちはこれらの研究課題に取り組んでいるが、マーケティング・コミュニケーションの観点からすると、明確な答えを待つ必要はないのかもしれない。ジャンクフード業界がスポーツのスポンサーになることに対して社会的な反発が起こり、深刻な状況が生み出されると、いつかスポンサーシップ自体が否定される可能性もある。スポンサー

シップが公共の利益に反する悪質な戦略とみなされると、スポンサーシップの一側面であるCSRの印象も同時に損なわれてしまう可能性もある。

ファストフードやアルコールメーカーからのスポンサーシップは、スポーツ用品メーカーや水やスポーツドリンクメーカーからのスポンサーシップに比べて否定的であるという研究結果がある（Danyichuk & MacIntosh, 2009）。しかし、これらの食品やノンアルコール飲料メーカーからのスポンサーシップが健康に与える影響についての研究は、たばこの場合ほど確立されたエビデンスがない。すべてのマーケティング・プロモーションと同様に、スポンサーシップの役割を他のプロモーション形態から切り離すことは困難である。

オートレースイベントであるナスカー（NASCAR）のスポンサーシップに関するレポートによると、スポンサーシップ活動がソフトドリンクの週平均消費量の増加と関係性があるというエビデンスが報告されている（DeGaris & West, 2012）。「ソフトドリンクブランドのスポンサーシップが効果的だと思う回答者は、そうでない回答者と比べて、平均してソフトドリンクブランドを約2倍購入する」（DeGaris & West, 2012, p.407）。人々の生い立ちや詳細なライフヒストリーまでを知ることは難しいため、実際の健康データと関連付けられていないが、スポンサーシップと販売促進によってソフトドリンクの摂取量が増加する可能性は十分にある。

8. 妥協

地域や国によっては、スポンサーシップがスポーツやその他の関連活動の存在そのものを支える資金源となっている。ニュージーランドで行われた調査では、たばこ、アルコール、ギャンブル、ファストフードや飲料のスポンサーシップを抑制する公共政策が、地域ラグビーなどの草の根スポーツ活動の制限につながるのでないかという懸念が示されている（Batty & Gee, 2019）。ニュージーランドに限らず、このような話は、様々な国で繰り返し議論されている。

例えば、ジンバブエでの闘争が挙げられるだろう。同国は9万人以上のタバコ農家を抱えるタバコ生産国であり、食糧不安や環境悪化が蔓延しているにもかかわらず、タバコ栽培が優先されている（Lown et al., 2016）。タバコが自国の主要産業であるため、ジンバブエは世界保健機関の「たばこ規制枠組条約」

を支持することが非常に難しかった。この条約は、タバコ製品の広告、宣伝、スポンサー活動の包括的な禁止など、社会におけるタバコの影響を減らすための大規模な社会変革を目的としている。最終的にジンバブエはこの協定に参加したが、実際にはすべての政策を実施しているわけではない。市民の生活のために「妥協」を余儀なくされているのである。

9.　脆弱性

　脆弱性とは、傷つきやすかったり、説得に屈しやすかったり、保護が必要であることを意味する。例えば、子供、高齢者、マイノリティグループ、貧困層などは、多くの状況において脆弱なグループと認識されている。スポンサーシップでは、子供が最も懸念される。世界保健機関が発表した「たばこ規制枠組条約」（第13条）は、たばこのマーケティング・コミュニケーションは喫煙者を増加させ、たばこに関する広告などのコミュニケーションの包括的な禁止は喫煙者を減少させるというシンプルな原則に基づいている。しかし、国際的に見て、たばこ会社は「スターター市場」と呼ばれる喫煙開始時期にいる消費者をターゲットにしている（Dewhirst, 2003）。中国では、平均10歳で喫煙が始まると報告されているが、これは中国の100以上の小学校で、たばこ会社がスポンサーになっていることが原因の一つであるといわれている（Moore, 2011）。学校名はたばこの銘柄にちなんで付けられていることが多く、「才能は努力から生まれる。たばこは才能を育てる」といったスローガンまで掲げているところも多い。子供たちは制服を着たまま、校門付近の売店でたばこを1本買うことができるという状況にいる（Moore, 2011）。

　子供たちに直接マーケティングを行う際、その商品がスポーツ用品や健康食品であれば親も受け入れやすいが、アルコールであればそうはいかない（Kelly et al., 2012）。2010年にオーストラリアで様々なスポーツを行う子供たち（5〜14歳）の保護者200人を対象に行った調査では、スナック菓子、ファストフード、製菓の会社はスポーツのスポンサーとして不適切であると認識されていた（Kelly et al., 2012）。これらの保護者の70％は、子供のスポーツのスポンサーシップの規制、特に子供のユニフォームへのロゴ掲載の規制を支持していた。興味深いことに、子供たちがエリートスポーツのスポンサーから影響を受けて

いると考える保護者（86％）は、自分の子供が所属するスポーツクラブのスポンサーから影響を受けていると考える保護者（48％）よりも、顕著に多いことが報告されている（Kelly et al., 2012, p.291）。

　子供を対象にした別のオーストラリアの研究では、6～12歳までの子供たちがスナック菓子、パン屋、銀行、スーパーマーケットのカテゴリーにおいて、84％がスポンサーを認識していることを報告している（Grohs et al., 2012）。「スポンサーシップは、子供をターゲットにした非常に効果的なコミュニケーションツールであると思われる」と研究者たちは結論づけている。しかし、10歳以下の幼い子供たちには、スポンサーシップを理解するのが難しいため、学習を通して保護していく必要がある（Grohs et al., 2012）。

　社会的責任のあるスポンサー活動の機会を求めている企業は、特定の状況において脆弱性が高いと考えられるグループと関わりを持つ。例えば、竜巻や地震などの自然災害を経験した人々は、しばしば被害者というレッテルを貼られ社会的弱者と認識されることがある（Baker, 2009）。このような社会的弱者のニーズは、社会的責任を果たそうとする企業にとって、良いことをするための「チャンス」を与えてくれるが、慎重に進める必要があるだろう。すべての状況ではないものの、個人が脅威を感じたり、市場主義が自分を食い物にしていると感じたりするようなデリケートな状況になっていることもある（Baker et al., 2005）。そこで、製品とは直接関係のない募金活動を企業が主催するという方法がある。例えば、何十万人もの人々が死傷した2010年のハイチ地震の後、コンピューター・テクノロジー企業のオラクル（Oracle）社は、テニスイベントであるBNPパリバ・オープンの「Hit for Haiti」と呼ばれるエキシビジョンマッチのスポンサーとなり、アメリカ赤十字社のハイチ救済・開発基金として100万ドル（おおよそ1億1,000万円）の募金を集めることに成功した。

10.　商業化

　スポーツの商業化に対する懸念は、知名度の高いネーミングライツ契約の拡大が頻繁にニュースに取り上げられたスポンサーシップの拡大期といえる1990年代にピークを迎えたといえる。スポーツの商業化への懸念は依然としてあるものの、スポンサーシップはスポーツビジネスの主要な戦略の一つとし

て受け入れられている。だからといって、商業主義に対する消費者の態度を取るに足らないものとして侮ってはならない。実際、スポンサー企業の目的とブランドの目的との一見無害に見える結びつきが、ブランドの認知に負の影響を与えることもある。

　アートに対する公的支援の減少により、企業がスポンサーシップを通じて部分的に財政的な支援をしてきた。スポンサーシップと連動したマーケティングが一般的に受け入れられているスポーツ・スポンサーシップとは異なり、アート・スポンサーシップには未だ緊張感が残っている。公的資金や慈善活動の一環として、過去数十年に行われたアートへの支援は、スポンサー企業による市場主導の関係に取って代わられることで大きく変化すると思われる。

　毎年夏にイギリスで開催されるヘンレイ・レガッタに続く華やかなイベントである「ヘンレイ・フェスティバル」を例に挙げてみよう。Finkel（2010）によれば、ヘンレイ・フェスティバルは伝統的アートを紹介するイベントで、レクサス（Lexus）、クルボアジェ（Courvoisier）、ウィッタード・オブ・チェルシー（Whittard of Chelsea）、サザビーズ（Sotheby's）といった多くの高級品を扱う企業がスポンサーに名を連ねている。Finkelは「このような企業スポンサーへの依存は、イベントに高級なステータスを付与し上流階級層を惹きつけるものの、伝統的アート愛好家の多くを金銭的に排除してしまう」と指摘している。一方、富裕層をターゲットにするのであれば、この種のスポンサーシップは成功を収めているという。

　スポンサーが何を、どのように伝えるかが重要となる。多くのイベントや活動の資金調達の仕組みを考慮すれば、商業化は当然の流れである。しかし、商業化のレベルに関する消費者の感じ方は、財務よりもマーケティングと関係が深い。オンラインアクティベーションの効果を調査した研究では、企業がスポンサーをする理由と、スポンサーとプロパティー間の明確なつながりが、消費者のブランドに対する好意的な態度に影響を与えることを報告している（Weeks et al., 2008）。ブランド（この調査ではアディダスが架空のスポンサーとして使われている）とスポーツや音楽イベントの間のつながりが、イベントの特性（スポーツや音楽の才能を披露する機会）ではなく、商業的目的（イベントの観客とブランドの観客がマッチしている）によるものであると判断されると、消費者は企業に対して好意的な態度を示さなかった。スポンサーシップ

をめぐるメッセージの伝え方は、消費者とブランドの間につながりを築くこともあるが、スポンサーシップ関係に疑念を抱かせてしまうこともある。消費者はプロパティーがスポンサーシップから何かしらの便益を得ていることを知っており、それ自体が悪いこととは捉えていない。しかし、プロパティーとスポンサーの目的に一貫性やフィットが感じられないと、否定的な態度を示す可能性がある。

11. 消費者の防衛メカニズム

　消費者の防衛意識が高まり、ブランドが過度に商業的であったり、スポンサーとしての役割を果たしていないとみなされたりすると、マーケティング・コミュニケーションの効果を得ることはできない。誰かが自分をある方向に説得しようとしていると感じたとき、人はある種の赤旗を立てて警戒することは科学的によく知られている（Friestad & Wright, 1994）。

　スポンサーシップによって獲得された消費者のブランドに対する好意的な態度は、「人や企業のなりは、行動に表れる」という人々の考え方に基づいている（Gilbert & Malone, 1995）。つまり、企業が健康的な活動を支援すれば、その企業は健康志向であるに違いないし、企業が慈善活動に従事すれば、彼らは慈善家企業であるに違いないという考え方である。しかし、消費者に「疑念」が生まれると、上記のようなまっすぐな考え方は音を立てて崩れる。多くの人が疑念を抱くようなスポンサー活動をブランドが行った場合、結果として、スポンサー側とプロパティー側の両方でブランドの意味や価値が失われることになりかねないのである（Pappu & Cornwell, 2014）。では、疑念はどのように生まれるのだろうか？

　スポンサーとプロパティーの間には、類似性はあるものの連続体の両端に位置するような違いがある（Markman & Gentner, 1996）。例えば、石油会社が環境保護のスポンサーになったり、ファストフード店が乳がん研究のスポンサーになったりすると、「環境」や「健康」の点では一致していても、人々の認識ではスポンサーとプロパティーが正反対の位置にある。こういった違いが認識されることによって、消費者はスポンサーシップに疑念を持つ可能性がある。

　実在のブランドを使用して、架空の慈善活動スポンサーの組み合わせを実験刺激として行われた研究では、懐疑心の影響が顕著に表れた（Pappu & Cornwell, 2014）。ファストフードに近い、カロリーが高く栄養価の低い食品を提供しているレストランビジネス（スポンサー）と、赤十字のような慈善団体（プロパティー）とのパートナーシップは「健康」というカテゴリーでは歴然とした対応関係にある。つまり、健康との大きなカテゴリーでは関連しているものの、適合性は低いと認識されるのである。しかし、サンドウィッチ大手のサブウエイ（Subway）社のように、健康的と思われる食品を提供している場合、赤十字のようなグループとのパートナーシップは、類似性と適合性の両方が高いと認識される。

　関係が類似しているとみなされ、両者の間に説得力のある適合性があれば、スポンサーとプロパティーは一貫しているとみなされ、肯定的に捉えられる可能性が高くなる。一方、スポンサーシップが搾取的である（不健康な食品を健康的に見せるなど、懐疑的な目で見られるようなスポンサーシップ）とみなされると、適合性が低くなり、スポンサーとプロパティーの両方の価値が損なわれることになる。しかし、懐疑心が強い消費者が、上記のようなファストフードに近いレストランサービス業のターゲット層ではない場合もある。科学的には相性の悪いスポンサー関係が未だに後を絶たないのは、消費者の特性によっては問題のない戦略であるとみなされているからかもしれない。

　このような世論に反したスポンサーシップは、具体的に科学的な検討や評価をする必要がある。世論の反発や議論が蓄積されることで、意思決定のための有益な情報が得られる。例えば、ケンタッキー・フライドチキン（KFC）社が乳がん撲滅の非営利組織であるスーザン・G・コーメン乳がん財団とのパートナーシップで開催したランニングイベントは、不健康な食生活と乳がん罹患率との科学的な相関関係から世間から大きな反発を受けた。研究によると、ブランドやプロパティーのスポンサーシップは微妙な不適合感ですらネガティブに影響することが分かっている（Pappu & Cornwell, 2014）。ブランドが消費者とコミュニケーションを取る方法はスポンサーシップ以外にも無数にあることを考慮すると、ネガティブな評判を生み出したり、消費者の心に疑念を抱かせたりするようなパートナーシップの組み合わせは、不必要なリスクであると考えられている。

ディスカッション

① あるブランドがスポンサーシップを通じて社会問題に立ち向かう例を考えてみよう。この行動は、ブランド、プロパティー、そして社会全体にとってどのような意味を持つだろうか？

② 本章で取り上げられた製品を提供するスポンサー以外に、道徳的・倫理的な理由でスポンサーとして物議を醸しているブランドはあるだろうか？

■参照文献

Baker, S. M. (2009). Vulnerability and resilience in natural disasters: A marketing and public policy perspective. Journal of Public Policy & Marketing, 28(1), 114-123.

Baker, S. M., Gentry, J. W., & Rittenburg, T. L. (2005). Building understanding of the domain of consumer vulnerability. Journal of Macromarketing, 25(2), 128-139.

Batty, R. J., & Gee, S. (2019). Fast food, fizz, and funding: Balancing the scales of regional sport organisation sponsorship. Sport Management Review, 22(1), 167-179.

Bragg, M. A., Miller, A. N., Roberto, C. A., Sam, R., Sarda, V., Harris, J. L., & Brownell, K. D. (2018). Sports sponsorships of food and nonalcoholic beverages. Pediatrics, 141(4), e20172822.

Danyichuk, K. E., & MacIntosh, E. (2009). Food and non-alcoholic beverage sponsorship of sporting events: The link to the obesity issue. Sport Marketing Quarterly, 18(2), 69-80.

Davies, F. (2009). An investigation into the effects of sporting involvement and alcohol sponsorship on underage drinking. International Journal of Sports Marketing and Sponsorship, 11(1), 25-45.

Dewey, C. (2018). Olympic athletes love McDonald's. But its role in PyeongChang will be the smallest in decades. The Washington Post. Retrieved from https://www.google.com/amp/s/www.washingtonpost.com/news/wonk/wp/2018/02/09/olympic-athletes-love-mcdonalds-but-its-role-in-pyeongchang-will-be-the-smallest-in-decades/% 3foutputType=amp.

de Bruijn, A., Tanghe, J., de Leeuw, R., Engels, R., Anderson, P., Beccaria, F., ⋯ & Słodownik, L. (2016). European longitudinal study on the relationship between adolescents' alcohol marketing exposure and alcohol use. Addiction, 111(10), 1774-1783.

DeGaris, L., & West, C. (2012). The effects of sponsorship activation on the sales of a major soft drink brand. Journal of Brand Strategy, 1(4), 403-412.

Dewhirst, T. (2003). Intertextuality, Tobacco sponsorship of sports, and adolescent male smoking culture: A selected review of Tobacco industry documents. Journal of Sport and Social Issues, 27(4), 372-398.

Doward, J. (2019, May 11). Tobacco firms accused of using Formula One to flout ad ban on e-cigarettes. Retrieved from www.theguardian.com/business/2019/may/11/formula-one-ferrari-mclaren-e-cigarette-advertising.

Draper, K., & Creswell, J. (2019, September 16). Colin Kaepernick "dream crazy" ad wins Nike an Emmy. Retrieved from www.nytimes.com/2019/09/16/sports/football/colin-kaepernick-nike-emmy.html.

East Bay Times (2019, September 19). In brief: "Fair Pay to Play Act" by Berkley's skinner sent to Newsome. Retrieved from www.eastbaytimes.com/2019/09/19/in-brief-fair-pay-to-play-act-by-berkeleys-skinner-sent-to-newsom/.

Elkington, J. (1997). Cannibals with Forks: The TBL of the 21st Century Business. Oxford: Capstone.

European Commission (2011). Communication from the commission to the European Parliament, the council, the European economic and social committee and the committee of the regions: A renewed EU strategy 2011-2014 for corporate social responsibility, COM/2011/681. Brussels, Belgium: European Commission.

Finkel, R. (2010). Re-imaging arts festivals through a corporate lens: A case study of business sponsorship at the Henley Festival. Managing Leisure, 15, 237-250.

Flöter, T., Benkenstein, M., & Uhrich, S. (2016). Communicating CSR-linked sponsorship: Examining the influence of three different types of message sources. Sport Management Review, 19(2), 146-156.

Friestad, M., & Wright, P. (1994). The persuasion knowledge model: How people cope with persuasion attempts. Journal of Consumer Research, 21(1), 1-31.

Garriga, E., & Melé, D. (2004). Corporate social responsibility theories: Mapping the territory. Journal of Business Ethics, 53, 51-71.

Gilbert, D. T., & Malone, P. S. (1995). The correspondence bias. Psychological Bulletin, 117(1), 21-38.

Grohs, R., Wagner, U., & Steiner, R. (2012). An investigation of children's ability to identify sponsor and understand sponsorship intentions. Psychology & Marketing, 29(11), 907-917.

Habitzreuter, A. M., & Koenigstorfer, J. (2018). The impact of environmental CSR-linked sport sponsorship on attitude toward the sponsor depending on regulatory fit. Journal of Business Research. Retrieved from https://doi.org/10.1016/j.jbusres.2018.11.040.

Hing, N., Vitartas, P., & Lamont, M. (2013). Gambling sponsorship of sport: An exploratory study of links with gambling attitudes and intentions. International Gambling Studies, 13(3), 281-301.

Kelly, B. L., Baur, A., Bauman, A. E., King, L., Chapman, K., & Smith, B. J. (2012). Restricting unhealthy food sponsorship: Attitudes of the sporting community. Health Policy, 104, 288-295.

Kelly, S., & Ireland, M. (2019). The alcohol: Sport nexus and how consumers are affected through sponsorship. International Journal of Sport Communication, 12(1), 79-103.

The Guardian (2018). Number of firms sponsored by betting firms is 'disturbing' say campaigners. Retrieved from https://www.theguardian.com/football/2018/jul/30/campaigners-concerned-championship-efl-clubs-sponsored-betting.

The Lancet (2012, July 21). Chariots of fries. The Lancet, 380(9838), 188.

Lown, E. A., McDaniel, P. A., & Malone, R. E. (2016). Tobacco is "our industry and we must support it": Exploring the potential implications of Zimbabwe's accession to the Framework Convention on Tobacco Control. Globalization and Health, 12(1), 2-11.

Markman, A. B., & Gentner, D. (1996). Commonalities and differences in similarity comparisons. Memory and Cognition, 24(2), 235-249.

Molnar, A., Boninger, F., Harris, M. D., Libby, K. M., & Fogarty, J. (2013). Promoting consumption at school: Health threats associated with schoolhouse commercialism. The Fifteenth Annual Report on Schoolhouse Commercializing Trends: 2011-2012. National Education Policy Center, Boulder, CO.

Moore, M. (2011, September 21). Chinese primary schools sponsored by Tobacco firms. The Telegraph. Retrieved from www.telegraph.co.uk/news/worldnews/asia/china/8779180/Chinese-primary-schools-sponsored-by-tobacco-firms.html.

Nelson, J. (2008). CSR and public policy: New forms of engagement between business and government. Corporate Social Responsibility Initiative Working Paper No. 45. John F. Kennedy School of Government, Harvard University, Cambridge, MA.

O'Brien, K. S., Miller, P. G., Kolt, G. S., Martens, M. P., & Webber, A. (2011). Alcohol industry and non-alcohol industry sponsorship of sportspeople. Alcohol and Alcoholism, 46(2), 210-213.

Orlitzky, M., Schmidt, F. L., & Rynes, S. L. (2003). Corporate social and financial performance: A meta-analysis. Organization Studies, 24(3), 403-441.

Pappu, R., & Cornwell, T. B. (2014). Corporate sponsorship as an image platform: Understanding the roles of relationship fit and sponsor: Sponsee similarity. Journal of the Academy of Marketing Science, 42(5), 490-510.

Plewa, C., Carrillat, F. A., Mazodier, M., & Quester, P. G. (2016). Which sport sponsorships most impact sponsor CSR image? European Journal of Marketing, 50(5/6), 796-815.

Vila, O. R., & Bharadwaj, S. (2017, September-October). Competing on social purpose: Brands that win by tying mission to growth. Harvard Business Review. Retrieved from https://hbr.org/2017/09/competing-on-social-purpose.

Weeks, C. S., Cornwell, T. B., & Drennan, J. C. (2008). Leveraging sponsorships on the Internet: Activation, congruence, and articulation. Psychology & Marketing, 25(7), 637-654.

Weinberger, M. F., & Wallendorf, M. (2012). Intracommunity gifting at the intersection of contemporary moral and market economies. Journal of Consumer Research, 39, 74-92.

World Health Organization (2013). WHO report on the global tobacco epidemic, 2013: Enforcing bans on tobacco advertising, promotion and sponsorship. World Health Organization. Geneva, Switzerland: WHO.

索　　引

【著者紹介】

ベティーナ・コーンウェル（Bettina Cornwell）

　ベティーナ・コーンウェル博士は、マーケティングを専門とし、特にマーケティングコミュニケーションと消費者行動に関する研究に従事している。1988年にテキサス大学オースティン校（The University of Texas, Austin）で博士号を取得し、ミシガン大学を経て、現在はオレゴン大学マーケティング学部長を務めている。あわせて同大学に設置されているワルシャワ・スポーツ・マーケティングセンター（the Warsaw Sports Marketing Center）のアカデミックディレクターも担当し、近年のスポーツ・芸術・慈善事業の企業スポンサーシップに関する研究成果は、「Journal of Advertising」や「Journal of Advertising Research」といった多数の学術雑誌に掲載されるなど、アメリカを代表するスポーツ・マーケティング・スポンサーシップ研究の第一人者である。

　大学での活動においては、2020年に学内で最も優れた教員に贈られるフィリップ・H・ナイト賞（Philip H. Knight Chair）を受賞している。また、学外においても、「Journal of Advertising」や「Journal of Public Policy & Marketing」の編集委員を務め、幅広く活動している。

【訳者紹介】

佐藤晋太郎（さとう　しんたろう）……第1部・第3部を担当

早稲田大学スポーツ科学学術院准教授。スポーツ＆エンターテインメントマネジメントラボラトリー主宰。北海道教育大学卒業、早稲田大学修士課程修了、米フロリダ大学Ph.D.プログラム修了。その後、米ジョージアサザン大学助教授、米モンクレア州立大学ビジネススクール助教授、米ニューヨーク州立大学バルーク校ビジネススクール客員研究員、オタワ大学Ph.D.指導教授を経て、現職に至る。
数々の研究プロジェクトに従事し、国際的主要学術誌に多くの研究論文を発表している。世の中の様々な課題（ビジネス、健康、教育）を、スポーツとエンターテインメントの力を上手に活用して解決していくことをライフワークとしている。

備前嘉文（びぜん　よしふみ）……第2部を担当

國學院大學人間開発学部　准教授。関西学院大学卒業，カリフォルニア州立大学ロングビーチ校大学院修士課程スポーツマネジメント専攻修了、早稲田大学大学院スポーツ科学研究科博士後期課程修了。博士（スポーツ科学）。その後，天理大学体育学部専任講師を経て，現職に至る。
アスリートによるエンドースメント契約やスポーツイベントのスポンサーシップなどスポーツ消費者行動に関するテーマを中心に研究を進め、著書には『スポーツ産業論 第7版』（杏林書院）などがある。

スポーツ、アート、エンターテインメントにおける効果的なスポンサーシップ

©Sato Shintaro & Bizen Yoshifumi, 2023　　　　　　NDC336/xi, 277p/21cm

初版第1刷発行──2023年12月1日

著　者─────ベティーナ・コーンウェル
訳　者─────佐藤晋太郎／備前嘉文
発行者─────鈴木一行
発行所─────株式会社 大修館書店
　　　　　　　〒113-8541　東京都文京区湯島2-1-1
　　　　　　　電話 03-3868-2651（販売部）　03-3868-2299（編集部）
　　　　　　　振替 00190-7-40504
　　　　　　　［出版情報］https://www.taishukan.co.jp/
装丁者─────島内泰弘デザイン室（島内泰弘）
組版者─────加藤　智
印刷所─────三松堂
製本所─────ブロケード

ISBN978-4-469-26968-0　　　　Printed in Japan